裁判例を踏まえた
病院・診療所の
労務トラブル
解決の実務

多湖・岩田・田村法律事務所
田村 裕一郎 編著

古田 裕子／上村 遥奈
柴田 政樹／山本 幸宏
井上 紗和子
共著

日本法令

はじめに

「病院や診療所などの医療機関の労務対応の実務を知りたい。」

　最近このような声が、平成27年医療法改正や医師に関する働き方改革の影響を受けて、社労士、弁護士、医療機関関係者など多くのみなさまから聞かれるようになりました。

　本書は、医療機関の労働問題に特化した書籍です。使用者側労働法弁護士が、医療機関の膨大な労働裁判例を収集かつ分析し、医療機関側の立場から、労働トラブル対応の実務を書式を交えながら論じた書籍は、本書を除いて他にないものと自負しております。

　当事務所の経営労務部門は、弁護士6名により構成され、ほぼ全員が、労働訴訟、労働審判、労働組合対応などの労働トラブル解決に従事しています。本書は、この6名の弁護士が、分野を分担して執筆し、それを複数の弁護士がチェックし、議論を交わし、書き上げるという形をとりました。全ての論点について、代表である当職が議論や内容の精査に関与しています。

　労働法は、日々、新しい裁判例が出され、法改正も頻繁に行われます。本書を起案している最中にも、新しい最高裁の判例が出され、本書を加筆修正しました。その意味では、本書は、現時点の情報提供に過ぎませんが、読者のみなさまには今後も、メルマガ（経営者側・士業等に限定）などで、最新の情報提供をしていきたいと考えております。

　医療機関の関係者の方々はもちろん、社労士、弁護士、医療コンサルタントその他士業の方々にも、ぜひ、ご一読いただければと考えております。

はじめに

　最後に、本書の刊行に際し、株式会社日本法令の大澤有里氏および水口鳴海氏に多大なるご尽力をいただいたことに対し、感謝の意を表します。

2017 年 9 月

多湖・岩田・田村法律事務所 経営労務部門 代表弁護士

田村裕一郎

メルマガおよび人事労務書式の無料配布
　希望者（経営者側・士業等に限定）に対し、月1回程度、労働問題に関するメルマガをメール配信しています。本書購入者には、本書記載の書式および本書記載以外の人事労務書式の各ワードデータも無料でメール配信いたします。希望される方は、当事務所（info@tamura-law.com）〈TEL：03-6272-5923〉（HP：tamura-law.com）まで、ご連絡下さい。

本書の構成および使い方

　本書は、医療機関等（病院、診療所、医療法人、個人事業主である医師など）に関する裁判例をもとにした設例について、紛争リスクの判断のポイントおよび対応策等を解説したものです。

　大きく分野ごとに章を分け、具体的な論点ごとに設例を設けています。各設例の具体的な構成は、次のとおりです。

Ⅰ　問題の所在
Ⅱ　関連する論点の一般的な解説
Ⅲ　設例の検討
　[対応策]
　[コメント]

書　　式

　まず、「Ⅰ問題の所在」では、その設例で問題となるポイントを導入として示し、その問題を検討するにあたって必要な知識を「Ⅱ（関連する論点の一般的な解説）」において解説しています。そして、具体的な事案においてはどのような判断となるかを「Ⅲ設例について」において検討しています。さらに、具体的な事案の検討を踏まえて、どのような対応策が考えられるかを[対応策]において検討し、他の参考となる事案の紹介や参考情報等を[コメント]に記載しています。

　また、設例の末には関連する書式等の資料を掲載しています。

　基本的に各設例は独立の内容となっているため、読者の皆様には、ご興味のある設例から読んでいただくことが可能です。本書が、医療機関等の労務に関する具体的なリスクおよび対応策の把握、ならびに実際の労務管理の一助になれば幸いです。

本書の構成および使い方

　なお、設例の作成にあたっては、実際の参考裁判例の事案を省略、変更していますのでご留意ください。また、参考裁判例の引用において、分かりやすさの観点から、適宜、表現の変更を行い、原告、被告等の後に（病院）（医師）等の立場を記載しています。

凡　　例

　本書においては、次の略語を用いています。

1　法令等

安全衛生法	労働安全衛生法
育児・介護休業法	育児休業、介護休業等育児又は家族介護を行う労働者の福祉に関する法律
個人情報保護法	個人情報の保護に関する法律
雇用機会均等法	雇用の分野における男女の均等な機会及び待遇の確保等に関する法律
最賃法	最低賃金法
労基法	労働基準法
労基則	労働基準法施行規則
労契法	労働契約法
厚労告	厚生労働省告示
個情告	個人情報保護委員会告示

2　判例

最○判（決）	最高裁判所第○小法廷判決（決定）
最大判（決）	最高裁判所大法廷判決（決定）
高判（決）	高等裁判所判決（決定）
地判（決）	地方裁判所判決（決定）
支判（決）	支部判決（決定）

3 判例集

民集	最高裁判所民事判例集
労民集	労働関係民事裁判例集
判時	判例時報
判タ	判例タイムズ
労判	労働判例
労経速	労働経済判例速報

4 行政通達

医政発	厚生労働省医政局長名通達
基発	労働基準局長名通達
健疾感発	健康局疾病対策課長名通達
雇児発	雇用均等・児童家庭局長名通達
個情	個人情報保護委員会事務局長名通達
職職	人事院事務総長名通達
職発	職業安定局長名通達
発基	労働基準局関係の事務次官名通達
薬生発	厚生労働省医薬・生活衛生局長名通達
老発	厚生労働省老健局長名通達

目　次

はじめに
本書の構成および使い方

第1章　労働法一般

設例1　医師の労働者性
東京地判平成 25 年 2 月 15 日

- Ⅰ　問題の所在 ……………………………………………………… 14
- Ⅱ　労働者性の判断基準 …………………………………………… 15
- Ⅲ　設例について …………………………………………………… 20
- 　　書式　労働条件通知書兼同意書 ……………………………… 28
- コラム1　医師の勤務環境と働き方改革 ………………………… 31

第2章　労働契約の開始・変更

設例2　採用選考時・雇入れ時の健康診断
東京地判平成 15 年 5 月 28 日判タ 1136 号 114 頁

- Ⅰ　問題の所在 ……………………………………………………… 34
- Ⅱ　健康診断に関する留意点 ……………………………………… 35
- Ⅲ　設例について …………………………………………………… 39
- 　　書式　定期健康診断受診命令書 ……………………………… 50

設例3　試用期間と本採用拒否
東京地判平成 21 年 10 月 15 日労判 999 号 54 頁

- Ⅰ　問題の所在 ……………………………………………………… 51
- Ⅱ　試用期間における本採用拒否の有効要件 …………………… 52
- Ⅲ　設例について …………………………………………………… 54

目 次

　　　　書式　本採用拒否通知書 ……………………………………… 61
　　　　書式　試用期間延長通知書 ……………………………………… 62

設例 4　修学費用の貸与
大阪地判平成 14 年 11 月 1 日労判 840 号 32 頁

Ⅰ　問題の所在 ……………………………………………………… 63
Ⅱ　退職の自由と修学費用返還制度の可否 …………………………… 64
Ⅲ　設例について …………………………………………………… 66
　　書式　スキルアップ研修の費用に関する金銭消費貸借契約書 …… 73

設例 5　就業規則の不利益変更
東京地判平成 13 年 7 月 17 日労判 816 号 63 頁

Ⅰ　問題の所在 ……………………………………………………… 76
Ⅱ　就業規則の不利益変更 …………………………………………… 77
Ⅲ　設例について …………………………………………………… 82
　　書式　（就業規則変更についての）同意書 ……………………… 89

第 3 章　労働時間および賃金

設例 6　所定始業時刻前の準備行為・仮眠時間の労働時間性
大阪地判平成 27 年 1 月 29 日労判 1116 号 5 頁
東京地判平成 17 年 8 月 30 日労判 902 号 41 頁

Ⅰ　問題の所在 ……………………………………………………… 92
Ⅱ　労働時間 ………………………………………………………… 93
Ⅲ　設例 A（所定始業時刻前の準備行為）…………………………… 96
Ⅳ　設例 B（仮眠時間）……………………………………………… 98
　　書式　通知文（朝礼について）………………………………… 106

設例 7　宿日直およびオン・コールの労働時間性ならびに断続的労働
大阪高判平成 22 年 11 月 16 日労判 1026 号 144 頁
（最三決平成 25 年 2 月 12 日）

Ⅰ　問題の所在 ……………………………………………………… 107

7

目次

Ⅱ　断続的労働の有効要件 ……………………………………………… 108

Ⅲ　設例について ……………………………………………………… 111

　　書式　夜勤・休日日勤、宿日直における時間管理のルール（看護師）
　　…………………………………………………………………………… 123

設例 8　院長の管理監督者性および残業代
東京地判平成 25 年 3 月 29 日

Ⅰ　問題の所在 ………………………………………………………… 125

Ⅱ　管理監督者性の有効要件 ………………………………………… 126

Ⅲ　設例について ……………………………………………………… 127

　　書式　（管理監督者に関する）通知書兼同意書 …………………… 132

設例 9　医師の年俸制および定額残業代
最二判平成 29 年 7 月 7 日
東京高判平成 27 年 10 月 7 日判時 2287 号 118 頁

Ⅰ　問題の所在 ………………………………………………………… 134

Ⅱ　定額残業代の有効要件 …………………………………………… 135

Ⅲ　設例について ……………………………………………………… 139

　　書式　賃金（定額残業代）に関する確認合意書 ………………… 146

第 4 章　ハラスメント

設例 10　パワーハラスメント
福岡地小倉支判平成 27 年 2 月 25 日

Ⅰ　問題の所在 ………………………………………………………… 150

Ⅱ　パワーハラスメント（パワハラ）………………………………… 151

Ⅲ　設例について ……………………………………………………… 155

　　書式　パワーハラスメント防止規程 ……………………………… 162

設例 11　セクシュアルハラスメント
熊本地判平成 26 年 4 月 24 日

Ⅰ　問題の所在 ………………………………………………………… 164

- Ⅱ　セクシュアルハラスメント（セクハラ）……………………… 165
- Ⅲ　設例について ……………………………………………………… 169
  - 書式　セクシュアルハラスメント相談窓口設置のお知らせ ……… 176

設例12　マタニティーハラスメント
最一判平成26年10月23日民集68巻8号1270頁
広島高判平成27年11月17日判時2284号120頁

- Ⅰ　問題の所在 ………………………………………………………… 177
- Ⅱ　マタニティーハラスメント（マタハラ）……………………… 178
- Ⅲ　設例について ……………………………………………………… 184
  - 書式　就業規則（抜粋）…………………………………………… 192

第5章　労働者の健康

設例13　私傷病休職
大阪地判平成24年4月13日労判1053号24頁

- Ⅰ　問題の所在 ………………………………………………………… 194
- Ⅱ　休職期間満了退職の有効要件 …………………………………… 195
- Ⅲ　設例について ……………………………………………………… 198
  - 書式　法人指定医の受診のお願い………………………………… 205
  - 書式　主治医との面談のお願い…………………………………… 206
  - 書式　休職合意書 …………………………………………………… 207
  - 書式　休職命令通知書 ……………………………………………… 210
  - 書式　受診命令通知書 ……………………………………………… 211

設例14　患者からの暴力（安全配慮義務①）
東京地判平成25年2月19日判時2203号118頁

- Ⅰ　問題の所在 ………………………………………………………… 212
- Ⅱ　安全配慮義務違反を理由とする損害賠償請求の要件 ………… 213
- Ⅲ　設例について ……………………………………………………… 217
  - 書式　院内暴力等対応マニュアル ………………………………… 228

目　次

設例 15　過労自殺（安全配慮義務②）
札幌高判平成 25 年 11 月 21 日判時 2212 号 43 頁

Ⅰ　問題の所在 ……………………………………………………………… 230
Ⅱ　過労自殺についての損害賠償請求の要件 …………………………… 231
Ⅲ　設例について …………………………………………………………… 234
　　書式　残業禁止命令書 ………………………………………………… 247

第 6 章　労働者の異動および降格

設例 16　配転命令
釧路地帯広支判平成 9 年 3 月 24 日労民集 48 巻 1・2 号 79 頁

Ⅰ　問題の所在 ……………………………………………………………… 250
Ⅱ　配転の有効要件 ………………………………………………………… 251
Ⅲ　設例について …………………………………………………………… 253
　　書式　配転命令書兼同意書 …………………………………………… 262

設例 17　職種限定の合意
福岡地決昭和 58 年 2 月 24 日労判 404 号 25 頁

Ⅰ　問題の所在 ……………………………………………………………… 263
Ⅱ　配転の有効要件 ………………………………………………………… 264
Ⅲ　設例について …………………………………………………………… 265
　　書式　雇用契約書（抜粋） …………………………………………… 271

設例 18　人事評価の結果としての降格
東京地判平成 9 年 11 月 18 日労判 728 号 36 頁

Ⅰ　問題の所在 ……………………………………………………………… 272
Ⅱ　人事評価の結果としての降格 ………………………………………… 273
Ⅲ　設例について …………………………………………………………… 276
　　書式　降格に関する合意書 …………………………………………… 282

目次

第7章 懲戒処分

設例19 懲戒処分としての降格
東京地判平成16年9月3日労判886号63頁

- Ⅰ　問題の所在 …………………………………………………… 286
- Ⅱ　懲戒処分の有効要件 ………………………………………… 287
- Ⅲ　設例について ………………………………………………… 291
  - 書式　注意書 ……………………………………………… 302
  - 書式　懲戒処分通知書 …………………………………… 303
- コラム2　平成27年医療法改正の概要 ……………………… 304

第8章 労働契約の終了

設例20 医師の服務規律違反行為および能力不足による普通解雇
福井地判平成21年4月22日労判985号23頁

- Ⅰ　問題の所在 …………………………………………………… 306
- Ⅱ　普通解雇の有効要件 ………………………………………… 307
- Ⅲ　設例について ………………………………………………… 310
  - 書式　退職合意書 ………………………………………… 317

設例21 看護師の能力不足による普通解雇
東京地判平成22年3月1日

- Ⅰ　問題の所在 …………………………………………………… 320
- Ⅱ　普通解雇の有効要件 ………………………………………… 321
- Ⅲ　設例について ………………………………………………… 321
  - 書式　警告書 ……………………………………………… 329

設例22 整理解雇
福岡高判昭和54年6月18日労民集30巻3号692頁

- Ⅰ　問題の所在 …………………………………………………… 330
- Ⅱ　整理解雇 ……………………………………………………… 330

11

目 次

　Ⅲ　設例について ··· 335
　　　書式　希望退職者募集のお知らせ ································ 344

設例23　懲戒解雇
東京地判平成8年7月26日労判699号22頁

　Ⅰ　問題の所在 ··· 347
　Ⅱ　懲戒解雇 ··· 348
　Ⅲ　設例について ··· 350
　　　書式　解雇通知
　　　　　（懲戒解雇と共に予備的に普通解雇を行う場合） ·············· 358

設例24　雇止め
松山地宇和島支判平成13年12月18日労判839号68頁

　Ⅰ　問題の所在 ··· 360
　Ⅱ　雇止め法理 ··· 361
　Ⅲ　設例について ··· 364
　　　書式　無期転換申込権の事後放棄書 ······························ 373

第9章　労働者に対する損害賠償請求

設例25　名誉毀損を行った医師等に対する損害賠償請求
横浜地判平成16年8月4日判時1875号119頁

　Ⅰ　問題の所在 ··· 376
　Ⅱ　名誉毀損に基づく損害賠償請求の有効要件 ······················· 377
　Ⅲ　設例について ··· 380
　　　書式　秘密保持誓約書（退職時） ································ 387
　　　コラム3　医療法改正が労務管理に与える影響 ····················· 389

　判例索引 ··· 391

第1章
労働法一般

設例1　医師の労働者性
　　　　　　　　　参考裁判例　東京地判平成25年2月15日

コラム1　医師の勤務環境と働き方改革

第 1 章　労働法一般

設例 1

参考裁判例　東京地判平成 25 年 2 月 15 日

医師の労働者性

当診療所は、医師と業務委託契約を締結しており、当該医師を労働者としては扱っていません。
医師が労働者に当たるのは、どのような場合でしょうか。

I　問題の所在

　労働契約については、労働者を保護する観点から、労契法、労基法、最賃法および安全衛生法などにおいて、様々な規制が定められています。したがって、医師や医療従事者などが、これらの法の「労働者」に該当するか否かによって、医療機関（使用者）の守らなければならないルールが大きく変わります。
　たとえば、医師や医療従事者などが労働者に該当すれば、労働時間に関する規制が及び、時間外労働を命じるには 36 協定の締結が必要となり、時間外労働、法定休日労働および深夜労働には割増賃金の支払いが求められ、契約の一方的終了（解雇）は簡単にはできなくなります。また、最低賃金以上の賃金を支払う必要も生じますし、定期的な健康診断等も必要となり、労働保険等への加入も必要となるなど、様々な面で違いが出てきます。
　本設例では、「労働者」の判断基準を説明し、どのような場合に

14

「労働者」と判断されるか、検討します。

Ⅱ 労働者性の判断基準

(1) 労基法の「労働者」

労基法では、「労働者」とは、「職業の種類を問わず、事業又は事業所……に使用されている者で賃金を支払われる者」とされています[1]。この「労働者」に当たるか否かは、契約関係の様々な要素を総合的に考慮して判断されます。

具体的にどのような要素を考慮して判断するかについては、一定の基準が、「労働基準法の『労働者』の判断基準について」[2]（以下、「昭和60年報告」といいます）において示されており、現在、監督行政、裁判例の判断においても参考にされています。

なお、労基法上の「労働者」に該当すれば、基本的に、労契法、最賃法および安全衛生法等の「労働者」に該当すると考えられています。

(2) 昭和60年報告の判断基準

昭和60年報告は、次の表における「使用される＝Ⓐ指揮監督下の労働」と、「賃金を支払われる＝Ⓑ報酬の労務対償性」の2つの基準を総称して①「使用従属性」と整理し、これを労働者性の判断の基本としつつ、限界事例については、②「労働者性」の判断を補強する要素も考慮して判断するとしています。

---

[1] 労基法9条
[2] 旧労働省（現在の厚生労働省）労働基準法研究会「労働基準法の『労働者』の判断基準について」（昭和60年12月19日）

第 1 章　労働法一般

昭和 60 年報告の「労働者」の判断基準

① 「使用従属性」に関する判断基準
　Ⓐ 「指揮監督下の労働」に関する判断基準
　　ⓐ　仕事の依頼、業務従事の指示等に対する諾否の自由
　　　の有無（諾否の自由）
　　ⓑ　業務遂行上の指揮監督の有無（指揮監督）
　　ⓒ　拘束性の有無（拘束性）
　　ⓓ　代替性の有無（代替性）
　Ⓑ 「報酬の労務対償性」に関する判断基準
② 「労働者性」の判断を補強する要素
　Ⓐ　事業者性の有無
　Ⓑ　専属性の程度
　Ⓒ　その他

(3)　①－Ⓐ「指揮監督下の労働」に関する判断基準

　昭和 60 年報告では、Ⓐ「指揮監督下の労働」に関して、さらに
ⓐ～ⓓの 4 つの要素があげられています。

(ア)　①－Ⓐ－ⓐ諾否の自由

　仕事の依頼等を自由に断ることができる場合、請負契約や業務委
託契約などの対等な当事者間の契約としての性格が強くなります。
もちろん、請負契約等の場合であっても、経済的な利益および相手
との関係を考慮すると、事実上、依頼を断れないという場合はあり
ますが、法的には依頼等を受けるか否かは、当事者の自由に委ねら
れているといえます。他方、労働者は、労働契約に基づき、使用者
の指揮命令に従う義務を負っています（ただし、限界的な事例も存
在するため、その場合には、契約内容やその他の要素を総合して、

労働者性が判断されます）。

㈣　①－Ⓐ－ⓑ指揮監督

　具体的な業務の遂行方法や時間配分の指示を受ける場合、労働者としての性格が強くなります（ただし、請負契約等であっても、注文者として指示を出すことはあり、労働者であっても、業務の内容上、具体的な指示をすることが適さないものも存在します（医師の医療行為等は、具体的な指示になじまない場合があると考えられます））。

　具体的な業務の遂行方法や時間配分の指示以外の判断要素としては、労働契約における使用者の指揮監督の範囲が広く、通常予定されているもの以外の業務を命じている場合等には、労働者性が肯定されやすくなります。

㈥　①－Ⓐ－ⓒ拘束性

　業務の開始時間・終了時間、勤務場所等が指定され、拘束性がある場合、労働者性を肯定する方向に働きます（ただし、請負契約等であっても、業務の性質上、時間や場所が指定されることも多いため、拘束が業務の性質によるものなのか、指揮監督の一環として行われているものなのかを検討する必要があります）。

㈦　①－Ⓐ－ⓓ代替性

　請負契約等においては、「仕事の完成」が重要であり、誰が行うかは請負人等が原則として自由に決められます。そのため、本人に代わって他の者が行うことが認められていることは、指揮監督関係を否定する要素の一つになるとされています。

第 1 章　労働法一般

(4)　①—Ⓑ「報酬の労務対償性」に関する判断基準

　労基法では、「賃金とは、賃金、給料、手当、賞与その他名称の如何を問わず、労働の対償として使用者が労働者に支払うすべてのものをいう」とされています[3]。たとえば、報酬が時間給で計算されている場合など、一定時間労務を提供していることに対する対価と評価できる場合、労務対償性が肯定されやすくなるといえます。これに対して、請負契約等の報酬は、仕事の完成の対価として定められますので、作業時間にかかわらず報酬が定められている場合には請負としての性格が強くなることになります（もちろん、出来高給などのように、賃金であっても時間にかかわらず定められる性格のものもありますし、請負契約等であっても作業時間を考慮して金額を定めることも多いため、時間給的性格についてはあくまで一要素として考える必要があります）。

(5)　②「労働者性」の判断を補強する要素

　労働者性の限界事例については、次の要素なども考慮されます。

㋐　②—Ⓐ事業者性の有無
（ⅰ）　機械や器具の負担関係
　業務に必要な高価な機器器具等を業務遂行者自身が所有している場合、その者がその機械器具等の故障等のリスクを負いながら報酬額を決定することになり、事業者としての性格が強くなります。
　また、業務遂行上の損害に対する責任を負っていることや、独自の商号使用が認められていることなども事業者性を強める要素

---

[3]　労基法 11 条

となり得ます。

(ⅱ) **報酬の額**

一般に、その法人等の正規従業員に対する給与よりも著しく高い金額が報酬として支払われている場合、事業者に対する報酬としての性格が強くなります（ただし、報酬の額が低いとしても、外注によりコストダウンをはかる場合もあることから、必ずしも決定的な要素になるわけではありません）。

(イ) **②－Ⓑ専属性の程度**

労働契約の場合、一般的には他法人等での就業は禁止されています。契約等により、他法人等での業務が禁止されている場合や、拘束時間から事実上、他法人等での業務が困難な場合、労働者性を強める要素になります。

また、報酬が、生計を維持する程度の額が固定給となっているなど、生活保障的な要素が強い場合も、労働者性を強めることになります。

(ウ) **②－Ⓒその他**

○ 採用・委託等の際の選考過程が、正規従業員の場合とほとんど同様であること
○ 報酬について給与所得としての源泉徴収を行っていること
○ 労働保険等の適用対象としていること
○ 服務規律を適用していること
○ 退職金制度、福利厚生を適用していること

これらの項目のように、使用者が自らその者を労働者と認識していると推認される事実を、労働者性を肯定する要素としている裁判例もあります。

第1章　労働法一般

Ⅲ　設例について

本設例

(1)　事案の概要

　当診療所は、院長である私と医師Aのみの診療所です。私と医師Aとは診療室も別々であり、医師Aに対しては、「患者さん第一の診療をするように」という程度の指示しか出しておらず、診療方針等については医師Aに委ねています。医師Aは、当診療所の医療機器等を用いて、当診療所の診療時間に従って、ほぼ週5日、来院する患者の診療業務を行っています。当診療所は医師Aに対し、月額260万円の報酬を支払っており、報酬は、「給与」として所得税の源泉徴収をしていますが、当診療所としては医師Aとの契約を業務委託と考えており、社会保険および雇用保険には加入させていません。医師Aは、学会出席のために診療を休診とすることもあり、小学校の校医としての勤務や、他の診療所でのアルバイト等もしています。

(2)　質　問

　当診療所が医師Aとの契約を解除したところ、半年後に医師Aから「自分は労働者であるから解雇は無効であり、解雇後から今まで半年分の賃金（1,560万円）を支払ってもらう」との話がありました。医師Aは、「労働者」といえるのでしょうか。

結　論

　医師 A に対する具体的な指示がないとしても、医師という高い専門性を有する職務に照らして考えると、週5日、定められた勤務場所、勤務時間において診療を行っており、他での勤務もアルバイトに留まることなどからすると、医師 A が「労働者」として認定される可能性は高いと考えられます。解雇が有効か否かも労働者であることを前提に判断する必要があり、解雇が無効であれば、いわゆるバックペイ（たとえば、医師 A は、解雇日から半年経過しているため、半年分の賃金）の支払いが必要になります（解雇については設例 20 参照）。

(1)　①−Ⓐ−ⓐ諾否の自由

　本設例において、医師 A は、本診療所の診療時間に従って、来院する患者に対する診療行為を行っています。本診療所には医師 A と院長しか医師がおらず、医師 A と院長は別々の診療室で診療していることから、それぞれに割り振られた患者をそのまま受け入れて診療していると考えられます。診療拒否の問題は別にするとしても、医師 A には、この患者は診療するが、この患者は診療しないといった自由はない状況といえます。

　したがって、医師 A には仕事の依頼等に対する諾否の自由があったとはいえず、この点は、①−Ⓐ「指揮監督下の労働」を肯定する方向に働きます。

(2)　①−Ⓐ−ⓑ指揮監督

　本設例では、医師 A に対する指示は、「患者さん第一の診療をす

21

第1章　労働法一般

るように」といった抽象的な内容のみで、診療方針等については医師Aに委ねられており、通常であれば、この点は、業務遂行上の指揮監督が強くなかったとして、①－Ⓐ「指揮監督下の労働」であることを否定する方向に働くものと考えられます。

　しかしながら、医師は、専門性の高い職業であり、診療行為にあたっては広い裁量を有しているという特殊性があります。

　したがって、医師Aについては、診療行為に対する具体的な指揮命令がなかったことを、①－Ⓐ「指揮監督下の労働」であるか否かを判断するにあたって重視すべきではないと考えられます。

　参考裁判例においても、「原告（医師）の診療行為に当たっての被告（診療所）から原告に対する指示は、抽象的なものに留まっており、具体的な指示はされていないが、これは医師という高い専門性を有する職務のためということができるし、一般の勤務医であっても、同様といえ」ると判断しており、医師という特殊な地位を考慮し、具体的な指揮監督がなかったことを重視していません。

(3)　①－Ⓐ－ⓒ拘束性

　本設例では、医師Aは、週5日、本診療所の診療時間に従って診療行為を行っており、診療行為を行う場所も診療室と定められており、時間的、場所的拘束性はあったといえます。

　なお、医師Aについては学会等の出席のため、診療を休診とするなど、時間的拘束性を弱めると思える事情もありますが、実際の診療業務と並行して、専門医認定等に向けて学会等に出席することは医師としては一般的なことであり、拘束性を否定するまでの事情にはならないと考えられます。

22

(4) ①－Ⓐ－ⓓ代替性

本診療所の医師は、院長と医師Aのみであり、医師Aが自由に他の医師に診療を任せたりすることはできない状況であったと考えられることから、代替性は否定され、この点は、①－Ⓐ「指揮監督下の労働」を肯定する方向に働きます。

(5) ①－Ⓑ「報酬の労務対償性」に関する判断基準

本設例の医師Aの報酬は、月額260万円で定額であり、出来高的な要素はありません。医師Aの勤務時間は、本診療所の診療時間とほぼ同様であるため、実質的には時間に応じた給与と評価できます。

そのため、労務対償性を否定する性格は有していないといえます。

(6) ②－Ⓐ事業者性の有無

まず、機械や器具の負担関係について、医師Aは、本診療所の医療機器等を用いており、事業者性を肯定する要素は特にありません。

次に、報酬額について、本設例では月額260万円という高額の報酬であることから、一般的には、事業者性を肯定する方向に働く事情といえます。しかし、医師については、報酬が高額である事例も少なくありませんので、この事情はそこまで大きな意味は持たないと考えられます。

参考裁判例も、「被告（診療所）が指摘する原告（医師）に対する1か月260万円という報酬額は、いささか高額であるとの感はあるが、経験豊富な勤務医の給与としての水準を逸脱しているとまで

第 1 章　労働法一般

は解されない」と判断しており、医師の特殊性に言及しています。

(7)　②－Ⓑ専属性の程度

　本設例において、医師 A は、校医や他の診療所でのアルバイト等に従事しており、専属性の程度を弱める事情があるとも考えられます。しかし、勤務医が他の診療所や病院等でアルバイトをすることはよくあることです。また、医師 A の本診療所での勤務は、ほぼ週 5 日と、本診療所での業務が主たる業務であることも明確であることから、他の診療所等での勤務があるとしても、専属性が否定されるほどではないと考えられます。

　参考裁判例においても、医師の他の診療所等での勤務について、「医院の休診日を中心に、他の医療機関での診療や特別養護老人ホームや校医の業務を行っていたが、これはアルバイト的なものであり、基本的には、ほぼ週 5 日、……診療行為を行っていたものであって、被告（診療所）の指揮監督の下で、労働者である勤務医として稼働していたものと解するのが相当」と判断しています。

(8)　②－Ⓒその他

　本設例において、本診療所は、医師 A に対する報酬について、「給与所得」としての源泉徴収を行っていることから、この事情は、労働者性を肯定する方向に働くと考えられます。

　参考裁判例においては、「原告（医師）に対する報酬が『給与』として取り扱われていたことも、原告（医師）の労働者性を根拠づける事情というべきである」と判断しています。

　他方、本診療所が、医師 A を社会保険および雇用保険に加入させていないことは、本診療所が医師 A を労働者ではないと考えていることを示す事情として、労働者性を否定する方向に働くといえ

24

ます。

参考裁判例においては、社会保険や雇用保険への加入手続がされていない点について、「他の従業員も同様であった」と認定し、この事実を労働者性の判断においては重視していないと考えられます。

(9) まとめ

前述の検討のとおり、本設例の医師Aについては、仕事の依頼等に対する諾否の自由があったとはいえない、拘束性が認められる、代替性が否定されるなど、 a 労働者性を肯定する要素が数多くあります。

他方、具体的な指示がない、報酬が高額といった b 労働者性を否定する方向に働き得る事情についても、医師の特殊性によるものであり、特段重視すべきでないと考えられます。

そのため、結論としては、これらの事情を踏まえると、医師Aの労働者性が肯定される可能性が高いと考えられます。

対応策

「労働者性」については、実務上、前述の昭和60年報告が指針となっています。ただし、この昭和60年報告は、職種を問わず一般的に作成されたものであることから、具体的な当てはめにおいては、その職種の特殊性等を十分に考慮する必要があります。

医師は専門性が高い職種であり、使用者が医師（特にある程度経験年数を経ている医師）に具体的な指示をせず、診療行為を医師の判断に委ねる対応などはよく見られるところです。このように、一般的には業務委託の性格を強める要素（具体的な指示がない、報酬額が高額である等）があったとしても、医師の特殊性によるものと

第1章　労働法一般

　整理され、結論として労働者性が認められる可能性は否定しきれないと考えられます。

　そして、事後的に労働者性が肯定されると、その時点の高額な報酬額を基準に、前述のバックペイや時間外労働等に対する割増賃金の支払い等が求められるリスクがあります。

　したがって、リスク回避の対応策としては、医師については、あらかじめ、労働者であることを前提に、ⅰ解雇するか否かについては外部専門家の意見を聞くなどして慎重に判断し、また、ⅱ労働条件を（報酬額についても時間外労働等に対する割増賃金や社会保険料等が発生することを見込んで）決定することが考えられます。

コメント

参考裁判例は医師に関する判断ですが、看護師や介護施設のヘルパー職の労働者性が肯定され、雇用保険未加入による損害賠償請求も認められた裁判例[4]もあります。また、院長についても労働者性を肯定した裁判例[5]もあります（ただし、病院の開設者である名誉院長が経営の実権を握っていた事案です）。

なお、本設例の検討は、労働法の観点から医師の労働者性、すなわち、労働契約か業務委託契約かを検討したものです。しかし、そもそも医療法人が医師との間で診療行為の業務委託契約を締結することが可能かについては、労働法以外にも医療法等の関連法規や税法上の取扱いなど、検討を要する点が多くあります。医師との契約を締結する際に、労働契約ではなく、あえて業務委託契約の形態での締結を検討する際には、外部専門家に相談することをお勧めします。

---

[4] 大阪地判平成27年1月29日労判1116号5頁
[5] 東京地判平成8年7月26日労判699号22頁

第1章　労働法一般

書 式

労働条件通知書兼同意書

平成●年●月●日

●●　殿

医療法人●●
理事長●●

契約期間	期間の定めなし
就業の場所	●●
従事すべき 業務の内容	●●
職種	●●　（※配転の可能性の明記については、設例17参照）
始業、終業 の時刻、休 憩時間、所 定時間外労 働の有無等	1　始業・終業の時刻等 　　始業（●時●分）　終業（●時●分） ○詳細は、就業規則第●条〜第●条 2　休憩時間（●）分 3　所定時間外労働の有無（　有・無　）
休　　　日	毎週●曜日、国民の祝日、その他（　　　　　　　　　　　） ○詳細は、就業規則第●条〜第●条
休　　　暇	1　年次有給休暇　6か月継続勤務した場合　●日 2　時間単位年休（　有・無　） 3　代替休暇（　有・無　） 4　その他の休暇　有給（　　　　　　　　　　） 　　　　　　　　　無給（　　　　　　　　　　） ○詳細は、就業規則第●条〜第●条
賃　　　金	1　基本賃金（月給） 　（基本給　●円） 2　諸手当の額または計算方法 　(1) ●●手当　　　●円　／計算方法： 　(2) ●●手当　　　●円　／計算方法： 　(3) ●●手当　　　●円　／計算方法：

賃　　金	3　所定時間外、休日または深夜労働に対して支払われる割増賃金率 （1）所定時間外、法定超　月60時間以内：●% 　　　　　　　　　　　　　　月60時間超　：●% 　　　　　　　　　　　　　　所定超　　　：●% （2）休日　法定休日：●%、法定外休日：●% （3）深夜：●% 4　賃金（月額）締切日－毎月●日 　　賃金（月額）支給日－賃金締切日の翌月●日 　　（その日が銀行休業日の場合前日） 5　賃金の支払方法　●● 6　労使協定に基づく賃金支払時の控除 　　（　無・有（●●）　） 7　昇給 　　（時期等　　　　　　　　　　　　　　　　　　　） 8　賞与（　有（時期、金額等　　　　　　　）・無　） 9　退職金（　有（時期、金額等　　　　　　）・無　）
退職に関する事項	1　定年制：●歳 2　継続雇用制度：●歳まで 3　自己都合退職の手続き（退職する●日以上前に届け出ること） 4　解雇の事由および手続き：就業規則第●条 ○詳細は、就業規則第●条～第●条
そ　の　他	・社会保険の加入状況 　（　厚生年金　健康保険　その他（　　　　　）） ・雇用保険の適用（　有・無　） ・その他

※　以上のほかは、添付の当法人就業規則による。

以上の労働条件について説明を受け、同意いたします。

平成●年●月●日

（氏名）＿＿＿＿＿＿＿印

（住所）＿＿＿＿＿＿＿

※　未成年者を雇用する場合、両親等の同意署名欄を設けることが考えられます。また、労働条件についても別途規制があるため、適宜修正が必要となります。

第1章　労働法一般

 労働条件通知書兼同意書

　期間の定めがない労働契約の場合の一般的な労働条件通知書です。
　労働者を採用した場合、一定の事項については書面により明示する必要があります。また、書面の明示が義務づけられていない事項についても、後のトラブルを避ける観点から、労働条件の内容として、できる限り書面に記載しておくことが考えられます。労働条件の内容が就業規則等において詳細に定められている場合については、就業規則の条文番号を記載し、就業規則を添付すること等も考えられます。

コラム 1　医師の勤務環境と働き方改革

(1)　医師の労働時間の実情

　平成 29 年 4 月の第 51 回社会保障審議会医療部会の資料によれば、医師（年間就業日数 200 日以上かつ正規職員の者に限る）における 1 週間の労働時間が 60 時間を超える者の割合は、41.8% にものぼり、これは全業種の中（ただし、年間就業日数 200 日以上かつ正規職員の者に限る）でも最も高い割合であるとのことです。このような長時間労働を問題視する声は多く、医師を含む医療従事者の勤務環境改善について、独自の取り組み等も進んでいます。

(2)　働き方改革における医師の取扱い

　平成 29 年 3 月 28 日、「働き方改革実行計画」が、政府の設置する働き方改革実現会議にて決定されました。この計画の中で、長時間労働の是正のための方策として、時間外労働の罰則付き上限規制の導入が検討されています。

　現行の時間外労働の規制では、厚生労働大臣告示において、36 協定で定める時間外労働の上限を、原則として月 45 時間以内、かつ年 360 時間以内と定めています。しかし、この上限に従った内容で 36 協定を定めることは、罰則等によって強制されているわけではなく、さらに臨時的な特別の事情がある場合には「特別条項」を設けることで、上限のない時間外労働が可能となっています。

　働き方改革実行計画では、長時間労働抑制のための方策として、このような時間外労働規制を改め、次のような法改正を行うこととされています。

　①週 40 時間を超えて労働可能となる時間外労働の限度を、原則

として、月45時間、かつ、年360時間とし、違反には原則として罰則を課す。

②臨時的な特別の事情がある場合として、労使が合意して労使協定を結ぶ場合においても、上回ることができない時間外労働時間を年720時間とする。かつ、年720時間以内において、一時的に事務量が増加する場合について、最低限、上回ることのできない上限を設ける。

もっとも、医師については、医師法に基づく応召義務などの特殊性や、医師会等からも要望があったことを踏まえ、以下の方針が示されました。

Ⓐ医師についても、上記のような時間外労働規制の対象とする。
Ⓑただし、改正法の施行期日の5年後を目途に規制を適用する。
Ⓒ医療界の参加の下で検討の場を設け、質の高い新たな医療と医療現場の新たな働き方の実現を目指し、2年後を目途に規制の具体的な在り方、労働時間の短縮施策等について検討する。

働き方改革実行計画で示された法改正が行われれば、基本的には、医師も改正される時間外労働規制の対象となる方針とのことですので、医師の働き方にも大きなインパクトが生じると考えられます。ただし、前述のとおり、医師については改正法の適用が猶予される可能性もあり、今後の動向に注目する必要があるといえるでしょう。

第2章 労働契約の開始・変更

設例 2　採用選考時・雇入れ時の健康診断
　　　参考裁判例　東京地判平成 15 年 5 月 28 日判タ 1136 号 114 頁

設例 3　試用期間と本採用拒否
　　　参考裁判例　東京地判平成 21 年 10 月 15 日労判 999 号 54 頁

設例 4　修学費用の貸与
　　　参考裁判例　大阪地判平成 14 年 11 月 1 日労判 840 号 32 頁

設例 5　就業規則の不利益変更
　　　参考裁判例　東京地判平成 13 年 7 月 17 日労判 816 号 63 頁

第2章　労働契約の開始・変更

設例 2

参考裁判例　東京地判平成 15 年 5 月 28 日判タ 1136 号 114 頁

採用選考時・雇入れ時の健康診断

当病院は、別の法人（使用者）から委託を受けて、採用者の健康診断において HIV 抗体検査を実施し、結果を当該法人（使用者）に伝えました。

採用者の健康診断について、当該法人（使用者）はどのような場合に実施が可能でしょうか。また、当病院（医療機関）としてはどのような点に留意すべきでしょうか。

I 問題の所在

(1) 使用者の健康診断の実施

使用者には、雇入れ時の健康診断や年1回の定期健康診断等、労働者の健康診断の実施が義務づけられています。

健康診断の結果、病気等が発覚した場合、病気等を理由に解雇が可能かという問題が生じることがあります。また、採用選考段階で健康診断を実施して、その結果を採用選考に利用することが許されるかという点も問題となることがあります。

(2) 医療機関の健康診断への関与

　他方、実際の健康診断は、医療機関が実施することから、これらのトラブルに医療機関が巻き込まれる可能性も否定できません。

(3) まとめ

　本設例では、健康診断の時期、および健康診断の種類等を説明し、健康診断において使用者および医療機関がどのような責任を負うかについて、検討します。

Ⅱ 健康診断に関する留意点

(1) 使用者としての留意点

(ア) 健康診断の時期
　(i) 採用選考時の健康診断
　　採用選考時の健康診断は、法律で求められているものではなく、使用者等が任意に実施するものです。労働者の採用選考にあたっては、使用者には採用の自由があり、調査の自由も認められています。裁判例[6]においても、「労働契約は労働者に対し一定の労務提供を求めるものであるから、企業が、採用にあたり、労務提供を行い得る一定の身体的条件、能力を有するかを確認する目的で、応募者に対する健康診断を行うことは、予定される労務提供の内容に応じて、その必要性を肯定できるというべきである」と判断したものがあります。

---

[6]　東京地判平成 15 年 6 月 20 日労判 854 号 5 頁

第 2 章　労働契約の開始・変更

　　ただし、無制限に調査の自由が認められるわけではなく、また調査方法についても注意が必要です。厚生労働省は、採用選考時の健康診断については、職務内容との関連においてその必要性を慎重に検討することなく実施することは、結果として就職差別につながるおそれがあるため、採用選考時にいわゆる「血液検査」等の健康診断を実施する場合には、健康診断が応募者の適性と能力を判断する上で真に必要かどうか慎重に検討するよう指導しています[7]。特に、差別につながりやすいものについては、個別のガイドライン等[8]を出しています。

　　そして、採用選考時の健康診断の結果、応募者の適性と能力に無関係な内容により、不採用の判断をすることは、就職差別となるおそれがあります（選考の段階によっては、採用内定に対する期待が生じており、不採用が不法行為を構成する可能性も否定できません）。

(ⅱ)　雇入れ時の健康診断

　　他方、労働者を雇い入れるときは、使用者には健康診断の実施が義務づけられています[9]。この雇入れ時の健康診断の目的は、適正配置、入職後の健康管理のためとされています[10]（以前は、雇入れ時の健康診断の結果が採用選考に用いられることが許されると考えられていましたが、問題となる事例が見受けられるようになったことを受けて、厚生労働省は、雇入れ時の健康診断は採用選考のために実施するものではないとの立場を明示しています）。

---

[7]　「採用選考時の健康診断に係る留意事項について」（平成 13 年 4 月 24 日事務連絡）
[8]　「職場におけるエイズ問題に関するガイドラインについて」（平成 7 年 2 月 20 日基発 75 号、職発 97 号）、「「職場におけるエイズ問題に関するガイドラインについて」の一部改正について」（平成 22 年 4 月 30 日基発 0430 第 2 号、職発 0430 第 7 号）、「職場における肝炎ウイルス感染に関する留意事項について」（平成 16 年 12 月 8 日基発 1208001 号、職発 1208001 号）
[9]　労働安全衛生規則 43 条
[10]　「雇入時の健康診断の趣旨の徹底について」（平成 5 年 4 月 26 日事務連絡）

ただし、雇入れ時の健康診断において、法定の項目以外の項目を実施する場合、後述するとおり、その部分は任意の健康診断として、必要性等を検討する必要があります。

(イ)　健康診断の法的性質
　(i)　法定の健康診断
　　法定の健康診断（雇入れ時の健康診断を含みます。以下同じ）は、使用者に義務づけられたものです。実施しなかった場合、使用者には罰則が定められており、また、法定の健康診断を実施しなかったことにより労働者の健康が悪化した場合、使用者は責任を問われる可能性があります。
　(ii)　任意の健康診断
　　他方、採用選考時の健康診断や法定の項目以外の任意の健康診断の実施については、実施が義務づけられているものではありません。健康情報は、プライバシーが保護されるべきであり、任意の健康診断を実施する理由、実施内容または実施方法等によっては、プライバシー侵害に該当するおそれがあります。任意の健康診断を受診させることが許されるためには、以下の要件を満たすことが必要と考えられています。

任意の健康診断の有効要件

①本人に目的を説明し、本人の承諾があること
②実施に客観的かつ合理的な必要性があること

(ウ)　健康診断の結果を踏まえた措置
　健康診断の結果、労働者の健康状態に問題が見つかった場合、使用者は、医師等から意見を聴き（任意健康診断の場合、労働者の同意が必要と考えられます）、必要な就業上の措置を講ずる必要があ

第2章　労働契約の開始・変更

ります。

　ただし、労働者の健康の確保に必要な範囲を超えて、たとえば解雇や配転、退職勧奨などの不利益な取扱いを行うことは許されません[11]。

(2)　医療機関の留意点

　前述のとおり、使用者には法定の健康診断の実施が義務づけられていますが、実際に健康診断を実施するのは、医療機関です。健康診断等を巡り、労働者と使用者の間にトラブルが生じた場合、医療機関に対しても、責任追及される可能性があります。

　具体的には、健康情報はプライバシーが保護されるべきものであり、医療機関が使用者に対して情報を提供する際にはその取扱いに注意すべきです。

　また、健康診断の結果、健康状態に問題等が発覚した場合、必要に応じて、治療方針等を丁寧に説明するなど、適切な措置を採ることも重要です。たとえばHIV抗体検査に関しては、「「HIV検査の実施について」の改廃について」[12]が定められており、患者本人の同意を得ることや、検査前後のカウンセリング等について定められています。

---

[11] 「健康診断結果に基づき事業者が講ずべき措置に関する指針」（平成8年健康診断結果措置指針公示第1号）
[12] 「「HIV検査の実施について」の改廃について」（平成16年10月29日健疾感発1029004号）

Ⅲ 設例について

本設例

(1) 事案の概要

　当病院は、A社（使用者）から採用者Bについての雇入れ時の健康診断を委託されました。A社は、A社の業務が、夜間勤務があったり、突発的に精神的緊張を強いられる場面があるなど、ストレスの強い内容でHIV感染者には無理であるとの認識の下、健康診断の血液検査にあたって、HIV抗体検査も併せて行うことを求めてきました。

　採用者Bの検査の結果は陽性であり、当病院はA社に対して結果を報告したところ、A社は採用者BにHIVに感染していることを伝え、激しい勤務等によりエイズの発症が早まるなどと説得して、採用者Bを退職させたようです。なお、採用者Bは、その後、別の医療機関で検査を受け、HIVに感染しているものの、通常の就労が可能な状態と診断されました。

(2) 質問1：A社（使用者）の責任の有無

　採用者Bは、退職の効力を争い、無断でHIV抗体検査を受けさせられたことで損害を受けたと主張しているようです。A社が、雇入れ時の健康診断において無断でHIV抗体検査を実施したことは問題があるのでしょうか。

第2章 労働契約の開始・変更

(3) 質問2：本病院の責任の有無

当病院は、Ａ社が採用者Ｂに対して、HIV抗体検査をすることを説明していたか等については把握しておらず、当病院から個別に採用者Ｂに対して説明等も行いませんでしたが、当病院も責任追及される可能性があるでしょうか。

結　論

回答1：Ａ社（使用者）の責任の有無

Ａ社が採用者Ｂの同意を得ず、HIV抗体検査を実施したことは、採用者Ｂのプライバシーを侵害する違法な行為であり、不法行為となる可能性が極めて高いといえます。

回答2：本病院の責任の有無

本病院についても、HIV抗体検査の実施には患者の同意を得る必要があり、その後も適切な対応が求められます。本病院が、採用者Ｂに無断で検査を実施し、情報をＡ社に伝え、その後も適切な対応をとらなかったことは不法行為となる可能性が極めて高いです。

(1) Ａ社（使用者）の責任

本設例のHIV抗体検査は、雇入れ時の健康診断において、法定の項目以外の項目が実施された場合に当たり、任意の健康診断と考えられます。

40

(ア) ①本人に目的を説明し、本人の承諾があること

　本設例において、A 社は、HIV 抗体検査を行うことについて、採用者 B に説明していません。また、血液検査が当然に HIV 抗体検査を含むものともいえないため、血液検査に応じたからといって、採用者 B の承諾があったとも認められません。

(イ) ②実施に客観的かつ合理的な必要性があること

　本設例において、A 社が HIV 感染者には業務をこなすことができないとの認識を持っていることや、その後の A 社の採用者 B に対する対応などからすると、A 社が HIV 抗体検査を実施している目的は、HIV に感染している労働者の適正配置や健康管理のためではなく、HIV に感染している者を退職させるためと考えられます。

　A 社は、業務のストレスが強いことを理由に、A 社の業務は HIV 感染者には適さないと判断していますが、HIV 感染者であっても免疫状態が良好であればスポーツ等も可能であり、一律に排除することは許されないと考えられます。「職場におけるエイズ問題に関するガイドライン」[13]（以下、「エイズ問題ガイドライン」といいます）においても、HIV 感染それ自体によって仕事への適性は損なわれないことから、「HIV に感染していることそれ自体は解雇の理由とならないこと」と規定されており、採用選考についても「HIV 感染の有無それ自体は、応募者の能力および適性とは一般的には無関係であることから、採用選考を目的とした HIV 検査は原則として実施されるべきではない」、「HIV 抗体検査陰性証明が必要な国での勤務を行う者を採用しようとする特別な場合には、募集時に HIV 抗体検査陰性証明が必要であることを明示する等、事前に応募者に周知しておくことが望ましい」と説明されています。

---

[13]　前掲注 8

第２章　労働契約の開始・変更

　本設例においては、HIV 抗体検査陰性証明が必要な特別の事情等もなく、HIV 抗体検査には、客観的かつ合理的な必要性は認められないと考えられます。

　参考裁判例は警察官の事案ですが、裁判所は「相対的にストレスの高い警察官の職務であろうと、また警察学校における厳しい身体的訓練であろうと、それが過度・長期にわたってストレスを蓄積させるものでない限りは、HIV 感染者にとって、当然に不適であるということはできず、その適・不適の判断は、その者の実際の免疫状態によって行われるべきである」と判断しています。

(ウ)　まとめ

　前述のとおり、A 社の HIV 抗体検査の実施については、採用者B の同意を得ておらず、客観的かつ合理的な必要性があるともいえず、採用者 B のプライバシーを侵害する違法な行為であり、不法行為となる可能性が極めて高いといえます。

　参考裁判例においても、使用者に対し、330 万円の損害賠償が命じられています。

(2)　本病院の責任

　HIV 抗体検査については、「「HIV 検査の実施について」の改廃について」等において、本人の同意を得ること等が求められています。また、HIV に感染しているか否かの情報は、プライバシーとして保護されるべきと考えられます。

　しかし、本病院は、採用者 B の同意を得ずに HIV 抗体検査を実施し、採用者 B の同意を得ずに HIV 感染の事実を A 社に伝えており、本病院の行動は、採用者 B のプライバシーを侵害すると考えられます。

　したがって、本病院は、採用者 B のプライバシーを侵害したと

して、不法行為に基づく損害賠償責任を負う可能性が極めて高いといえます。

　参考裁判例においても、警察病院のように、相当程度の規模を有する総合的医療機関としては、HIV 抗体検査を実施するにあたり、「患者本人の同意をとり、検査前および検査後の保健指導あるいはカウンセリングを行い、結果についてプライバシーを守り、感染が判明した患者・感染者に対し適切な医療を提供するか他の適切な医療機関へ確実に紹介すべきこと」に配慮すべきは当然のことであると判断し、損害賠償として 110 万円の支払いを認めています。

対応策

(1)　プライバシー侵害

㋐　使用者としての対応

　労働者の健康情報はセンシティブな情報を含むものであり、採用選考時の健康診断および雇入れ時の健康診断を含め、取扱いに関しては注意が必要です。

　使用者として健康情報の適切な取扱いをするにあたっては、これらのガイドラインや通達等の内容を把握し、改正状況等を適宜フォローする必要があります。

　そして、実際にこれらの内容を遵守する観点からは、健康情報等については、担当者や管理方法等の体制を整備しておく必要があります。社内の意識を高める観点から、これらの情報に触れる可能性のある部署を対象に、定期的に研修をすることなども有効です。

㋑　医療機関としての対応

　個人の健康情報を取り扱う医療機関については、プライバシー保護に関する高い意識が求められていると考えられます。直接の患者

第 2 章　労働契約の開始・変更

への対応はもちろん、第三者から委託を受けて健康診断等を実施する場合であっても、プライバシーの保護には十分注意を払うべきです。

　情報管理の体制整備や担当部署への研修が有効であることは前述のとおりです。

(2)　個人情報保護法

㈎　個人情報としての保護

　本設例および参考裁判例では触れていませんが、個人情報保護法についても問題となり得ます。健康診断の結果等の健康情報は、個人情報としても保護されます。平成 27 年に改正された個人情報保護法（以下、「改正個人情報保護法」といいます）においては、センシティブな情報について「要配慮個人情報」が定義され、より保護の程度が高くなっていますが、その中には、①病歴、②健康診断等の結果、③医師等による指導の内容、診療や調剤の過程で、医療従事者が患者の身体状況、病状、治療等について知り得た情報等が含まれています[14]。

　なお、本書では、原則として個人情報の第三者提供の規制に限り、解説します。

㈏　第三者提供

（ⅰ）　原則

　　個人情報は、法令に基づく場合等を除いて、本人の同意なく、第三者に提供することが認められていません[15]。

---

[14] 改正個人情報保護法 2 条、個人情報の保護に関する法律施行令 2 条、「個人情報の保護に関する法律についてのガイドライン（通則編）」（平成 28 年個情告第 6 号）
[15] 改正個人情報保護法 23 条

(ⅱ)　法定の健康診断

(a)　使用者

　雇用管理に関しての個人情報のうち、健康情報については、「雇用管理分野における個人情報のうち健康情報を取り扱うに当たっての留意事項[16]」（以下、「留意事項」といいます）が定められています（なお、同様の内容の留意事項は以前から定められていましたが、個人情報保護法の改正に伴い、旧留意事項が廃止され、新しく定められています。また、以前は、「雇用管理分野における個人情報保護に関するガイドライン」が定められていましたが、個人情報保護法の改正に伴い、各事業分野の個人情報に関するガイドラインが一元化されることになり、廃止されました[17]）。

　留意事項においては、法定の健康診断における必要な情報提供（使用者が医療機関に健康診断を委託するために必要な労働者の個人情報を提供すること等）は、「法令に基づく場合」に該当するため、本人の同意は不要とされています。

(b)　医療機関

　前述の留意事項においては、医療機関が使用者に対し、法定の健康診断の結果を報告することについても、「法令に基づく場合」に該当し、本人の同意は不要とされています。

　ただし、「医療・介護関係事業者における個人情報の適切な取扱いのためのガイダンス[18]」においては、医療機関から使用者への法定の健康診断の結果の提供については、「本人の同意が得られていると考えられる場合」として整理されています。

---

[16]　「雇用管理分野における個人情報のうち健康情報を取り扱うに当たっての留意事項について（通知）」（平成 29 年 5 月 29 日個情 752 号、基発 0529 第 6 号）

[17]　「雇用管理分野における個人情報保護に関するガイドラインを廃止する件」（平成 29 年厚労告第 200 号）

[18]　「医療・介護関係事業者における個人情報の適切な取扱いのためのガイダンスについて（通知）」（平成 29 年 4 月 14 日個情 534 号、医政発 0414 第 6 号、薬生発 0414 第 1 号、老発 0414 第 1 号）

第2章　労働契約の開始・変更

構成は異なりますが、法定の健康診断の結果について、医療機関が使用者に対して情報提供することについては、改めて労働者本人の同意を取得することは不要とされています。

(iii)　任意の健康診断

(a)　使用者

☞　**医療機関への情報提供**

　　任意の健康診断のための必要な情報の提供については、第三者提供の例外に当たらず、使用者は、医療機関に情報を提供するにあたって、労働者の同意を取得する必要があります。

☞　**医療機関からの情報取得**

　　医療機関が使用者に労働者の健康情報を提供する場合、後述のとおり医療機関が労働者の同意を取得することになりますが、留意事項においては、この場合についても、使用者は、あらかじめ労働者に取得の目的を明らかにして承諾を得ることが望ましい（さらに、健康情報は労働者本人から提出を受けることが望ましい）としています。

☞　**任意の健康診断の項目**

　　留意事項は、任意の健康診断の検査項目自体についても言及しています。留意事項は、「HIV 感染症や B 型肝炎等の職場において感染したり、蔓延したりする可能性が低い感染症に関する情報や、色覚検査等の遺伝情報については、職業上の特別な必要性がある場合を除き、事業者は、労働者等から取得すべきでない。ただし、労働者の求めに応じて、これらの疾病等の治療等のため就業上の配慮を行う必要がある場合については、当該就業上の配慮に必要な情報に限って、事業者が労働者から取得することは考えられる」としています。

(b)　医療機関

　　任意の健康診断の結果等に関して、医療機関が使用者に情報を提供するにあたっては、労働者本人の同意が必要となります。な

お、医療機関が取り扱う個人情報に関しては、前述の「医療・介護関係事業者における個人情報の適切な取扱いのためのガイダンス」が定められています。

(ウ) 改正個人情報保護法を踏まえた対応

前述のとおり、労働者の健康情報は、プライバシーの観点のみならず、個人情報の観点からも取扱い等についてガイドライン等が定められています。使用者および医療機関は、改正点も含め、改正個人情報保護法およびガイドライン等を遵守するよう体制を整備する必要があると考えられます。

また、医療機関に関しては、使用者から委託を受ける健康診断に関する体制整備として、法定の健康診断として同意を得ずに情報提供が可能なものと、情報提供にあたっては本人の同意が必要なものを区別して取扱い方法等を適切に定めておくなどの対応が必要と考えられます。

コメント

(1) 労働者（医療従事者）の健康状態の把握

本設例の医療機関は検査実施機関としての立場ですが、医療機関自身が使用者となって労働者の健康状態に関する調査を行う場面も想定されます。むしろ、通常の職場に比べ、医療機関においては、抵抗力等が弱まっている患者に対して、患者の身体に直接接触（感染経路になり得る接触）をする機会が多いことから、労働者（医療従事者）が感染性の病気を有しているか否かは、関心の程度が高い問題と考えられます。

第2章　労働契約の開始・変更

⑵　把握の必要性

　医療従事者が感染源となって病気が患者等に感染拡大した場合、医療機関に対しても責任が追及されるリスクもあり、医療機関には、医療従事者の健康状態を適切に把握し、場合によっては就業制限するなどの適切な対応が求められます。

⑶　限　　界

　ただし、医療従事者であるとしても、無制限に調査等が許されるわけではなく、調査方法等には十分配慮をする必要があります。

　たとえば、エイズ問題ガイドラインに関しては、以前は、「労働者が通常の勤務において業務上 HIV を含む血液等に接触する危険性が高い医療機関等の職場は想定していない」として、医療従事者は同ガイドラインの適用対象外とされていましたが、平成 22 年には、エイズ問題ガイドラインの上記部分も「労働者が通常の勤務において業務上 HIV を含む血液等に接触する危険性が高い医療機関等の職場においては、感染の防止について、別途配慮が必要であるところ、医療機関等における院内感染対策等については、「医療機関における院内感染対策マニュアル作成のための手引き（案）」等が作成されていることから、これらを参考にして適切に対応することが望ましい」と改正されています[19]。

　このように、病気の性質等によっては、医療従事者であるからといって特別な扱いが許されるとは限りません。むしろ、医療機関には、病気を有している医療従事者を排除する方法ではなく、感染対策の徹底をする方法等によって対応することが求

---

[19]　前掲注 8

められていると考えられます。

(4)　裁判例

たとえば、病院の看護師が HIV に感染しているとの情報を取得した病院の医師が、院内感染等を防ぐ目的で、その看護師の同意なく、他の医師や職員に情報を共有したことや、病院が HIV 感染を理由に就労を制限したことが不法行為に当たると判断された裁判例[20]もあります。

(5)　おわりに

本設例は HIV 感染の事案ですが、病気の種類や感染力等によって、検査の必要性や求められる対応が変わるため、個々のケースに応じて、労働者のプライバシーに配慮しつつ、適切に健康状態の把握を行う必要があります。

---

[20]　福岡高判平成 27 年 1 月 29 日判時 2251 号 57 頁（なお、最高裁にて上告不受理決定がされています）

第2章 労働契約の開始・変更

書 式

定期健康診断受診命令書

平成●年●月●日

●●殿

医療法人●●
理事長●●

　貴殿は、当法人の実施する定期健康診断の受診を拒否しています。
　しかし、定期健康診断の実施は、労働安全衛生法第66条第1項に基づくものであり、同法第66条第5項により、貴殿は定期健康診断を受診する義務があります。
　したがって、当法人は、貴殿に対し、下記日時で実施される定期健康診断を受診するよう命じます。
　なお、貴殿が、定期健康診断と同一の項目について、他の医師が行う健康診断を受診し、その結果を証明する書面を当法人に提出した場合、下記の健康診断を受診する必要はありません。この場合、健康診断の結果を証明する書面を、平成●年●月●日までに、●●に提出してください。

記

日　　時：平成●年●月●日　●時～
場　　所：●●
医師名：●●
健康診断の項目：労働安全衛生規則第44条第1項記載の項目

以上

 定期健康診断受診命令書

　前述のとおり、安全衛生法上、使用者には定期健康診断の実施が義務づけられています。また、使用者の負う安全配慮義務との関係でも、使用者は、労働者の健康状態を適切に把握しておく必要があります。
　そのため、使用者としては、法定の定期健康診断の受診を拒否するような労働者に対しては、本書式例のような書面により、定期健康診断の受診を命じることが考えられます。
　なお、任意の健康診断については、本人の承諾が必要となるため、命令の形式ではなく、健康診断を必要とする理由等を説明した上で、書面において本人の承諾を得るべきと考えられます。

設例 3

参考裁判例　東京地判平成 21 年 10 月 15 日労判 999 号 54 頁

試用期間と本採用拒否

当病院は、新入職員について 3 か月の試用期間を設けていますが、事務職として採用した新入職員は、ミスが多く、試用期間が残っている段階で、本採用拒否しました。

本採用拒否が認められるのは、どのような場合でしょうか。

I　問題の所在

　医療機関においては、直接医療行為等を行う医師や看護師等にミスをしないことが求められることはもちろんですが、形式的なミスが大きな事故につながる危険があるため、事務職員についても正確な作業が求められます。したがって、医療機関が正社員を採用する際には、試用期間を設け、能力、作業の正確性等を確認する必要性が高いと考えられます。試用期間については、大きな問題がなければそのまま本採用していることも少なくありませんが、本採用した場合、解雇のハードルは高くなります（設例 20 参照）。この点を考えると、本採用するか否かは試用期間中に慎重に検討するべき問題です。

　本設例では、試用期間に関する一般論を説明し、本採用拒否にあ

第2章　労働契約の開始・変更

たって留意すべき点等について、検討します。

Ⅱ　試用期間における本採用拒否の有効要件

(1)　試用期間

　多くの使用者は、正社員の採用の際に、一定の期間（3か月から6か月程度の場合が多いです）を試用期間として設定し、その間に、勤務態度、能力等を評価して、正社員として採用するか否かを判断する制度を設けています。試用期間は、法律で内容が定められているわけではないため、細かい内容は使用者によって様々ですが、一般的には、大きな問題がなければそのまま正社員として本採用されることが多いです。一般的な内容の試用期間について、法的には、労働契約の解約権が留保されていると理解されています。

(2)　本採用拒否の意義および手続き

　本採用拒否とは、試用期間の途中または満了時に、留保された解約権を行使することであり、雇入れ後の解雇に当たります。就業規則等の制度設計において、留保解約権の行使が、解雇と一本化されている場合と、解雇とは別に特別の解約権として整理されている場合がありますが、法的にはいずれも解雇に該当します。

　したがって、本採用拒否については、解雇予告または30日分の予告手当の支払いが必要になる等、解雇としての規制を受けます（ただし、解雇予告または予告手当については、14日を超えて引き続き使用されるに至った場合に限ります[21]）。

---

[21]　労基法20条、21条

52

(3)　本採用拒否の有効要件

　試用期間とはいっても、労働者は本採用される期待を持って労働契約を締結し、他法人等への就職の機会等を失っていることなどからすると、本採用拒否は、無制限に認められるわけではありません。本採用拒否が有効になるためには、次の要件を満たす必要があるとされています。

本採用拒否の有効要件

解約権留保の趣旨・目的に照らして 　① 客観的に合理的な理由があること 　② 社会通念上相当であること

　ただし②社会通念上相当であることの判断にあたっては、試用期間が正社員として採用するか否かを判断するための期間であるため、通常の解雇（**設例20参照**）よりは緩やかに認められると考えられています[22]。

(4)　本採用拒否の時期

　試用期間の細かい制度設計は使用者により異なりますが、就業規則等に規定（本採用拒否が試用期間の途中でも可能である旨の規定）が定められている場合、試用期間の（満了時ではなく）途中であっても本採用拒否をすることは可能です。

　しかし、試用期間は一般的に教育期間としての意味も持っているため、試用期間途中の本採用拒否は、指導・教育等による改善状況

---

[22]　最大判昭和48年12月12日民集27巻11号1536頁

第2章　労働契約の開始・変更

を検討しつつ慎重に行うべきと考えられます。ただし、本採用拒否の事由によっては（たとえば、経歴詐称等により不適格と判断される場合や、通常の解雇相当などの場合）、指導・教育等になじまず、期間途中の本採用拒否をすべき場合もあると考えられます。

(5)　試用期間の延長

　試用期間中、労働者は不安定な地位に置かれるため、使用者による一方的な延長は自由には認められません。試用期間の延長については、就業規則等において、延長事由や期間等を定めておく必要があり、実際に延長する際には、延長の事由に該当するか、延長期間が妥当かなどについて慎重に検討する必要があります。

　ただし、本採用拒否と判断されるような事情がある労働者について、配置転換等の可能性を探るための延長については、労働者にチャンスを与えるものとして許される可能性が高いと考えられます。

Ⅲ　設例について

本設例

(1)　事案の概要

　当病院は、健康診断を業務とする部署の常勤の事務総合職としてXを採用しました。事務職員Xには、3か月の試用期間を設定して、各業務のマニュアルを渡して、オリエンテー

ションを行い、実際の事務処理についても見学させた後に実際の作業を行わせるなど丁寧に指導教育を行いました。

しかし、最初の1か月の間、事務職員Xは、健康診断問診票の入力作業で、○とついていないものに○と記載したり、身長・体重欄を別の欄に記載するなどの初歩的な入力ミスが非常に多く、聴力検査において、左右逆に計測するミス（ただし、用紙に左右逆に記録したため、結果的に測定結果は合っていた）を犯しました。さらに事務職員Xには医療用語を覚える姿勢も見られないため、面談を実施して指導を行いました。

その後、2か月目には、自ら見直しを3回するなど事務職員Xの勤務態度は改善し、入力ミスは見られなくなりました。しかし、他の職員による作業の再確認が必要な状況であり、常勤事務総合職のレベルに達しているとはいえず、再度面談を行いました。当病院としては、残り1か月の事務職員Xの様子を見ようと思っていましたが、事務職員Xは自分が冷遇されているなどと主張して、体調不良で5日ほど休んでいます。

(2) 質 問

試用期間の満了までまだ20日間ほど残っていますが、当病院は、事務職員Xの本採用を拒否しました。このような本採用拒否に問題はあるでしょうか。

結 論

1か月目のミス等については、医療機関で勤務する者とし

第2章　労働契約の開始・変更

> ての適性判断で、当然マイナス評価されるものではありますが、2か月目にはミスの改善が見られることからすると、試用期間満了時までには常勤事務総合職のレベルに達する可能性もあります。したがって、現時点での本採用拒否については、無効と判断される可能性を否定できません。

(1) ①客観的に合理的な理由があること

本設例では、事務職員Xは、健康診断問診票の入力作業で、○とついていないものに○と記載したり、身長・体重欄を別の欄に記載するなどの初歩的な入力ミスをしています。健康診断は、病気の早期発見のために実施するものであり、測定、記録等については正確な作業が求められます。したがって、これらのミスは、事務職員Xには業務遂行能力に問題があると判断する一つの事情となると考えられます。

また、事務職員Xが医療用語を覚えようとしない姿勢についても、自ら調べるという基本的な勤務姿勢に欠けるものであって、問題があると評価することが可能と考えられます。

参考裁判例においても、「原告のミスないし不手際は、いずれも、正確性を要請される医療機関においては見過ごせないものであり、原告の本病院における業務遂行能力ないし適格性の判断において相応のマイナス評価を受けるものであるということができる」と判断しています。

(2) ②社会通念上相当であること

㈠ 事務職員Xの問題の改善

本設例において、事務職員Xに前述のような問題があるとしても、2か月目には面談の結果を誠実に受け止めて、自ら確認を複数

回するなど、入力ミスがなくなり、勤務態度も改善しています。作業効率の観点から、2か月が終了した段階でまだ常勤事務総合職のレベルに達していなかったとしても、残り1か月で到達する可能性がある以上、指導・教育等を行って改善状況を確認すべきです。

⑷　事務職員Xの欠勤への対応

　なお、本病院は、2か月終了時点では、残り1か月の様子を見るつもりであったところ、事務職員Xが自分は冷遇されていると主張して体調不良により欠勤を始めたため、本採用拒否に踏み切る方針に転換したと考えられます。しかし、まずは、事務職員Xの体調不良の状況を正確に把握する必要があります（事務職員Xの体調不良が、たとえばパワハラ等を原因にするものであれば、業務上疾病として、理論的には労基法19条の解雇制限を受ける可能性もないわけではありません）。事務職員Xの体調不良が業務との因果関係がないものである場合、職場復帰の可否を事務職員Xと相談することが考えられます。その際、事務職員Xの誤解がある場合は誤解を解く対応もあわせて行うべきです。

　その上で、事務職員Xが職務復帰すれば、残り1か月の様子を評価し、試用期間満了時に常勤事務総合職のレベルに達していなければ本採用拒否することになります。

　仮に職務復帰しなかった場合には、その事実自体を含めて試用期間満了時に適格性を判断するか、試用期間の延長等を検討することなどが考えられます。

⑸　まとめ

　前述の対応をとらず、現時点で本採用拒否をした場合、本採用拒否については、無効と判断される可能性を否定できません。

　参考裁判例においても、原告のパワハラ等の主張について、「真摯に誤解を解くなどの努力を行い、その上で職務復帰を命じ、それ

第2章　労働契約の開始・変更

でも職務に復帰しないとか、復帰してもやはり被告の要求する常勤事務職の水準に達しないというのであれば、その時点で採用を取り消すとするのが前記経緯に照らしても相当であった」、「試用期間満了まで20日間程度を残す同年4月10日の時点において、事務能力の欠如により常勤事務としての適性に欠けると判断して本件解雇をしたことは、解雇すべき時期の選択を誤ったものというべく、試用期間中の本採用拒否としては、客観的に合理的理由を有し社会通念上相当であるとまでは認められず、無効というべきである」と判断しています。

対応策

　試用期間中に問題行動があった場合、本採用拒否を検討することになりますが、本採用拒否が無効と判断されると、試用期間満了により正社員として採用したことになります。そして正社員として採用した場合、その後解雇する場合のハードルはかなり高く、問題のある労働者を長期にわたって雇用し続けることになります（設例20、設例21参照）。したがって、本採用拒否については無効になるリスクを回避しつつ進めるべきです。

　まず、指導等により改善する性質の問題行動については、適切な評価をした上で改善指導や面談等を行うべきです。改善指導や面談等にあたっては、労働者本人に到達すべきレベルについて理解させることが重要です。また、改善指導等のタイミングは、試用期間満了直前ではなく、改善が見られるか否かを判断できる段階で、随時行うことが望ましいといえます（ただし、パワハラ等に該当しないよう方法には留意すべきです）。そして、客観的な改善状況および達成状況の評価が可能となるよう評価方法を工夫することも考えられます。

　それでもなお改善が見られなければ、正社員として採用すること

は難しいとの結論になります。この際、紛争となる事実上のリスクを低くする観点からは、まずは合意退職の可能性を検討すべきです。改善指導や面談等において、到達すべきレベルや評価方法等を含めて本人の理解を得ていれば、話し合いがスムーズに進む可能性が高まります。それでも合意に至らない場合には、本採用後の解雇のハードルが高いことを考慮すると、本採用拒否の判断に踏み切るべき場合もあるといえます。

　なお、規模が大きい医療機関の場合には、本採用拒否が無効となるリスクを下げる観点から、原則として、他の部署での適性等についても検討しておくべきです。この場合、試用期間の延長や配転等の可否など検討すべき事項も多いため、外部専門家の協力を得つつ進めることをお勧めします。

コメント

　医療機関においては、事務作業の正確性が求められます。参考裁判例においても、入力ミスなどについて、「正確性を要請される医療機関においては見過ごせないもの」として、重く捉えており、仮に、面談後の改善が見られなかったとすれば、本採用拒否が有効になる可能性が高かったと考えられます。

　なお、一般的には、新卒の場合と中途採用の場合で試用期間の検討事項が変わると考えられています。新卒の場合、入社時点で社会人としての基本的事項などができないとしてもその後業務を通して成長していくものと考えられますので、本採用拒否の判断においてはその後の成長の見込み等を含めて考える必要があります。他方、中途採用の場合には、職場特有の事項についてはできないとしても社会人としての基本的な事項については既にできることが前提とされることが実務上多いといえます。

第2章　労働契約の開始・変更

　　参考裁判例は中途採用の事案ですが、本設例で取り上げた他にも、電話による問い合わせの聞き間違えや伝達が不十分との問題点もありました。参考裁判例では、この問題点が「社会人として一般常識に属する事柄ができなかったことを示す事実」と認定されており、（結論に大きな影響は与えていないものの）この点は中途採用であることを意識した判断がされていると考えられます。

書 式

```
                    本採用拒否通知書
                                        平成●年●月●日
  ●●殿
                                        医療法人●●
                                        理事長●●

　当法人は、貴殿を採用の上、平成●年●月●日より当法人の試用社員と
して使用してきましたが、下記の理由により、貴殿を引き続き当法人にお
いて勤務させることが不適格であると認めました。
　そのため、当法人は、貴殿を、試用期間満了（平成●年●月●日）を
もって本採用しないことと決定しましたので、通知いたします。

                         記
            〈理由〉
             1　勤務状況
                  …略
             2　勤務成績
                  …略
                                              以上
```

 本採用拒否通知書

　試用期間を通じて、本採用が不適切であると判断をして本採用拒否をする場合には、本採用拒否の理由について明示すべきです。この場合、後で本採用拒否の有効性等について争いになることがありますので、本採用拒否の理由については、不足のないように全て記載しておくべきと考えられます。

第2章 労働契約の開始・変更

試用期間延長通知書

平成●年●月●日

●●殿

医療法人●●
理事長●●

　貴殿は、平成●年●月●日に当法人に入社し、当法人と貴殿は、平成●年●月●日付け雇用契約において、平成●年●月●日から平成●年●月●日までを試用期間とすることに合意しています。
　しかし、下記の理由により、当法人は当初の試用期間満了時において、【貴殿を本採用するか否かの判断ができません。】／【貴殿を本採用しないとの判断をする見込みですが、仮に、下記の改善／下記の適性が見られるのであれば、貴殿を試用期間延長後に本採用する余地があります。】
　したがって、就業規則第●条第●項に従い、貴殿の試用期間を下記のとおり延長することを通知いたします。
　なお、延長期間中または延長期間満了時において、当法人が貴殿を本採用しないとの判断を行う場合があります。その場合には、貴殿との雇用契約は終了いたします。

記

1　延長する理由
　　…略
2　延長する期間
　　●か月
【3　延長期間中に改善すべき事項／延長期間中に検討する適性】
　　…略

以上

試用期間延長通知書

　試用期間中に、労働者が長期欠勤するなど、十分な判断資料が揃わず、労働者を本採用すべきかどうかの判断を行うことができない場合、試用期間を延長することがあります。
　また、本採用しないとの判断になる見込みの労働者について、改善のチャンスを与える観点や、規模の大きい法人等の場合に他の部署での適性を検討する観点から、試用期間の延長を行うこともあります。この場合、本書式例のように、延長期間中に改善すべき事項や、延長期間中に検討する適性を記載し、延長期間後に本採用をするか否かの判断事情を明確にすることも考えられます。

設例 4

参考裁判例　大阪地判平成 14 年 11 月 1 日労判 840 号 32 頁

修学費用の貸与

Q　当病院は、看護師を確保するため、併設している看護
学校の入学者に対して、修学費用を貸与した上で、看護
師の免許取得後に当院で一定期間勤務した場合には、
その返還義務を免除するという制度を採用しています。
　返還義務の免除条件を満たさない者に対し、修学費用
の返還を求めることについて、どのような問題があるで
しょうか。

I　問題の所在

　医療機関（使用者）が労働者に修学・研修や留学の費用を貸し付
け、一定期間勤続した場合にその返還義務を免除するという方法
は、しばしば行われているところです。このような貸付けを行った
ところ、労働者が返還義務の免除の条件を満たさずに退職してし
まった場合、医療機関（使用者）としては貸し付けた金銭の返還を
求めたいと考えると思われますが、退職の自由を制限していると判
断されるリスクがあります。

　本設例では、退職の自由に関する一般論を説明し、どのような場
合に修学費用の返還を求めることが許されるか、検討します。

第2章　労働契約の開始・変更

Ⅱ　退職の自由と修学費用返還制度の可否

　民法および労基法上、労働者には退職の自由が保障されており、不当な人身拘束が生じないように制度設計されています。

(1)　退職の自由

㋐　期間の定めのない労働契約

　労働者は、期間の定めのない労働契約については、原則として、2週間の予告期間をおけばいつでも解約することができます[23]（ただし、「期間によって報酬を定めた場合」に該当する場合は、予告期間が異なるため、注意が必要です[24]）。

　なお、使用者からの労働契約の解約については、設例20参照。

㋑　期間の定めのある労働契約

　期間の定めのある労働契約の場合、「やむを得ない事由」がない限り、一方的に解約することはできません[25]。もっとも、労基法14条では、期間の定めのある労働契約を締結する場合の「期間」は原則として3年（ただし、医師や薬剤師を含む一部の者については5年）を超えてはならないと定められており、労働者が雇用関係に不当に長く拘束されることを防止しています。

(2)　退職の自由の制限の禁止

　労基法16条は、「損害賠償額の予定」を禁止しています。民法

---

[23]　民法627条1項
[24]　民法627条2項
[25]　民法628条

64

上、契約等において損害賠償額の予定を定めることは可能とされていますが、交渉力に格差のある労使間においては、過大な損害賠償額の予定などによる、強制労働や労働者の使用者への従属を避ける必要があると考えられるためです。このような損害賠償額の予定の禁止は、言い換えれば、使用者が労働者の退職の自由を不当に制限することを禁止したものといえ、民法627条1項、労基法14条とともに、労働者の退職の自由を保障するものです。

(3) 修学費用返還制度

(ア) 修学費用返還制度の問題点

　使用者が費用を出して、労働者に技能を習得させる場合に、修学の費用を貸与する形式をとり、修学後一定期間勤続することでその返還義務を免除する契約をすることがあります。このような契約は、不当に長い期間の就労を強制することを禁ずる労基法14条の趣旨や、損害賠償額の予定を禁ずる労基法16条の趣旨に反し、労働者の退職の自由を不当に制限するかが問題となります。

　仮にこのような契約が労基法14条または16条の趣旨に違反した場合、当該契約は無効となります。

(イ) 有効性の判断要素

　(ア)のような貸付けが有効か否かについて、明確な要件は法律上および判例上明らかにされていません。しかし、裁判例等を見る限り、次のような要素から総合的に判断されているものと考えられます。

貸付けの有効性の判断要素

①業務性の程度（業務命令の有無・資格等の活用先等） ②契約の経緯・内容（金額・期間・任意性等）

第2章　労働契約の開始・変更

（ⅰ）　①業務性の程度

　業務上必要な資格や研修について、業務命令で取得または受講させている場合、その資格試験や研修などは業務性が強いと考えられます。このような費用は、使用者が負担すべきであり、労働者が本来負担すべきでない費用という側面が強いため、このような費用を貸し付ける旨の契約は、労働者の退職の自由を不当に制限するものであると判断される可能性が高いといえます。

　逆に、労働者が取得した資格等が、労働者個人に帰属するものであり、その職場を離れても労働者が自由に使えるものである場合などは、当該資格取得のための費用は、労働者本人が負担すべき費用という性質が強くなるといえます。

（ⅱ）　②契約の経緯・内容

　貸し付けられた金額の多寡や、貸与金の返還義務が免除されるまでに必要とされる就労期間、契約の締結が労働者の自由意思によるものか否かなどが考慮されます（一般的に、貸与金額が大きく、返還義務が免除されるまでに必要な就労期間が長い方が、より強く労働者の退職の自由を制限するものと判断されます）。

Ⅲ　設例について

本設例

（1）　当病院の修学費用返還制度の概要

　A看護学校と当病院は、別の法人ですが、経営主体が同一であり、A看護学校の卒業生は、ほぼ全て当病院に勤務して

います。当病院は、基本的に全ての A 看護学校の入学者に修学費用を貸与しており、A 看護学校を卒業して看護師の免許取得後 2〜3 年間当病院で働けば、貸与金の返還を免除する旨、A 看護学校を退学すると貸与契約が自動的に解除される旨、および A 看護学校の退学等により貸与契約が解除された場合、貸与金を直ちに返還しなければならない旨を定めた契約（以下、「本件貸与契約」といいます）を交わしています。

A 看護学校の入学試験の合格者のうち、本件貸与契約の締結を拒否した者は入学させていません。なお、貸与する金額は、人によって様々ですが、おおよそ 100 万円以上です。

先日、当病院は、入学者 X および入学者 Y との間で、それぞれ本件貸与契約を交わしました。

(2) 入学者 X の貸与契約

入学者 X は、高校からの学校推薦で A 看護学校に合格した者です。入学者 X には、A 看護学校合格後、本件貸与契約を締結してほしいこと、およびこれを拒否した場合は入学を断ることを説明し、在学中の当病院以外でのアルバイトを禁ずる旨の誓約書を提出してもらった上で、当病院は、本件貸与契約を締結して、入学に必要な費用、授業料等、150 万円を貸与しました。

(3) 入学者 Y の貸与契約

入学者 Y は、元々当病院で看護助手として勤務しながら、A 看護学校に合格した者です。入学者 Y にも、A 看護学校合格後、入学者 X と同様の説明を行った上で、当病院は、本件貸与契約を締結して、入学に必要な費用等、110 万円を貸与しました。なお、入学者 Y の場合、前述の入学者 X から提

第2章　労働契約の開始・変更

出を受けたアルバイト禁止誓約書の代わりに、当病院を退職
した場合はA看護学校を退学し、A看護学校を退学した場合
は当病院を退職する旨の誓約書を提出してもらいました。

(4)　質　問

　しかし、今回、入学者Xと入学者Yが2人ともA看護学
校を退学してしまいましたので、本件貸与契約が解除された
ものとして、貸与金の返還を請求したいと考えています。当
病院の請求は認められるでしょうか。

結　論

　本件貸与契約は、A看護学校卒業後、本病院への就労を強
制するものとして、労基法14条および16条の趣旨に反する
可能性があります。その場合、本件貸与契約は無効となりま
すが、貸与した費用は不法原因給付となり、返還を請求する
ことはできない可能性が高いといえます。

(1)　①業務性の程度

　本件貸与契約によって入学者Xおよび入学者Yに貸与されてい
るのは、A看護学校における修学費用です。入学者Xおよび入学
者YがA看護学校に入学する目的は、看護師の国家試験の受験資
格を取得し、卒業後、国家試験を受けて看護師の資格を取得するた
めと考えられます。A看護学校の卒業によって得られる看護師の
国家試験の受験資格は、卒業生本人に付与されるものであり、本病
院を退職しても利用できるものです。また、看護学校の受験および

入学は、本来本人が自発的に決定するものであり、業務命令等に基づくものではありません。これらの事情からすれば、本件貸与契約によって貸与されている修学費用は、本来、本人が負担すべき性質が強いものと判断される可能性が高いと考えられます[26]。

(2) ②契約の経緯・内容（貸与契約）

㋐ 経　緯

　本件貸与契約は、労働契約とは別個の金銭消費貸借契約ですが、貸与を受けないと入学ができないものとされています。また、これを入学者 X および入学者 Y に説明した時期も、それぞれ A 看護学校に合格した後です。特に、入学者 X は高校から推薦を受けていたため、高校の推薦枠が減る可能性があること等を考えると、事実上、A 看護学校への入学を辞退することができず、本件貸与契約の締結を強制されている状況であったといえます。

㋑ 内　容

　また、本件貸与契約の内容は、本病院で一定期間勤務しない限り、貸与した修学費用の返還が義務づけられるというものであり、修学費用の貸与と就労との間に強い関連性が見受けられます。個別の事情を見ても、入学者 X については在学中の本病院以外でのアルバイトが制限され、本病院での就労を強く義務づけているものといえますし、入学者 Y については、本病院を辞めた場合、A 看護学校も退学となるため修学費用を返還しなければならず、事実上、本病院を退職する自由はなかったといえます。

　さらに、修学費用の返還義務が免除されるために、本病院で勤務しなければならない期間は、2〜3 年と、短くはないと考えられま

---

[26]　東京地判平成 20 年 6 月 4 日労判 973 号 67 頁

第2章　労働契約の開始・変更

す。貸付けの額もそれぞれ 100 万円以上と、少額ではないことを併せて考えると、本件貸与契約による労務提供への拘束の程度は、低いとはいえないと考えられます。

(3)　まとめ（労基法 14 条および 16 条の趣旨違反の有無）

　入学者 X および入学者 Y は本病院に勤務する前に A 看護学校を退学しており、本病院との間では、まだ看護師として勤務する内容の労働契約は締結されていません。

　しかし、A 看護学校と本病院の関係性（詳細は コメント 参照）や、本件貸与契約の経緯・内容を踏まえると、本件貸与契約は、将来労働契約を締結することを前提として、卒業後の本病院への勤務を確保することを目的として、在学中から本病院以外での勤務を制限し、卒業後に免許を取得させて一定期間の就労を約束させるものといった側面が強いものと考えられます。また、返還免除が受けられるために就労すべき期間や、入学者 X、入学者 Y に提出させた誓約書も考慮すると、本件貸与契約は、「病院への就労を強制する経済的足止め策の一種」ともいえ、労基法 14 条および 16 条の趣旨に反する可能性が高いといえます。

　参考裁判例においても、本件貸与契約と同様の契約について、労基法 14 条および 16 条の法意に反して違法であり、無効と判断されています（なお、修学時の業務性の程度、金額の多寡については特に言及されていません）。

(4)　無効となった場合の効果

　本件貸与契約が無効となった場合、本来であれば、無効な契約に基づいて交付した金銭ですから、本病院としては、不当利得として返還請求することが考えられます。しかし、裁判例[27]上、このよう

70

な労基法 16 条等違反により無効となった契約に基づいて交付した金銭は、不法原因給付[28] に当たり、返還請求ができないと判断されています。

対応策

　本件貸与契約においては、貸与を受けないと看護学校への入学を認めず、貸付けを強制していることが、無効と判断された一つのポイントとなったものと考えられます。修学費用の貸与を行う場合は、少なくとも本設例のような方法はとらず、入学者の自由な意思で貸与を受けられるよう、十分な配慮を行う必要があるといえます。また、修学中に、貸与元（本病院）でのアルバイトは認めつつ、他の病院でのアルバイトを禁じるなど、他の病院との接触を断つことも、卒業後の勤務を確保する目的と認定されやすくなるため、避けることが考えられます。

　また、返還義務の免除までの期間を不必要に長くせず、貸与の金額を必要最低限の額に抑えるなど、退職の自由が不当に制限されている状態とならないような制度設計を心がけるべきです。

コメント

　本設例では、本病院と A 看護学校は、別の法人です。しかし、本病院と A 看護学校の経営主体は同一であり、A 看護学校の卒業生は基本的に本病院に勤務するものとされていたことからすると、両者は同一視できるものと考えられますので、別

---

[27]　東京地判平成 26 年 8 月 14 日判時 2252 号 66 頁
[28]　民法 708 条

第2章　労働契約の開始・変更

法人であることを理由に、勤務確保の目的がなかったとはいえ
ないと考えられます。

　病院が、特定の看護学校の修学費用を支出し、その看護学校
の卒業生が、その（修学費用を支出した）病院へ就職するとい
う採用の手法は、それほど珍しいものではありません。たとえ
ば、病院に看護学校が併設されている場合などは、このような
手法によって、病院の設備、診療方針、雰囲気などの実情をよ
く知る学生を看護師として新規採用できるなど、病院にとって
もメリットがあると考えられます。しかし、本設例のように、
修学費用の貸与を半ば強制する方法は、後々のリスクが高いと
いえます。併設する看護学校の卒業生を採用したい場合、この
ようなリスクを踏まえた別の手法を構築することが望ましいと
いえます。

　なお、修学費用ではありませんが、協同組合が研修医に対
し、研修期間の給与や引っ越し費用等として金銭を支払ってい
た事案において、研修後に当該協同組合に勤務しないときは、
これらの金銭を返還しなければならない旨の当該協同組合の規
程について、労基法16条に該当し、無効であるとした裁判例
もあります[29]。

---

[29]　高松高判平成15年3月14日労判849号90頁

書 式

スキルアップ研修の費用に関する金銭消費貸借契約書

　医療法人●●（以下、「甲」という）と●●（以下、「乙」という）は、甲が乙に対し、乙の研修のための費用として金員（以下、「本貸付金」という）を貸し付けることに関し、次のとおり、確認し、合意した。

第1条
　甲は乙に対し、平成●年●月●日、金●万円を貸し渡し、乙はこれを借り受けた。

第2条
　乙は、本貸付金を、●●研修（以下、「本研修」という）の費用のために使用する。甲および乙は、本研修は、乙が自らのスキルアップを目的として、自ら選択した内容につき、自らの意思で受講するものであり、参加の有無は乙が決定できることを確認する。

第3条
　本貸付金の利息等については、次の通りとする。
　（1）　利率　　　　　　　　年●.●パーセント
　（2）　支払時期　　　　　　元金と一括
　（3）　遅延損害金　　　　　年●パーセント

第4条
1　本貸付金の弁済期限は、本契約締結日から●年後の、平成●年●月●日とする。
2　乙は、甲に対し、前項の弁済期限に、本貸付金および弁済期限までの利息を、一括で、甲の指定する口座に振り込む方法により弁済する。振込手数料は乙の負担とする。

第5条
　甲は、乙が、前条第1項の弁済期限の前日に甲に在籍していた場合、本貸付金の弁済義務を免除する。

第6条
　乙について、次の各号の事由の一つにでも該当したときは、何らの通

第2章　労働契約の開始・変更

知、催告なく、乙は本契約に基づく一切の債務について期限の利益を喪失し、直ちに債務を弁済する。
- (1) 本契約に基づく債務の履行を遅滞し、または本契約に違反したとき。
- (2) 支払の停止または破産の申立があったとき。
- (3) 仮差押、仮処分、強制執行、または任意競売の申立を受け、もしくは滞納処分があったとき。
- (4) 第4条1項の弁済期限の前日より前に甲を退職したとき。
- (5) …以下略

第7条
　乙は、次の事項が生じた場合、直ちに甲に対しその旨通知しなければならない。
- (1) 住所の移転
- (2) …以下略

第8条（費用負担）
　本契約の締結に要する印紙その他の費用は乙の負担とする。

第9条
　甲および乙は、本契約に関する紛争については、●地方裁判所を第一審の専属的合意管轄裁判所とする。

本契約成立の証として、本契約書2通を作成し、甲乙各1通を保有する。

平成●年●月●日
甲
医療法人●●
理事長　＿＿＿＿＿＿＿＿＿＿印
（所在地）＿＿＿＿＿＿＿＿＿＿

乙
（氏名）＿＿＿＿＿＿＿＿＿＿印
（住所）＿＿＿＿＿＿＿＿＿＿

スキルアップ研修の費用に関する金銭消費貸借契約書

　実務上、研修費用の貸付けも問題となることがありますので、本書にて取り上げます。

　労働者の研修のための費用を使用者が労働者へ貸し付ける場合にも、修学費用の貸与と同様の問題が起こり得ます。このような貸付けが無効になるリスクを小さくするためには、貸し付ける際、本書式例のような契約書を作成することが有益です。なお、研修としては、労働者のスキルアップのための研修であって、業務との関連性が弱く、労働者が自らの意思で参加するものを前提にしています。業務との関係性が強い場合、または使用者が研修の受講を命じている場合等については、研修費用は使用者が負担すべきと考えられ、労働者へ貸し付けたとしても無効になると考えられますので（返還を求めることができなくなると考えられるため）、注意が必要です。

第 2 章　労働契約の開始・変更

設例 5

参考裁判例　東京地判平成 13 年 7 月 17 日労判 816 号 63 頁

就業規則の不利益変更

当病院では、この度、就業規則の変更により、労働者の退職金の額を引き下げました。
一方的な労働条件の変更は、どのような場合に可能でしょうか。

I　問題の所在

経営上の必要性などにより、賃金や退職金を減額するなど、労働条件を労働者の不利益に変更せざるを得ない場合があります。このとき、労働者の個別的な同意を得ることなく、就業規則（賃金規程や退職金規程を含みます）の変更という手段によって、医療機関（使用者）が一方的に労働条件を労働者の不利益に変更できるのでしょうか。

本設例では、就業規則の変更に関する一般論を説明し、特に退職金の減額が許されるかについて、検討します。

Ⅱ　就業規則の不利益変更

(1)　前　提

　就業規則とは、使用者が作成した、労働条件や職場の規律を定めた文書のことをいいます。就業規則に定められた労働条件については、それが合理的であり、かつ当該就業規則を労働者に周知させていた場合、労働契約の内容として、労使関係を拘束するものとされています（労働契約規律効）[30]。また、就業規則で定める基準に達しない労働契約は、その「達しない部分」については無効であり、無効となった部分は就業規則の規定によるとされています（最低基準効。たとえば、労働者 A の賃金が、労働者 A と使用者との個別の労働契約において月額 20 万円とされていた場合であっても、就業規則に「（労働者 A と同種の労働者の）賃金は月額 30 万円とする」旨の規定があれば、労働者 A の賃金は月額 30 万円となります）[31]。

　ただし、就業規則も絶対ではなく、法令または労働協約に反している場合、その「反している部分」は上記の効力を有しないとされています[32]。

(2)　労働条件を不利益に変更するための方法

　労働条件の不利益変更に関するルールは、判例法理として確立し、労契法の制定により明文化されました。

---

[30]　労契法 7 条
[31]　労契法 12 条
[32]　労契法 13 条

第2章　労働契約の開始・変更

(ア)　労働者の同意による不利益変更

　労働条件の変更は、原則として、労使双方の合意が必要とされています[33]。

(イ)　使用者による一方的な不利益変更

　就業規則は、上記のとおり労働条件を規律するものですが、これを労働者の不利益に変更すること（就業規則の不利益変更）により、労働条件を労働者の不利益に一方的に変えることは、原則として禁止されています（なお、就業規則を労働者の有利に変更することにより、労働条件を労働者の有利に変えることは許されています）[34]。

　ただし、例外的に、就業規則の不利益変更が、労働条件を有効に規律し、拘束力を有する場合もあります[35]。これが、今回の主題です。

　なお、就業規則の変更にあたっては、労基法上の手続きを履践することが必要です[36]。

(3)　就業規則変更による労働条件の不利益変更
（労契法 10 条）

　就業規則の不利益変更が、労働条件を有効に規律するための要件は、次のとおりです。

就業規則変更による労働条件の不利益変更の要件

①就業規則の変更が周知されていること
②就業規則の変更が合理的なものであること

---

[33]　労契法 8 条
[34]　労契法 9 条
[35]　労契法 10 条
[36]　労契法 11 条

㋐　①就業規則の変更が周知されていること

　労契法 10 条は、就業規則の変更による不利益変更が労働条件を有効に規律する手続的要件として、変更後の就業規則を労働者に周知させることを定めています。ここでいう周知は、労基法および労基則上の形式による「周知[37]」（就業規則を常時各作業場の見やすい場所に掲示し、または備え付けること、書面を交付すること、および磁気ディスク等に記録した内容を常時確認できる機器を設置すること）である必要はなく、実質的に見て、当該変更内容を事業場の労働者らが知り得る状態においていれば足りるとするのが、学説や裁判例の大勢です。また、労働者が当該周知によって就業規則の変更の内容を実際に認識していることまでは、必ずしも要求されていません。

㋑　②就業規則の変更が合理的なものであること

　就業規則変更が合理的なものといえるかどうかは、以下の要素を考慮して判断されます[38]。

就業規則の変更が合理的なものといえるかどうかの判断要素

②就業規則の変更が合理的なものであること
- Ⓐ労働者の受ける不利益の程度
- Ⓑ労働条件の変更の必要性
- Ⓒ変更後の就業規則の内容の相当性
- Ⓓ労働組合等との交渉の状況
- Ⓔその他の就業規則の変更に係る事情

---

[37]　労基法 106 条 1 項
[38]　労契法 10 条

第2章 労働契約の開始・変更

(i) ②-Ⓐ労働者の受ける不利益の程度

当該就業規則の変更によって、個々の労働者が被る不利益の程度がまず審査されます。賃金や退職金の引下げの場合、原則として不利益の程度は大きいと解されており、より厳格な審査が行われます。

(ii) ②-Ⓑ労働条件の変更の必要性

使用者が現在の労働条件を維持するのが困難である事情につき、「変更後の就業規則の内容の相当性」と比較衡量しながら判断されます。たとえば、財務状況の悪化が著しく、倒産間近である場合の、金銭の支出を減少させるための賃金カットなどは、変更の必要性が高いと判断される傾向にあるといえます。

どの程度の必要性が要求されるかについては、変更の対象となっている事項によって異なりますが、少なくとも賃金・退職金の引下げをもたらす就業規則の変更を行う場合は、賃金・退職金が労働者にとって最も重要な労働条件であることから、高度の必要性が求められています[39]。判例[40]においても、何らの代償措置も提供しない退職金の減額について、特別の事情が存在しない限り合理性を欠くとされています。

また、参考裁判例は、「賃金、退職金という労働者にとって重要な権利、労働条件に関し実質的な不利益を及ぼす就業規則の作成または変更については、当該条項が、そのような不利益を労働者に受忍させることを許容できるだけの高度の必要性に基づいた合理的な内容のものである場合において、その効力を生ずるものというべきである」と判断しています。

(iii) ②-Ⓒ変更後の就業規則の内容の相当性

労働者の受ける不利益以外に、以下のような要素を検討します。

---

[39] 最二判平成9年2月28日民集51巻2号705頁
[40] 最二判昭和58年7月15日判時1101号119頁

変更後の就業規則の内容の相当性

○変更後の就業規則の内容自体の相当性
○経過措置の有無および内容
○代償措置の有無およびその他の労働条件の改善状況
○変更内容の社会的相当性（日本社会における同種事項の一般的な状況等）

(iv)　②-Ⓓ労働組合等との交渉の状況

　労働者側との交渉の有無、内容等が考慮されます。ここでいう交渉の相手方には、労働組合だけでなく、労使委員会、過半数代表者、労働者を代表する者等が広く含まれます。

(v)　②-Ⓔその他の就業規則の変更に係る事情

　Ⓐ～Ⓓ以外の事情が審査されます。なお、労契法11条は、就業規則変更の手続きについて、労基法における監督官庁への届出および意見聴取の規定によることを規定しています[41]。しかし、届出と意見聴取は、就業規則の変更が効力を有するための絶対的要件ではなく、ここでの考慮要素になると考えられています。

---

[41]　労基法89条、90条

第2章　労働契約の開始・変更

Ⅲ　設例について

本設例

(1)　当病院の経営状況

　当病院は、個人経営の病院です。当病院の経営は苦しく、ここ2、3年の間、売上は8億から9億円程度あるものの、費用がかさみ、事業所得は400～600万円程度と低迷しています。また、銀行からの借入金額は10億円ほどに膨らんでいます。さらに、今後の経営展望としても、医療制度改革に伴う経費の増加や、当病院の主要事業である人工透析患者数の減少が見込まれ、倒産のおそれは今のところないものの、悲観的な状況です。

(2)　就業規則の不利益変更の内容

　そのため、人件費等の削減を急務と考え、このたび就業規則を変更して、退職金の基準額を一律に20％減らし、支給比率についても、従来は5年以上の勤務で100％、10年以上の長期にわたって継続勤務した者には150％としていたところを、5年以上の勤務で80％、7年以上の勤務で100％とし、それ以上は上がらないこととしました（新就業規則）。

　具体的な計算式は、以下の通りです。

旧：基準額(基本給月額)×勤続年数×支給比率＝退職金支給額
新：基準額(基本給月額×80％)×勤続年数×支給比率＝退職金支給額

(3)　代償措置の内容など

　この変更にあたっては、代わりに、在職中に多大な貢献を
したと認められる者に対して慰労金を支払うことがある旨の
規定も新設しましたし、そもそも今回の変更を10年後に見
直す予定でもいます。また、変更後の内容については、退職
金の算定方法を新就業規則のとおりに改める旨や、変更の内
容について、掲示板に貼り出して労働者に周知しました（新
就業規則の規程自体は掲示していません）。これに対し、反
対の意思を表明した労働者はいませんでしたし、変更自体
は、事務長や次長の賛同を得ています。

(4)　質　問

　今度、就業規則の変更前から在籍していた労働者が退職し
ます。この退職する労働者に対して、当病院は、変更前の就
業規則（旧就業規則）に定められた額の退職金を支払う必要
があるでしょうか。

結　論

　退職金の減額は、労働者に対する不利益性が非常に大きい
ため、就業規則の変更によりこれを行うためには、これを労
働者に受忍させることを許容できるだけの高度の必要性に基
づいた合理的な内容でなければ認められません。今回の場合、
新就業規則への変更は合理的なものとはいえず、就業規則の
変更前から在籍していた労働者に対しては、旧就業規則に定
められた額の退職金を支払わなければならないと判断される

第2章　労働契約の開始・変更

可能性は高いといえます。

(1)　前　提

　就業規則変更による労働条件変更に合理性が認められない場合、当該労働条件の変更は効力を生じず、従前の労働条件が引き続き効力を有することになります。

(2)　①就業規則変更が周知されていること

　本設例では、新就業規則自体は掲示していません。しかし、退職金の算定方法を新就業規則のとおりに改める旨や、この変更内容が掲示板に貼り出されていることからすれば、変更内容については労働者の知り得るところに置かれていたといえ、周知はあったとされる可能性は高いと考えられます。

　参考裁判例においても、本設例と同様の周知方法につき、有効な周知があったものと認めました。

(3)　②-Ⓐ労働者の受ける不利益の程度

　退職金の基準額が一律に20%減じられていること、支給比率についてもおおむね削減されていること、および労働者によっては50%程度の減額が見込まれることからすれば、本設例において、労働者に生じる不利益の程度は相当大きいといえます。

(4)　②-Ⓑ労働条件の変更の必要性

　本設例においては、本病院の財務状況が悪化しており、今後も改善が見込まれないことからして、人件費削減の観点から、退職金を

84

減額する必要性があったとも思えます。

　しかし、前述のとおり、退職金の減額については「高度の必要性」に基づくことを要求されているところ、単に経営状態が悪いというだけでは、一概に当該労働条件の変更について「高度の必要性がある」とはいえません。本設例においては、確かに利益が相当少ない状態ではありますが、赤字が発生しているわけではなく、倒産の危機に瀕しているとまではいえません。本設例において、就業規則の変更により労働者が受ける不利益の程度に鑑みると、本病院の財務状況では、「高度の必要性」を満たさないと判断される可能性は高いと考えられます。

　参考裁判例においても、「本件就業規則の変更当時の被告（病院）の経営状態が、必ずしも芳しくなかったとはいえ、倒産の危機に瀕しているとまではいえないのであって……この変更が合理的なものであると解することはできない」と判断しています。

(5)　②−©変更後の就業規則の相当性

　本設例においては、新たに慰労金の規定を設け、10年後に再度見直すことを予定していますので、相当性判断にあたり、代償措置が講じられていることを考慮することができそうです。

　しかし、この慰労金は、労働者であれば確実に支払われる性質のものではありません。また、10年後に見直したとしても、見直しの内容も不明であり、そもそも10年以内に退職する者については何ら意味がないため、これらをもって十分な代償措置が講じられたものではないと判断される可能性は高いと考えられます。

　参考裁判例も、慰労金ないし功労金の規定を置いていたことや、退職金に関する変更は10年後に見直すことにしていたことについて検討していますが、「被告（病院）が従業員に対して代償措置を講じたことを認めるに足りる」ものではないと判断しました。

第2章 労働契約の開始・変更

(6)　②－Ⓓ労働組合等との交渉の状況

　本設例においては、事務長等が就業規則の変更の決定にかかわっていますが、事務長は経営側に参画する立場ですので、労働者側の意見を適切に反映したとは言い難く、これをもって変更の合理性を基礎づけることは難しいと考えられます。

　また、参考裁判例でも、事務長等の賛同があった点や、就業規則の変更の掲示に対して反対の意思を表明した労働者がいなかった点をもって「本件就業規則の変更の合理性が基礎付けられるとまでいうことはできない」と判断しました。

(7)　②－Ⓔその他の就業規則の変更に係る事情

　本設例においては、事務長および次長の賛同を得ていますが、事務長らは経営者側の立場の人間であり、過半数代表者として労働者の中から選出された者ではないことからすれば、就業規則の変更について労基法上求められる意見聴取が行われていたとはいえません。また、その他に就業規則の変更の合理性を基礎づけられるような事情も、見当たりません。

(8)　まとめ

　これらのことからすると、本設例における新就業規則への変更は、合理的なものとはいえず、新就業規則は従来からの労働者に対する拘束力を有しないため、従来からの労働者に対しては、旧就業規則による退職金を支払う必要があると判断される可能性は高いといえます。

対応策

　退職金の大幅な減額については、前述のとおり厳しい審査が行われます。そのため、経営の悪化により労働条件の変更を迫られたとしても、安易に賃金や退職金を減額するのではなく、まずは賃金や退職金の減額以外の労働条件を変更することを検討する必要があります。その上で、やむを得ず賃金や退職金を減額しなければならない場合は、労働組合や適法な過半数代表者との協議を重ねた上で（理想としては、同意を得た上で）、十分な経過措置および代償措置を講じ、賃金や退職金の減額幅も慎重に調整することが必要といえます。

　また、後々変更された就業規則の拘束力が否定されるリスクを下げるという意味では、前述のような対応策を十分に講じた上で、さらに就業規則の当該変更について労働者全員から個別に同意を得ることが、最も確実で安全な方法といえます（ただし、このような同意の有効性が争いになることもあり得ますので、労働者に対して変更内容につき十分な説明を行い、同意を得る場合は明確に書面で行うなど、入念なリスク対応が必要です[42]）。

---

[42]　最二判平成 28 年 2 月 19 日民集 70 巻 2 号 123 頁

第2章　労働契約の開始・変更

コメント

　参考裁判例を読む限り、変更後の就業規則（なお、参考裁判例は厳密には「退職金規程」が変更された事案ですが、本設例ではこの点は捨象しています）が適用される労働者の種類（事務職員のみか、医師まで含むか）や、病院に雇用されている労働者の数などは必ずしも明らかではありません。そのため、これらの条件によっては、同内容の就業規則の変更が有効となる可能性もあると考えられます。

　就業規則は、労働者の個別の同意を得ることなく労働条件を規律できるという意味で、使用者にとって有益なものです。しかし、前述のとおり、就業規則の不利益変更について、その合理性が認められるハードルは、決して低くありません。参考裁判例では、病院の経営は相当厳しかったものと推察されますが、そのような状況においてもなお、就業規則の変更には合理性がないものとされており、退職金につき、このような大幅な減額を行う場合、相当厳しくその必要性を審査するという裁判所の姿勢がうかがえます。

　なお、参考裁判例では、結論として、周知の有無につき、本設例のような周知方法でも足りると判断されていますが、実際に就業規則の不利益変更を行う場合は、慎重を期して、労働者個人に新就業規則案を配布するなど、周知をより徹底させるべきであると考えます。

書 式

同意書

平成●年●月●日

医療法人●●
理事長　●●殿

(氏名)＿＿＿＿＿＿＿＿＿＿＿＿印
(住所)＿＿＿＿＿＿＿＿＿＿＿＿

　私は、貴法人による説明会および説明資料を基に、就業規則の変更内容およびこれに伴って私の労働条件に変更が生じる内容について十分に理解しました。

　その上で、私は、就業規則が別紙●のとおり変更されることに異議はなく、かつ、私の労働条件が改定就業規則によって別紙●の内容に変更（不利益部分も含みます）されることについて、本書面をもって同意いたします。

記

変更内容適用開始日：平成●年●月●日

変　更　内　容：別紙●および別紙●のとおり
　　　　　　　　　別紙●：改定就業規則
　　　　　　　　　別紙●：労働条件変更内容説明書

以上

（就業規則変更についての）同意書

　本書式例は、変更される就業規則の拘束力が否定されるリスクをできる限り小さくするために、労働者から個別に取得する（就業規則変更についての）同意書です。

　なお、同意書の有効性を高めるという観点から、就業規則の変更それ自体に加え、就業規則の変更によって自己の労働条件に変更が生じる内容について、労働者が十分に理解し、同意した旨も明記しています。

設例5
就業規則の不利益変更

第3章
労働時間および賃金

設例6 所定始業時刻前の準備行為・仮眠時間の労働時間性
　　　　参考裁判例A　大阪地判平成27年1月29日労判1116号5頁
　　　　参考裁判例B　東京地判平成17年8月30日労判902号41頁

設例7 宿日直およびオン・コールの労働時間性ならびに断続的労働
　　　　参考裁判例　大阪高判平成22年11月16日労判1026号144頁
　　　　（最三決平成25年2月12日）

設例8 院長の管理監督者性および残業代
　　　　　　　　　参考裁判例　東京地判平成25年3月29日

設例9 医師の年俸制および定額残業代
　　　　参考裁判例　最二判平成29年7月7日
　　　　東京高判平成27年10月7日判時2287号118頁

第3章　労働時間および賃金

設例 6

参考裁判例A　大阪地判平成 27 年 1 月 29 日労判 1116 号 5 頁
参考裁判例B　東京地判平成 17 年 8 月 30 日労判 902 号 41 頁

所定始業時刻前の準備行為・仮眠時間の労働時間性

当病院では、日勤の場合、所定始業時刻前に朝礼を行っています。また、当病院では、夜勤の場合、看護師に仮眠をとらせています。

所定始業時刻前の準備行為、および仮眠時間について、労働時間性が認められるのはどのような場合でしょうか。

I　問題の所在

1日の勤務を開始するにあたり、その日の最初に、朝礼やミーティングを行う職場は珍しくないと思います。医療機関の場合、夜勤を行った看護師から申し送りを受けるためのミーティングなどが想定されます。このような朝礼やミーティングが、労働契約上の所定始業時刻前に行われているような場合、朝礼やミーティングの時間にも労働時間性が認められる可能性があります。

また、医療機関の場合、看護師の勤務形態として、交替制勤務を導入し、夜勤を行う看護師がいることが通常だと思われます。夜勤

92

の場合、仮眠時間を休憩時間として扱っている場合もあると思いますが、仮眠時間も労働時間性が認められる可能性があります。

　本設例では、労働時間の一般論を説明した上で、所定始業時刻前の準備行為、および仮眠時間の労働時間性について、検討します。

II　労働時間

(1)　概　要

⑺　労基法上の労働時間

　労基法が規制の対象としている労働時間は、労働者が使用者の指揮命令下に置かれている時間（実労働時間）です。労働者が使用者の指揮命令下に置かれているか否かについては、後述のとおり、準備行為の時間や、仮眠時間（不活動時間）について問題となることが多いです。その他、自宅持ち帰り残業、自己研鑽のための勉強会の労働時間性なども問題になることがあります。

　労基法が規制の対象としている実労働時間は、客観的に定まるものであり、基本的には当事者の合意に左右されるものではありません（ただし、労基法上、実労働時間ではなく一定のみなし時間を労働時間として扱う制度もあります）。

　なお、労働契約上の労働時間（労働契約上定められた所定始業時刻から所定終業時刻までの時間から休憩時間を除いた時間）を所定労働時間と呼びます。労基法の規制に反しない限り、労働契約上の労働時間の扱いは当事者の合意に委ねられています（たとえば、遅刻したため実労働時間ではない時間についても労働時間として扱い、賃金を支払うことも有効です）。

第 3 章　労働時間および賃金

(イ)　労基法の規制

　労基法は、原則として、休憩時間を除いて 1 日 8 時間、1 週 40 時間を超える労働をさせてはならないと定めています[43]。この最長時間としての 1 日 8 時間、1 週 40 時間のことを法定労働時間と呼びます（法定労働時間を弾力化させるものとして、変形労働時間制やフレックスタイム制等があります）。

　法定労働時間を超える労働をさせる場合には 36 協定が必要となり、法定労働時間を超えた実労働時間に対しては、割増賃金の支払いが必要となります[44]。

(2)　所定始業時刻前の準備行為の労働時間性

　労働契約上の所定始業時刻前に行われる準備行為としては、たとえば、更衣、清掃、朝礼、ミーティング等が挙げられます。

　準備行為の時間については、準備行為を行うことについて、使用者による（明示または黙示の）義務づけがある場合、および使用者による義務づけはないが準備行為を行うことが余儀なくされている場合[45]に、「労働者が使用者の指揮命令下に置かれている」として、労働時間性が認められます。

　たとえば、所定始業時刻前の朝礼やミーティングに出席することが、就業規則、雇用契約書、業務マニュアル等に記載されている場合、使用者による明示的な義務づけがなされているといえ、このような時間は労働時間性が認められるものといえます。

　また、所定始業時刻前の朝礼やミーティングに参加しなかったことをもって、遅刻として扱われる、人事評価としてマイナスになる、懲戒処分が行われる場合などは、黙示の義務づけがある、また

---

[43]　労基法 32 条
[44]　労基法 37 条
[45]　最一判平成 12 年 3 月 9 日民集 54 巻 3 号 801 頁

は朝礼やミーティングに参加することを余儀なくされているといえ、労働時間性が認められるものと考えられます。

　所定始業時刻前の朝礼やミーティングの時間に労働時間性が認められる場合には、この労働時間を踏まえた賃金の支払いが必要になるものと考えられます。

(3)　仮眠時間（不活動時間）の労働時間性

　仮眠時間のように労働者が実作業に従事していない時間、いわゆる不活動時間について、「労働からの解放が保障」されていない場合には労基法上の労働時間に当たると考えられています。

　たとえば、ビルの管理会社の従業員が、仮眠時間中でも、仮眠室において待機をし、警報や電話等に対して直ちに相当の対応をすることを義務づけられていた事案について、仮眠時間の労働時間性を認めた判例[46]があります。

　他方、警備員の仮眠時間につき、仮眠時間中は仮眠室に滞在することとされてはいたものの、仮眠室では制服を脱ぎパジャマに着替えて仮眠をしており、仮眠時間帯の業務は少なく、一定の限られた業務しか発生しない事案において、仮眠時間の労働時間性を否定した裁判例[47]もあります。

　このように、仮眠時間のような不活動時間は、仮眠室等の特定の場所での仮眠を指示されていたとしても、自由度が高く労働からの解放が保障されている場合には、労働時間性は認められません（ただし、仮眠中に不測の事態が生じて業務に従事した場合、その時間は労働時間として扱う必要があります）。他方、仮眠時間中に直ちに対応すべき一定量の作業が生じることが想定されているような場

---

[46]　最一判平成 14 年 2 月 28 日民集 56 巻 2 号 361 頁
[47]　東京高判平成 17 年 7 月 20 日判タ 1206 号 207 頁

第3章　労働時間および賃金

合、労働からの解放がなく、「労働者が使用者の指揮命令下に置かれている」として、労働時間性が認められるものと考えられます。

　仮眠時間のような不活動時間に労働時間性が認められる場合には、仮眠時間を踏まえた時間外割増分および深夜割増分を含む賃金の支払いが必要となります（なお、仮眠時間について労働時間性が認められる場合、仮眠時間を断続的労働として扱い、労基法の適用除外を受けることも考えられます。詳細は設例7参照）。

Ⅲ　設例 A（所定始業時刻前の準備行為）

本設例 A

(1)　当病院の朝礼の概要

　当病院では、看護師について、日勤の場合は所定始業時刻が午前9時となっていますが、毎日午前8時45分から任意参加の朝礼を実施しています。朝礼では、夜勤担当者から日勤担当者に対する入院患者についての報告、引継ぎ、事務局長による講話、当病院の理念の唱和等が行われています。午前8時45分からの朝礼に遅れた場合、その旨および参加時刻を出勤簿に記載しています。

　今回、当病院の看護師 X が、所定始業時刻前の朝礼の時間（午前8時45分から午前9時00分までの15分間）について、労働時間に該当するとして残業代請求をしてきました。

(2) 質 問

　当病院は、看護師 X に対し、所定始業時刻前の朝礼の時間についての残業代を支払わなければならないでしょうか。

結論 A

　所定始業時刻前の朝礼の時間について、労働時間性が認められる可能性が高く、残業代を支払わなければならないと考えられます。

(1) 所定始業時刻前の朝礼の時間

　本設例では、労働契約上の所定始業時刻は午前 9 時ですが、その15 分前である午前 8 時 45 分から朝礼を行っており、この 15 分間について労働時間性が認められるかが問題になります。

(2) 検 討

　本病院は、朝礼を任意参加のものとしており、朝礼への参加につき、使用者（本病院）の明示の義務づけはないものといえます。

　しかし、朝礼において行われていたのは、入院患者についての報告や引継ぎ、事務局長による講話等です。特に入院患者に関する引継ぎは、交替制勤務の運用上必要なものであり、朝礼は、看護師 X が行うべき業務と関連し、その遂行に必要な準備行為に当たります。そのため、形式上は任意参加とはいえ、看護師 X が行うべき業務を遂行するためには、朝礼への出席が前提になっているものと

考えられます。

また、任意参加であれば、誰が朝礼に参加したのか、何時から参加したのかは、本病院が把握する必要のない事項のはずですが、本設例では、看護師が午前8時45分以降に朝礼に参加した場合、出勤簿にその旨を記載しており、任意参加に沿わない事実が認められます。

(3) 結　論

以上のことからすると、看護師Xは、朝礼への参加を余儀なくされており、午前8時45分からの朝礼の時間について、使用者の指揮命令下にあるといえ、労働時間性が認められる可能性が高いものと考えられます。

参考裁判例Aにおいても、労働契約上の所定始業時刻前の、朝礼を行っていた時間について、労働時間性が認められています。

設例B（仮眠時間）

> **本設例B**
>
> ### (1) 当病院の看護師の勤務体系
>
> 　当病院では、看護師の勤務体系について、日勤（午前9時から午後5時まで）、夕勤（午後4時から午前0時まで）、夜勤（午前0時から午前9時まで）があります。

(2)　夜　勤

　夜勤の場合、第1病棟では、急性期の患者を受け入れているため、ナースコールが他の病棟に比して多く、深夜に10回以上鳴ることもあります。また、入院患者の急変、転倒、暴行等も時々発生するため、このような事態に対応すべく、3名勤務としています。夜勤においては、午前1時から午前4時まで、午前2時から午前5時まで、午前4時から午前7時まで、3名の看護師が交替で仮眠をとっています。仮眠場所は、ナースステーションの近くにある診察室または休憩室（面会室）で、実際に、横になって仮眠をとることもできます。そのため、当病院では、仮眠時間は休憩時間として扱っています。

　当病院においては、ナースコールに対し、基本的に看護師2名で対応することになっていますが、実際には1名で対応することも少なくありません。入院患者の急変、転倒、暴行等も時々発生し、看護師3名で対応せざるを得ない場合もあります。夜勤の場合、交替で仮眠をとってはいますが、午前2時から午前5時までは、2名が仮眠をとっているので、2名での対応が必要な場合等には、仮眠が中断されることもあります。

(3)　質　問

　今回、当病院の看護師Yが、夜勤の場合の仮眠時間について、労働時間に該当するとして、残業代請求をしてきました。

　当病院は、看護師Yに対し、夜勤の場合の仮眠時間についての残業代を支払わなければならないでしょうか。

第3章　労働時間および賃金

> **結論 B**
>
> 　夜勤の場合の仮眠時間について、労働時間性が認められる可能性が高く、残業代を支払わなければならないと考えられます。

(1)　夜勤中の仮眠時間

　本設例においては、夜勤の場合、看護師 Y には仮眠時間があるものの、状況によっては、仮眠が中断されることもあるため、仮眠時間に労働時間性が認められるかが問題になります。

(2)　検　討

　本病院では、夜勤の場合、看護師 Y の勤務する第1病棟では3名勤務制をとっており、3名の看護師が交替で、実際に、横になって仮眠することもできています。

　しかしながら、本病院では、ナースコールに対しては基本的には2名で対応することとされているため、午前2時から午前5時までの2名の看護師が仮眠時間中に、ナースコールが1回でも鳴らされた場合には、仮眠時間中の看護師のいずれか1名が、仮眠を中断しなければならないことになります。看護師 Y の勤務する第1病棟は、ナースコールが深夜に10回以上鳴ることもあり、仮眠時間が中断されることも少なくないといえます。仮眠場所が、ナースステーションの近くとされていることからしても、即座の対応が求められていると考えられます。

　また、本病院では、入院患者の急変、転倒、暴行等も時々発生し、看護師1名または2名では対応しきれない場合、仮眠時間中で

100

あっても看護師全員を起こして対応せざるを得ない状況です。

(3)　まとめ

　以上のことからすると、本設例の仮眠時間については、労働からの解放が保障されているとはいえず、使用者の指揮命令下にあるとして、労働時間性が認められる可能性が高いものと考えられます（ただし、2名の看護師が仮眠をしている時間帯（午前2時から午前5時まで）以外の、看護師1名が仮眠をしている時間帯（午前1時から午前2時まで、および午前5時から午前7時まで）に関しては、当該仮眠中の看護師1名の仮眠時間につき、事情次第によっては、労働時間性が否定される可能性もあります）。

　参考裁判例Bにおいても、仮眠時間について、労働時間性が認められています。

対応策

(1)　所定始業時刻前の準備行為

㋐　朝礼等の労働時間性

　所定始業時刻前に朝礼等を行うような場合、使用者が明示的に参加の指示をしていなくとも、前述のとおり、黙示的な指示がある、または参加を余儀なくされているのであれば、労働時間性が認められることになります。

㋑　報告や申し送りのための朝礼等

　医療機関における報告や申し送りのための朝礼は、看護師の業務遂行に必要なものであって、看護師が参加をしない場合、看護師の業務遂行に支障が生じること、ひいては入院患者の生命および身体

101

第３章　労働時間および賃金

等への危険が生じることなどが想定されます。形式上は任意参加で
あったとしても、医療機関としては、朝礼等に参加してもらうこと
を事実上強制していると考えられます。

　そのため、このような業務遂行に必要な報告や申し送りを行うた
めの朝礼等については、医療機関としては労働時間に該当すること
を前提とした運用、すなわち、朝礼等を所定始業時刻後に行うよう
にするべきであると考えます。

(ウ)　業務遂行との関連が弱い朝礼等

　他方、所定始業時刻前の朝礼等が、看護師の業務遂行に必要のあ
るものではない場合には、労働者から事実上の強制参加であると主
張されることがないよう注意すべきです。具体的には、任意の参加
であることを周知すること、朝礼等への出席の有無およびその時間
帯を病院として管理しないこと、朝礼等に出席しなかったことを
もって不利益に取り扱わないことを文書等で周知しておくこと、な
どが考えられます。

(2)　仮眠時間

(ア)　夜勤の体制整備

　医療機関として、夜勤の仮眠時間を労働時間として扱わないので
あれば、労働から完全に解放される体制の整備が必要となります。

　具体的には、夜勤の時間帯に頻繁に起こり得る、入院患者の急
変、転倒、暴行等が生じた場合でも、仮眠時間中の看護師は対応を
する必要がないように、夜勤の人数を適切に調整する必要があると
いえます。

　その他にも、労働からの完全な解放を保障するためには、仮眠室
をナースステーションから一定の距離のある場所にすること、仮眠
時間中は制服からパジャマ等に着替えて仮眠をとってもらうように

することなども考えられます。

(イ)　警備員についての別の裁判例
　病院の警備員の仮眠時間の労働時間性が問題となった別の裁判例[48]では、警備員4名体制であったこと、4名のうち2名が警備業務に就いていたことから、突発的な事態が生じても当該2名で対応できたこと（残りの2名は、労働から解放されて仮眠をとることができていたこと）、仮眠をとる警備員は、シャワーを浴びてパジャマに着替えた上で、仮眠室に布団を敷いて就寝していたことなど、実態を細かく認定し、仮眠時間の労働時間性を否定しており、参考になります。

コメント

(1)　労働時間性が問題となる他のケース

(ア)　持ち帰り残業
　所定始業時刻前の準備行為や仮眠時間の他に、労働時間性が問題となるケースとして、自宅持ち帰り残業が挙げられます。ある裁判例[49]では、学術大会のための準備を自宅で行っていたという事案において、当該準備については病院内のパソコンを使うように指示していたこと、準備内容としてはA4用紙1枚の抄録と発表時間7分で収まる範囲での発表用のパワーポイントの作成であることなどから、「その性質や作業量から自宅に持ち帰らなければ処理できないものと認めることは困難であ

---

[48]　仙台高決平成25年2月13日労判1113号57頁
[49]　東京地判平成26年3月26日労判1095号5頁

第3章 労働時間および賃金

る」とし、使用者による「黙示の業務命令によるものと認める
ことはできない」と判断しています。

　ただし、自宅持ち帰り残業については、使用者が明示的に義
務づけていない場合でも、業務量からして定められた期限まで
に業務を行うためには自宅に持ち帰って作業せざるを得ない場
合等は、黙示の義務づけがある、または自宅持ち帰り残業を余
儀なくされていたとして、労働時間性が認められる可能性があ
ると考えられますので、注意が必要です。

(イ)　勉強会等
　また、労働時間性が問題となる他のケースとしては、自己研
鑽のための勉強会等が挙げられます。これについても、前述の
労働時間の一般論で述べた基準に基づいて、労働時間性が判断
されます。上記裁判例でも、「新人教育プログラム、病棟勉強
会、PT勉強会等の各種勉強会」につき、「自己研鑽としての
側面があるとしても、使用者の指揮命令下に置かれていたもの
と評価するのが相当」として、労働時間性が認められていま
す。

(ウ)　まとめ
　このように、労働時間性の判断については、個別具体的な
ケースに応じて結論が異なり得るため、必要に応じて外部専門
家の意見を参考にすることなども検討に値します。

(2)　看護師の健康保持

　看護師について夜勤および交替制勤務を採るということは、
患者の生命および心身を守るという医療機関の性質上、避ける
ことのできないものといえます。
　もっとも、夜勤および交替制勤務は、看護師の肉体的および

精神的負担の大きい勤務形態です。公益社団法人日本看護協会が公表している「看護職の夜勤・交代制勤務に関するガイドライン」でも、「看護職の安全と健康が、患者の安全と健康を守る」と記載され、看護師の負担軽減の重要性が指摘されています[50]。当該ガイドラインでは、夜勤・交替制勤務における看護師への負担を軽減する観点から、「勤務編成の基準」11項目が提案されており、その中では仮眠時間の重要性も指摘されていますので、参考になります。

　労働者の健康保持のためにも、医療機関（使用者）が労働時間管理を適切に行う必要があります。

　なお、入院基本料の算定のためには、看護職員の月平均夜勤時間数を72時間以下にする必要があり（基本診療料の施設基準等）、過重な夜勤の抑制につながっていると考えられます。ただし、月平均夜勤時間数は、一人当たりの上限を定めるものではないため、特定の看護職員が長時間の夜勤を負担しているような場合、個別の健康管理はより重要と考えられます。

---

[50]　公益社団法人日本看護協会（2013）『看護職の夜勤・交代制勤務に関するガイドライン』株式会社メヂカルフレンド社

第3章　労働時間および賃金

書　式

朝礼について

平成●年●月●日

各位

医療法人●●
理事長●●

　当法人においては、所定始業時刻（午前●時●分）の●分前である午前●時●分から朝礼を行っておりますが、これは●●を目的としており、業務遂行において必ずしも必要なものではにありませんので、あくまで任意参加のものです。
　当法人として朝礼への出席の有無等を管理することはありませんし、朝礼に参加しなかったことをもって不利益に取り扱うということも一切ありません。また、あくまで任意参加のものですので、朝礼の時間は賃金（割増賃金を含む）の支払対象になりません。
　朝礼に参加される方は、上記の点をご理解の上でご参加いただきますようお願いいたします。

以上

 通知文（朝礼について）

　本書式例は、所定始業時刻前に行われる朝礼について、(1) あくまで任意参加のものであること、(2) 出席の有無等を使用者において管理しないこと、(3) 朝礼に出席しないことで何らの不利益も被らないこと、(4) 賃金（割増賃金を含む）の支払対象とならないこと、などを周知させるものです。業務遂行との関連性が弱い朝礼等の時間については、このような通知文によって周知させることで、労働時間性が認められるリスクをできる限り小さくするべきです。

設例 7

参考裁判例　大阪高判平成 22 年 11 月 16 日労判 1026 号 144 頁
（最三決平成 25 年 2 月 12 日）

宿日直およびオン・コールの労働時間性ならびに断続的労働

> **Q**　当病院の医師が行っている宿日直勤務は断続的労働としての許可を得ており、割増賃金を支払っていません。また、医師たちは、自主的取り組みとしてオン・コール体制を運用しているようですが、当病院はこの待機時間を労働時間として扱っていません。
>
> 　宿日直勤務の断続的労働が認められるのはどのような場合でしょうか。また、医師の自主的取り組みであるオン・コール勤務が労働時間に当たるのは、どのような場合でしょうか。

I　問題の所在

(1)　宿日直

　医療機関の宿日直の態様は様々ですが、労働密度が低いものにつ

第3章　労働時間および賃金

いては、労基法41条3号の断続的労働（以下、「断続的労働」といいます）として対応しているケースもあると考えられます。後述するとおり、断続的労働に該当した場合、労働時間の規制の適用除外となり、時間外労働および法定休日労働について、36協定の締結や割増賃金の支払いが不要となります。

さらに、宿日直においては、仮眠時間等を取る体制となっていることが一般的です。仮に、断続的労働に該当しない場合、仮眠時間等を含めた全部の時間が労働時間として割増賃金の対象になるのか、仮眠時間等を除き、実際に業務をしている時間に対してだけ割増賃金を支払えば足りるのかが問題となります。

(2)　オン・コール

また、オン・コール体制を取っている医療機関も多いと考えられますが、待機している時間の労働時間性も問題となります。

(3)　まとめ

本設例では、「断続的労働」の基準等を説明した上で、「断続的労働」として認められる宿日直勤務、およびオン・コール勤務の労働時間性等について、検討します。

Ⅱ　断続的労働の有効要件

(1)　労働時間規制の適用除外（断続的労働）

(ア)　労基法41条による適用除外

労基法上の労働時間については、設例6をご参照ください。

108

労基法は、労働時間、休憩および休日に関する規制の適用除外の類型を定めています[51]（ただし、深夜労働に関する規制は適用されることに注意すべきです）。

　労基法 41 条 1 号の農業、畜産・水産業に従事する者については、省略し、労基法 41 条 2 号の管理監督者については後述します（設例 8 参照）。

　労基法 41 条 3 号は、「監視又は断続的労働に従事する者で、使用者が行政官庁の許可を受けたもの」（監視・断続的労働）を労働時間規制の適用除外として定めています。医療機関における宿日直は、断続的労働の該当性が問題となるため、監視労働は省略し、断続的労働を取り上げます。

(イ)　断続的労働の意義

　「断続的」労働とは、休憩時間は少ないが手待時間の多いものと解されています[52]。断続的労働は、労働の労働密度が薄く、精神的肉体的負担も小さいため、労働時間規制の適用を除外されています。

(ウ)　宿日直勤務の断続的労働

　断続的労働は、様々な態様がありますが、その中でも、通常の勤務に従事する労働者が付随的に断続的労働を行う宿日直勤務（以下、「宿日直勤務」といいます）は特別なものとして取り扱われています。

　たとえば、（宿日直勤務を除く）その他の断続的労働は、1 日の中で通常の労働と断続的労働が混在していたり、日によって交互に従事したりする場合は該当しないとされています[53]が、宿日直勤務

---

[51]　労基法 41 条
[52]　昭和 22 年 9 月 13 日発基 17 号、昭和 23 年 4 月 5 日基発 535 号、昭和 63 年 3 月 14 日基発 150 号
[53]　昭和 63 年 3 月 14 日基発 150 号

第3章　労働時間および賃金

については、通常の勤務と宿日直勤務を交互に従事することが認められています。また、労働基準監督署長による許可手続も、宿日直勤務の断続的労働とその他の断続的労働とでは異なります[54]。さらに、宿日直勤務の断続的労働については勤務の態様、手当、回数、睡眠設備等について特別に基準が定められています[55]。

(エ)　医師、看護師等の宿日直勤務

(ウ)に加えて、医師、看護師等の宿日直勤務については、その特性に鑑み、通達において別途許可基準が定められています[56]。許可基準の概要は次のとおりです。

医師、看護師等の宿日直勤務の許可基準の概要

① 勤務の態様
- 常態としてほとんど労働する必要がない勤務（病室の定時巡回、少数の要注意患者の検脈、検温等の特殊な措置を要しない軽度の、または短時間の業務を行うことを目的とするもの）であること。
- 原則として、通常の労働の継続は認められないこと。
- 救急医療等を行うことが稀であり、一般的にみて睡眠が充分とりうるものであること。

② 睡眠時間の確保等
- 宿直勤務については、相当の睡眠設備を設置していること。
- 夜間に充分な睡眠時間が確保されていること。

---

[54] 宿日直勤務については労基則 23 条、それ以外の場合は労基則 34 条
[55] 前掲注 52
[56] 「医療機関における休日及び夜間勤務の適正化について（要請）」（平成 14 年 3 月 19 日基発 0319007 号の 2）別紙「労働基準法第 41 条に定める宿日直勤務について」

110

③　宿日直勤務の回数

　宿直勤務は、週1回、日直勤務は月1回を限度とすること。

④　宿日直勤務手当

　宿日直勤務手当は、職種毎に、宿日直勤務に就く労働者の賃金の1人1日平均額の3分の1を下らないこと。

　そして、同通達は、宿日直勤務中に救急患者の対応等が頻繁に行われ、常態として昼間と同様の勤務に従事することとなる場合には、宿日直勤務の断続的労働として対応することはできないとしています。

Ⅲ　設例について

本設例

(1)　宿日直勤務の内容

　当病院の産婦人科は5名の医師の交代で宿日直勤務を行っています。勤務時間は、宿直が午後5時15分から翌朝8時30分まで、日直が休日（土曜、日曜、祝日）の午前8時30分から午後5時15分までです。宿直に当たる医師は、入院患者および救急外来患者の診療のために、当病院に宿泊します。

　当病院にはNICUおよびMFICUがあり、周産期患者の受け入れを行っていますが、地域の産婦人科医不足の影響等で時間外に救急患者が搬送されることが多く、宿日直勤務の時

第3章 労働時間および賃金

間帯だけで年間約1,400名の救急外来患者を受け入れ、約400件の分娩を処理しています。仮眠室はありますが、短い睡眠時間しかとれないのが実情です。月あたりの医師1名あたりの宿日直勤務の回数は、平均して9回くらいです。

　当病院の宿日直勤務については、労働基準監督署から宿日直勤務の断続的労働としての許可を得ているため、時間外労働や法定休日労働に対する割増賃金は支払っておらず、宿日直勤務に対しては1回2万円（深夜割増賃金を含みます。なお、産婦人科医の1時間あたりの賃金は約4,500円です）の手当を支払っています。ただし、許可の条件（宿直は週1回までなど）を守ることはできていません。

(2)　オン・コール勤務の内容

　また当病院では、宿日直勤務中に、宿日直勤務医1人だけでは対応できない事態が生じた場合、まずは主治医に連絡を取ることになっています。産婦人科医は、自主的に、主治医に連絡がとれない場合に備えて交代でオン・コール担当医を決めており、オン・コール担当医は連絡がとれる状態を確保し、応援要請があった場合には当病院にかけつけることにしているようです。このオン・コール制度については、当病院が指示したものではなく、当病院は誰がその日の担当かなどは把握していませんが、年数回は応援要請があるようです。オン・コール勤務中に応援要請に応じて勤務した時間に対しては割増賃金を支払っていますが、オン・コール勤務として待機中の時間（オン・コール待機時間）については、労働時間ではないと考え、賃金を支払っていません。

(3)　質　問

　産婦人科医2名から当病院に対して、宿日直勤務は断続的

労働ではなく、オン・コール待機時間も労働時間であるとして割増賃金の支払い（約1億円）の請求がありました。

◆　宿日直勤務

当病院は、宿日直勤務の時間に対して割増賃金を支払わなければならないのでしょうか。許可の条件を守れていないため断続的労働と認められないとしても、仮眠時間などは労働時間ではないとして割増賃金を支払わなくてもよいでしょうか。

◆　オン・コール勤務

また、オン・コール待機時間は労働時間に当たるのでしょうか。

結　論

◆　宿日直勤務

本設例の宿日直勤務は、労基法41条3号の断続的労働には該当しないと考えられます。また、本設例の宿日直勤務は、実際に診療等を行っていない時間も使用者の指揮命令下にあり、全体について労基法上の「労働時間」に当たり、割増賃金の支払いが必要と判断される可能性が高いと考えられます。

◆　オン・コール勤務

本設例のオン・コール勤務は、あくまでも産婦人科医の自主的な取り組みによるものなので、運用としても自主的取り

第3章　労働時間および賃金

> 組みに届まるものであればオン・コール待機時間は労基法上
> の「労働時間」には当たらない可能性があります。

(1)　宿日直勤務が断続的労働に該当するか

㋐　①勤務の態様

　本設例の宿日直勤務では、入院患者および救急外来患者の診療が行われています。産婦人科の特殊性として、夜間・休日であっても分娩等が生じるのが通常であり、宿日直勤務中も平日の日中勤務と同様に、正常分娩の処置、帝王切開等の手術、家族への説明、電話対応等を行う必要があると考えられます。本設例の宿日直勤務医の勤務内容は、産婦人科医としての通常業務であり、「特殊な措置を要しない軽度の、または短時間の業務を行うことを目的とするもの」とは到底いえません。そして、実際に、本病院には周辺から周産期患者が搬送されるケースも多く、また、周辺の産婦人科医不足により年間で受け入れる救急外来患者は約1,400名、分娩も約400件と非常に多く、救急医療等を行うことが稀であるともいえません。

　むしろ、本設例の宿日直勤務は、救急患者の対応等が頻繁に行われ、常態として平日の日中と同様の勤務に従事していると考えられます。

㋑　②睡眠時間の確保等

　本病院には仮眠室は準備されていますが、本設例の宿日直勤務では、前述のとおり、極めて多くの救急外来患者の受け入れおよび分娩等への対応の必要があるため、宿日直勤務医は、短い時間の仮眠時間しかとれていないのが実情です。

　したがって、「夜間に充分な睡眠時間が確保され」ているとはいえません。

114

(ウ)　③宿日直勤務の回数

　本設例では、平均して月に9回の宿日直勤務を行っており、「宿直勤務は、週1回、日直勤務は月1回を限度とする」との前述の上限を大幅に上回っています。

(エ)　④宿日直勤務手当

　本設例では、宿日直勤務1回に対し、2万円が支払われています。産婦人科医の賃金が1時間あたり約4,500円であることからすると、1日平均額（約3万6,000円）の3分の1（約1万2,000円）は上回っているといえます。

(オ)　まとめ

　以上のことからすると、本設例の宿日直勤務は、勤務の態様が常態として平日の日中と同様であり、断続的労働には該当しないと考えられます。

　参考裁判例（参考裁判例は高裁判断ですが、その後、最高裁にて上告不受理決定がされています）も「産婦人科当直医に対して予定・要請されている上記の各処置は、いずれも産婦人科医としての通常業務そのものというべきである。このことからすると、X病院の産婦人科当直医の宿日直勤務は、労働密度が薄く、精神的肉体的負担も小さい病室の定時巡回、少数の要注意患者の定時検脈など、軽度または短時間の業務であるなどとは到底いえない」として断続的労働に該当しないと判断しています。

(2)　仮眠時間を含めた宿日直勤務全体が労働時間に該当するか

(ア)　労働時間に該当する範囲

　本設例の宿日直勤務が断続的労働に該当しないとして、労働時間

第3章　労働時間および賃金

として割増賃金の支払いが必要になるのは、仮眠時間を含めた宿日直勤務の全部の時間か、それとも仮眠時間等を除いた実際に勤務した時間のみかが問題となります（仮眠時間に関しては設例6参照）。

㈑　検　討

本設例の宿日直勤務は、業務命令に基づいて行われており、医師が1人で入院患者および救急外来患者の診療を行うことが求められています。仮眠時間が一定時間確保されている等の体制もなく、仮眠がとれたとしても、入院患者の分娩や緊急搬送等があれば即座に対応することが必要となるものであり、業務から離れることを保障されていたとはいえません。

㈒　まとめ

したがって、本設例の宿日直勤務は、その勤務時間の全体が、使用者の指揮命令下に置かれていたとして、労基法上の労働時間に当たると判断される可能性が高いと考えられます。

(3)　オン・コール待機時間が労働時間に該当するか

㈎　一般論

実作業に従事していない不活動時間については、設例6のとおり、労働契約上の役務の提供が義務づけられていると評価される場合には、労働からの解放が保障されているとはいえず、労働者は使用者の指揮命令下に置かれている（労働時間に該当する）と判断されます。

㈑　明示の業務命令

本設例では、自発的な制度としてオン・コール制度が作られており、オン・コール勤務について、明示の業務命令はありません。

㈦ 黙示の業務命令

　黙示の業務命令については、オン・コール制度がなければ本病院の産婦人科の運営が立ちゆかないとの事情等がある場合、オン・コール制度を黙認していたと認められる可能性も否定できないと考えられます。そして、オン・コール担当医は、自宅を離れず、連絡がとれる体制を確保する、飲酒を控える等の負担ないし気配りが求められ、一定の精神的な緊張や負担があると考えられることからすると、完全に労働から解放されていないという評価もあり得ると考えられます。

　ただし、@医師の特殊性からすると、緊急の措置が必要となった場合に、応援要請が来るという抽象的な可能性は常にあるとも考えられること、ⓑ本病院では、宿日直担当医のみで対応ができない場合、一次的には主治医に連絡をとる体制となっており、オン・コール制度はそれを補う位置づけに過ぎないこと、ⓒ実際に応援要請があるのは年数回と少ない回数であることや、ⓓ本病院がオン・コール担当医を把握していないなどオン・コール制度に依存しているとまではいえないことなども考慮すると、黙示の業務命令があるとは評価できず、あくまで自主的な取り組みとして、オン・コール待機時間の労働時間性が否定される可能性もあると考えられます。

　参考裁判例も、「医師が……その患者の容態の如何によって、……常に緊急の措置を要請（応援要請）されることがあり得ることは、勤務医、開業医を問わず通常のことと考えられる。そして、医師には、基本的にこの要請に応じ、患者に対して適切な処置を行うことが期待されているのであるが、このような医師に対する社会の期待は、医師のプロフェッションたる地位に由来しているものと考えられる」と医師の特殊性に言及した上で、「X病院における宅直制度は、上記のような、宿日直担当医以外の全ての産婦人科の医師全員が連日にわたって応援要請を受ける可能性があるという過大な

第3章　労働時間および賃金

負担を避けるため、X病院の産婦人科医（5人）が、そのプロフェッションの意識に基づいて、当該緊急の措置要請（応援要請）を拒否することなく受けることを前提として、その受ける医師を予め定めたものであり、同制度はX病院の産婦人科医らの自主的な取組みと認めざるを得ない」と判断し、労働時間性を否定しています。

対応策

(1)　宿日直勤務の断続的労働

　宿日直勤務について、断続的労働として扱うためには、前述の許可基準を遵守することが必要です。実態が基準とかけ離れた形で運用されている場合、事後的に、割増賃金が未払いであるとして多額の請求を受けることになりかねません。さらに、参考裁判例のケースでは、労基法違反容疑で検察庁に書類送検までされていることに留意すべきです。基本的に、宿日直勤務中に頻繁に通常業務を行う場合、基準を満たさないため、断続的労働として扱うことは断念すべきです。

　宿日直勤務については、i病室の定時巡回、少数の要注意患者の検脈、検温等の特殊な措置を要しない程度の、または短時間の業務と、ii通常業務、の双方が生じる場合、人数の確保等が可能であれば、i断続的労働としての宿日直勤務（基本的に定時巡回等のみ対応）と、ii通常業務を担当する宿日直勤務（診療行為、救急患者対応、入院対応等）で種類を分けた体制を整備することなども考えられます。

　なお、まれにしか通常業務が発生しないケースで、宿日直勤務を断続的労働として取り扱うとしても、実際に通常業務が発生した場合には、その部分について割増賃金を支払う必要があることには注意が必要です。

118

(2)　宿日直勤務中の仮眠時間

　断続的労働ではない場合、宿日直勤務中の仮眠時間等を労働時間と扱わないためには、休憩時間と同様に労働から完全に解放される体制を整備する必要があります（詳細は設例6参照）。

(3)　オン・コール待機時間の労働時間性

　オン・コール待機時間については、呼び出し頻度や、待機に対する義務づけの程度（たとえば待機場所を自宅や何分以内に病院に到着できる場所に限る、飲酒を禁止する、呼び出しに応じられなかった場合に指導されたり、ペナルティの対象となるなど）によっては労働時間と認定される可能性があります。なお、参考裁判例のオン・コール制度である宅直制度は、自主的な取り組みという特殊性もあって労働時間性が否定されました。ただ、自主的な取り組みであったとしても、病院等の24時間の患者対応のためにはオン・コール制度が不可欠となっているような場合には、黙示の業務命令があり、労働時間に該当すると考えられます。したがって、オン・コール待機時間を労働時間と扱わないのであれば、オン・コール制度がなくても基本的には宿日直勤務等で患者対応が運用できる体制を整えた上で、オン・コール勤務の義務づけの程度や頻度を小さくし、任意の協力に期待する程度の位置づけにすることが考えられます。

　仮にオン・コール制度が病院の患者対応の体制に組み込まれているのであれば、労働時間であることを認めた上で、オン・コール待機時間について断続的労働の許可等を得ることもあり得ると考えられます。

第3章　労働時間および賃金

コメント

(1)　宿日直勤務

　医療機関の場合、入院患者への対応が必要となり、医師や看護師の宿日直勤務は当然の前提とされていると考えられます（医療法16条においても医師の宿直が求められています）。そして、人命を預かる医療の重要性からすると、宿日直勤務体制は、患者への適切な対応を優先して決定されることが多いと考えられます。

　ただし、労務管理の観点からすると、宿日直勤務の時間は、長時間ではあるものの実際に業務に従事する時間は少ないといった特殊性がある場合も多く、働き方として問題となりやすい側面を持っています。たとえば、本設例のように、仮眠時間を含めた時間の労働時間性や断続的労働の該当性が問題になることや、宿日直勤務の回数によっては長時間労働につながり、安全配慮義務の問題が生じる可能性などがあります。

　宿日直勤務体制を構築する際には、患者への適切な対応が可能となる体制を組むとともに、医師や看護師等にも配慮した内容とする必要があります（なお、看護師の宿日直勤務については設例6参照。その他、病院では、警備等についても宿日直勤務の労働時間性が問題となることがあり得ます）。

(2)　オン・コール勤務

　診療科等にもよりますが、宿日直勤務のみでは実際には対応が難しく、オン・コール体制を取っている医療機関も少なくないと考えられます。ただし、オン・コール体制についても、同様に、労務管理の点では問題になるリスクがあります。

参考裁判例は、当該オン・コール制度の労働時間性を否定したものの、「X病院の宅直制度が、医師は緊急の措置を要請された場合にはこれに応ずべきであるとする、プロフェッションとしての医師の職業意識に支えられた自主的な取組みであり、X病院における極めて繁忙な業務実態からすると、現行の宅直制度の下における産婦人科医の負担は、プロフェッションとしての医師の職業意識から期待される限度を超える過重なものなのではないか、との疑いが生ずることも事実である（また、そもそも、雇用主である1審被告（医療機関）が、雇用される立場の1審原告ら（医師）のプロフェッションとしての医師の職業意識に依存した制度を運用することが正当なのかという疑問もある）……X病院における1人宿日直制度の下での宿日直担当医以外の産婦人科医の負担の実情を調査し、その負担（宅直制度の存否にかかわらない）がプロフェッションとしての医師の職業意識により期待される限度を超えているのであれば、複数の産婦人科宿日直担当医を置くことを考慮するか、もしくは宿日直医の要請に応ずるため、自宅等で待機することを産婦人科医の業務と認め（もっとも、この場合であっても、当該労働を労働基準法41条3号の監視・断続的労働として行政官庁の許可を受けることは考えられる）、その労働に対して適正な手当を支払うことを考慮すべきものと思われる」と付け加えています。

第3章 労働時間および賃金

> （参考）　　　労働基準法第41条に定める宿日直勤務について（一部抜粋）
>
> 2　宿日直勤務の許可基準として定められている事項の概要
>
> 　　上記1のような宿日直勤務の趣旨に沿って、労働基準法上宿日直勤務の許可を行うに当たって、許可基準を定めていますが、医療機関に係る許可基準として定められている事項の概要は次のとおりです。
>
> （1）　勤務の態様
>
> 　　常態としてほとんど労働する必要のない勤務のみを認めるものであり、病室の定時巡回、少数の要注意患者の検脈、検温等の特殊な措置を要しない軽度の、又は短時間の業務を行うことを目的とするものに限ること。したがって、原則として、通常の労働の継続は認められないが、救急医療等を行うことが稀にあっても、一般的にみて睡眠が充分とりうるものであれば差し支えないこと。
>
> 　　なお、救急医療等の通常の労働を行った場合、下記3のとおり、法第37条に基づく割増賃金を支払う必要があること。
>
> （2）　睡眠時間の確保等
>
> 　　宿直勤務については、相当の睡眠設備を設置しなければならないこと。また、夜間に充分な睡眠時間が確保されなければならないこと。
>
> （3）　宿日直の回数
>
> 　　宿直勤務は、週1回、日直勤務は月1回を限度とすること。
>
> （4）　宿日直勤務手当
>
> 　　宿日直勤務手当は、職種毎に、宿日直勤務に就く労働者の賃金の1人1日平均額の3分の1を下らないこと。
>
> 3　宿日直勤務中に救急患者の対応等通常の労働が行われる場合の取扱いについて
>
> （1）　宿日直勤務中に通常の労働が突発的に行われる場合
>
> 　　宿日直勤務中に救急患者への対応等の通常の労働が突発的に行われることがあるものの、夜間に充分な睡眠時間が確保できる場合には、宿日直勤務として対応することが可能ですが、その突発的に行われた労働に対しては、次のような取扱いを行う必要があります。
>
> ①　労働基準法第37条に定める割増賃金を支払うこと
>
> ②　法第36条に定める時間外労働・休日労働に関する労使協定の締結・届出が行われていない場合には、法第33条に定める非常災害時の理由による労働時間の延長・休日労働届を所轄労働基準監督署長に届け出ること
>
> （2）　宿日直勤務中に通常の労働が頻繁に行われる場合
>
> 　　宿日直勤務中に救急患者の対応等が頻繁に行われ、夜間に充分な睡眠時間が確保できないなど常態として昼間と同様の勤務に従事することとなる場合には、たとえ上記（1）の①及び②の対応を行っていたとしても、上記2の宿日直勤務の許可基準に定められた事項に適合しない労働実態であることから、宿日直勤務で対応することはできません。
>
> 　　したがって、現在、宿日直勤務の許可を受けている場合には、その許可が取り消されることになりますので、交代制を導入するなど業務執行体制を見直す必要があります。

（「医療機関における休日及び夜間勤務の適正化について（要請）」（平成14年3月19日基発0319007号の2）別紙「労働基準法第41条に定める宿日直勤務について」より一部抜粋）

書 式

夜勤・休日日勤、宿日直における時間管理のルール（看護師）

1　基本的な業務内容
　(1)　夜勤・休日日勤
　　　夜勤、休日日勤における業務は次のものとする。
　　　ア　急患の入院対応
　　　イ　急患の診療対応
　　　ウ　入院患者に異常があった場合の対応
　　　エ　…以下略
　　　●　その他日中と同様の業務
　　　具体的な対応等の詳細は、●●マニュアル参照。

　(2)　宿日直
　　　宿日直における業務は、基本的に次のものに限る。
　　　ア　入院患者の定時巡回
　　　イ　入院患者に異常があった場合の医師、夜勤・休日日勤担当への報告
　　　ウ　…以下略
　　　具体的な対応等の詳細は、●●マニュアル参照。

2　勤務態勢
　(1)　夜勤、休日日勤
　　　　…略
　(2)　宿日直
　　　宿日直のシフトは、宿直週1回、日直月1回を限度とし、次の通りとする。
　　　　宿直：午後●時から午前●時
　　　　日直：午前●時から午後●時
　　　具体的なシフト表については、●●参照。

3　仮眠場所について
　(1)　夜勤、休日日勤
　　　　…略
　(2)　宿日直
　　　宿日直のシフトにおける仮眠場所は、●●病棟●室とする。

設例7

宿日直およびオン・コールの労働時間性ならびに断続的労働

第3章 労働時間および賃金

　4　宿日直シフト中に緊急時対応をした場合の取扱い
　宿日直のシフト中に、大規模な事故の発生等による急患、入院患者の急変等が突発的に重なったこと等により、人手が不足し、夜勤・休日日勤担当から応援要請があった場合、宿日直担当は、一時的にこれらの対応を行うものとする。
　宿日直担当が、夜勤・休日日勤担当の担当業務を行った場合、その時間については、時間外勤務報告書を作成の上、看護師長に提出し、承認を受けるものとする。承認を受けた時間については、宿日直手当とは別途、その時間に応じて、時間外勤務手当、深夜勤務手当、休日勤務手当等が支給される。

　5　緊急時の医師への連絡方法
　入院患者に異常があった場合、急患の受け入れの要請、来院、緊急搬送があった場合の医師への報告は、次の順序で行う。
　　(1)　夜勤担当医師（シフト中）
　　(2)　夜勤担当医師（シフト外）
　　(3)　オン・コール担当医師
　　(4)　…以下略

　6　…以下略

　夜勤・休日日勤、宿日直における時間管理のルール（看護師）

　本書式例は、看護師の夜間および休日の業務を、通常業務の「夜勤・休日日勤」と、軽度・短時間の業務の「宿日直」に分けて記載しています。原則として、「宿日直」担当は、通常業務を担当しない体制を確保することにより、断続的労働として扱うことを想定しています。
　なお、本書式例では緊急時において人手が不足する場合には、通常業務を行うことが可能となる内容としていますが、あくまで例外的な場合であり、日常的に発生するようであれば夜勤・休日日勤の人数を見直す必要があります（夜間の救急患者の受け入れが多い病院、重症患者を受け入れている病院等においては、断続的の労働ではなく、通常業務として扱うことが適切な場合もあり得ます）。

設例 8

参考裁判例　東京地判平成 25 年 3 月 29 日

院長の管理監督者性およひ残業代

　当法人は、当法人が経営する診療所で勤務する院長を管理監督者として扱っており、時間外労働に対する割増賃金を支払っていません。

　管理監督者であると認められるのはどのような場合でしょうか。

I　問題の所在

　一般に、法定時間外に労働（時間外労働や法定休日労働）をさせる場合、36 協定の締結や割増賃金の支払いが必要になることについては、設例 6 で説明したとおりです。ただし、管理監督者に該当した場合、次に詳述するとおり、労基法上の労働時間等の規制の適用を除外されます。そのため、実質は管理監督者ではないのに、役職を付して管理監督者として扱い、割増賃金の支払いを行わない事例等も数多く存在しており、訴訟等においても争点になることが多いです。

　本設例では、管理監督者の要件について説明し、管理監督者として扱うにあたっての留意点等について、検討します。

第３章　労働時間および賃金

Ⅱ 管理監督者性の有効要件

　労働時間規制の適用除外の一つとして、「事業の種類にかかわらず監督若しくは管理の地位にある者又は機密の事務を取り扱う者」[57] があります（労基法上の労働時間規制については設例６参照）。

　ここでは「監督若しくは管理の地位にある者」（管理監督者）について取り上げます。

　管理監督者とは、労働条件の決定その他労務管理について経営者と一体的な立場にある者であり、名称にとらわれず、実態に即して判断すべきとされています。管理監督者に該当する者は、労働時間、休憩、休日等に関する規制の枠を超えて活動することが要請される重要な職務と責任を有しており、現実の勤務態様も労働時間等の規制になじまない立場にあることから、労働時間規制の適用除外とされています[58]。

　「管理監督者」に当たるかについては、職務内容、責任と権限、勤務態様、待遇等を検討の上、判断されますが、近時の東京地裁の裁判例等では次のとおり整理されています。

「管理監督者性」の有効要件

①職務内容が少なくともある部門全体の統括的な立場にあること
②部下に対する労務管理上の決定権等につき、一定の裁量権を有しており、部下に対する人事考課・機密事項に接していること
③管理職手当などの特別手当が支給され、待遇において、時間

---

[57]　労基法 41 条 2 号
[58]　昭和 22 年 9 月 13 日発基 17 号、昭和 63 年 3 月 14 日基発 150 号

126

外手当が支給されないことを十分に補っていること
④自己の出退勤を自ら決定し得る権限があること

　前述の要件を満たした場合、「管理監督者」として労基法の労働時間、休憩および休日に関する規制の適用が除外され、時間外労働や法定休日労働に対する割増賃金の支払い等の必要がなくなります。

　ただし、深夜労働に関する規制は適用されることに注意すべきです。また、管理監督者であっても、使用者は安全配慮義務を負っているため、健康管理の観点（詳細は設例 14 および設例 15 参照）から、ある程度の労働時間管理は必要となります。

Ⅲ　設例について

本設例

(1)　院長 X の勤務条件の概要

　当法人は、経営する A 診療所の院長として X を雇用しています。雇用契約書上、A 診療所における医療業務の指示命令権限は院長 X が有し、収支管理、労務管理等の経営に関する事項は当法人が管理する旨を定めています。ただし、実際の職員の出退勤の管理や退職等の承認等は院長 X が行っています。なお、院長 X は自己の出退勤の管理も自ら行っています。

　院長 X の年俸は 1,800 万円＋歩合給であり、A 診療所の経費等は当法人が負担しています。また、院長 X との雇用契約

第3章　労働時間および賃金

書においては、院長Xの希望を考慮して、3年後に院長Xが当法人からA診療所の経営権限を譲り受けることを選択できる旨の合意をしていました。

(2)　質　問

院長Xは一応、勤務医ではありますが、割増賃金を支払う必要はあるのでしょうか。

結　論

院長Xは、労基法上の労働時間、休憩および休日の規制を受けない労基法上の「管理監督者」に当たる可能性が高いと考えられます。したがって、院長Xが時間外労働や法定休日労働をしたとしても割増賃金を支払う必要はありません。ただし、深夜労働に対する割増賃金は必要です。

---

(1)　①職務内容が少なくともある部門全体の統括的な立場にあること

本設例のXはA診療所の院長という最高責任者の立場であり、A診療所の医療業務の指示命令権限を有しています。院長XはA診療所の統括的な立場にあるといえます。

(2) ②部下に対する労務管理上の決定権等につき、一定の裁量権を有しており、人事考課・機密事項に接していること

　本設例において、雇用契約書上、労務管理等の経営に関する事項は本法人が管理する旨が定められていますが、実際の職員の出退勤の管理や退職等の承認等は院長Ｘが行っているとの事情があります。Ａ診療所の実際の運用は院長Ｘに委ねられており、院長Ｘには労務管理上の決定権限についての裁量があったといえます。

(3) ③管理職手当などの特別手当が支給され、待遇において、時間外手当が支給されないことを十分に補っていること

　院長Ｘは、管理職手当等の名称による手当は受け取っていませんが、年俸は1,800万円＋歩合給と高額であり、管理監督者の地位に見合う待遇を受けていると評価できます。

(4) ④自己の出退勤を自ら決定し得る権限があること

　院長Ｘは、Ａ診療所の院長であり、診療時間等による一定の規制はあるとしても具体的な出退勤については他から指示を受けることなく自ら決定できる立場にあったと考えられます。

(5) まとめ

　本設例の院長Ｘは前述の要件に照らし、管理監督者と認められる可能性が高いと考えられます。

第３章　労働時間および賃金

　参考裁判例においても、地位、職務内容、権限、待遇等について前述と同様の事実を認定し、さらにはクリニックの経営が順調に進めば院長が最終的にクリニックの経営権限の継承を受けることができる地位にあったことにも言及したうえで、管理監督者であることを認めています。

　したがって、本設例において、院長Ｘが時間外労働や法定休日労働をしたとしても割増賃金を支払う必要はないと判断される可能性が高いと考えられます。ただし、深夜労働に対する割増賃金の支払いや、安全配慮義務としての労働時間管理は必要です。

対応策

　本設例は診療所の院長であり、管理監督者性が比較的肯定されやすい事案といえます。ただし、飲食業等においては、店長であっても、いわゆる「雇われ店長」の事案について管理監督者性が否定された裁判例が複数あります。医師の場合、給与が比較的高額であり、院長の権限も広いことが多いと思われますが、診療所の院長であることだけで管理監督者性が肯定されるわけではなく、実際の権限や待遇等を踏まえて管理監督者性を判断する必要があることに留意すべきです。

　医師を管理監督者として扱う場合、（院長等でない場合後述のコメントのとおり難しい点もありますが）リスク対応としては、管理監督者としての処遇を明らかにしておくべきです。

　たとえば、経営等に関する重要な会議への出席権限、部下（医師や看護師）の人事評価の権限、採用にあたっての権限等を内規等で明確にした上で、待遇としても診療時間以外の部分の出退勤時間は本人に委ねる、管理監督者に対する手当と分かる名称の手当を支払う、全体としても他の医師よりも高額の給与になる給与体系を設定するなどの対応が考えられます。

130

コメント

　比較的規模の大きい従来の日本型企業の場合、社内で年次が高くなると、実際に現場に出て行くのではなく、いわゆる管理職として部下に指示を出し、部下の育成、管理や社内の調整、経営に関する会議への出席等を主に行う働き方になることが多いといえます。労基法上の管理監督者についても、部下に対する労務管理上の決定権限等が考慮要素になるなど、このような働き方を想定している面があります。

　しかし、医師の場合、年次が高くなっても実際に現場で診療行為に当たることが多く、部下の管理、経営等に専念する場合は少ないという特殊性があります。また、病院等においては、経営や人事に関する判断は医療法人の担当部署や事務局等が主に担当する場合などもあり、医師が必ずしも経営に深く関わるとは限らない面もあります。実際の働き方としても、診療時間による拘束を受けるため、出退勤が医師の自由になる部分は限定的な場合が多いと思われます。したがって、院長等の特別な地位の場合を除き、医師については、管理監督者の要件になじみにくいことも多く、リスクが残るケースが多いと考えられます。医師についての管理監督者性が否定された裁判例[59]もありますので、医師を管理監督者として扱う場合には、リスクを可及的に小さくするべく、外部専門家の意見を聞くなどして、慎重な対応をすべきと考えます。

　なお、参考裁判例の他に、医療法人において管理監督者か否かが争われたものとして、医療法人の人事課長について管理監督者性が肯定された裁判例[60]等があります。

---

[59]　横浜地判平成 27 年 4 月 23 日判時 2287 号 124 頁
[60]　大阪地判昭和 62 年 3 月 31 日労判 497 号 65 頁

第3章　労働時間および賃金

書式

通知書兼同意書

平成●年●月●日

●●殿

医療法人●●
理事長●●

　貴殿の職務上の立場および権限について、以下のとおりであることを通知いたします。

1　貴殿は、●●クリニックの院長として、●●クリニックの統括的な立場にあり、当法人および●●クリニックの経営に参画すべき地位を有する。
2　貴殿は、部下に対する労務管理につき、以下の権限を有している。
　(1)　医師、看護師、●●の採用権限
　(2)　医師、看護師、●●の退職の承認権限
　(3)　医師、看護師、●●の昇進および降格の決定権限
　(4)　医師、看護師、●●の賃金の決定権限
　(5)　…以下略
3　貴殿に対しては、管理監督者に対する手当として●●手当を支払う。
4　貴殿は、●●クリニックの医師、看護師、●●の出退勤日時につき、自らシフトを作成して決定することができる。なお、自己の出退勤日時については、他の者の指示を受けることなく、自ら決定することができる。
5　…以下略

　以上により、貴殿については、労働基準法41条の管理監督者として扱います。

以上

以上を確認し、同意しました。

平成●年●月●日
（氏名）＿＿＿＿＿＿＿＿印
（住所）＿＿＿＿＿＿＿＿

(管理監督者に関する）通知書兼同意書

　労働者を管理監督者として扱う場合は、当該労働者の有する権限等を、雇入れや昇進の際に予め両者で確認し、明確にしておくことが望ましいといえます（ただし、本書式例のような通知書兼同意書を作成したとしても、実際の権限等によっては、管理監督者該当性が否定される場合もあります）。なお、本書式例は、医療法人が診療所（クリニック）の院長を雇い入れる場合を想定しています。

第3章　労働時間および賃金

設例 9

参考裁判例　最二判平成 29 年 7 月 7 日
東京高判平成 27 年 10 月 7 日判時 2287 号 118 頁

医師の年俸制および定額残業代

Q 当病院では、医師に対する給与を年俸制としており、一定の基準を満たす時間以外の時間外労働の割増賃金は年俸制に含まれると扱っています。
割増賃金を年俸制に含む取扱いは、どのような場合に有効になるでしょうか。

I　問題の所在

医師との労働契約については、年俸制を採用しているケースが珍しくありません。このような場合、医師の仕事について、時間外労働等は当然生じるものであり、それらを含めて年俸額を決定しているので割増賃金の支払いは不要と考え、宿日直手当等を除き、時間外労働等に対する割増賃金を支払っていないこともあるかもしれません。

しかし、年俸制であったとしても、(管理監督者等の場合を除いて）基本的には割増賃金の支払いは必要になり、後述のとおり、定額残業代の方法を採る場合、有効要件を意識して制度を整備するべ

きです。

　本設例では、定額残業代の有効要件について、医師の特殊性等を
踏まえつつ、検討します。

Ⅱ　定額残業代の有効要件

(1)　定額残業代の意義

　時間外労働、法定休日労働および深夜労働については、原則とし
て、実労働時間に応じて割増賃金を支払う必要があります[61]。しか
し、割増賃金について実際に時間外労働等が生じるか否かにかかわ
らず、毎月一定額を支払うことにしているケースがあり、このよう
な定額残業代についても、法定の割増賃金を上回っていれば適法と
扱われてきました。

　ただし、定額残業代を採用する法人等の中には、少額の定額残業
代を支払うのみでその他の割増賃金は一切支払わず、無制限に長時
間労働等を強いるといった誤った運用をしているケースも少なくな
く、近時の裁判例は定額残業代の有効性を厳しく判断する傾向にあ
ります。

(2)　有効要件

　定額残業代の裁判例上の有効要件は、大きく分けて次のとおりと
されています[62]。

---

[61]　労基法 37 条
[62]　最一判昭和 63 年 7 月 14 日労判 523 号 6 頁

第 3 章　労働時間および賃金

定額残業代の有効要件

① 　明確区分性
② 　差額支払いの合意

㋐ ①明確区分性

　定額残業代が有効となるためには、時間外労働等に対する割増賃金であることが、他と明確に区分されていることが必要とされています。定額残業代については、法定の割増賃金を上回る必要がありますが、それを確認するためには、どの部分が定額残業代なのかを判別する必要があるためです。たとえば、定額残業代でよくあるケースとして「○○手当には時間外労働手当を含む」との記載のみがある場合もありますが、これではどの部分が定額残業代かを判別することができず、有効要件を満たさないことになります。

　近時の裁判例[63]の傾向を踏まえると、リスクを小さくする観点から、定額残業代については、金額と、対応する時間外労働等の時間数についても明示しておくべきと考えられます（ただし、近時、定額残業代に対応する時間数の明示がなくとも有効と判断した裁判例[64]もあります）。

　なお、別の裁判例の中には、明確区分性を満たしていなかった事案について、賃金の決定方法、仕事の性質、賃金が非常に高額であること等の事情を考慮し、労基法 37 条の制度趣旨に反しないとして、定額残業代を有効と認めた裁判例[65]もありますが、あくまでも例外的なケースと考えるべきです。

---

[63] 　最一判平成 24 年 3 月 8 日判時 2160 号 135 頁
[64] 　東京高判平成 28 年 1 月 27 日労経速 2296 号 3 頁
[65] 　東京地判平成 17 年 10 月 19 日判時 1919 号 165 頁

（イ）②差額支払いの合意

　定額残業代が有効となるためには、労基法所定の金額（または就業規則所定の金額）を下回る場合、その差額を当該賃金の支払い時期に精算するという合意が存在するか、あるいは少なくとも、そうした取扱いが確立していることが必要とされています。

（ウ）近時の裁判例の傾向

　近時の裁判例[66]の中には、定額残業代が、時間外労働の割増賃金か、法定休日の割増賃金か等が不明であることを、明確区分性を否定する根拠としたと思われるものがあります（他方、これらを区分していない事案において定額残業代を有効と判断した裁判例[67]もあります）。リスクを避ける観点からは、定額残業代を採用する際には、時間外労働、法定休日労働および深夜労働のいずれに該当するものかも明らかにしておくことが考えられます。

　また、近時の裁判例[68]の中には、定額残業代の導入の経緯等に照らして、定額残業代が割増賃金の実質を有しているかという要素を考慮しているものもありますので、[a]時間外労働等が発生しない労働者にまで定額残業代を支払ったり、[b]それまで異なる性質の手当であったものを突然定額残業代に振り替えたりすることは避けるべきと考えます。

　さらに、近時の裁判例[69]の中には、定額残業代に対応する時間数が36協定において定める労働時間の延長の限度に関する基準（一般の労働者の場合1か月45時間）を超えていることを、有効性を否定する一要素としたと思われるものもあり、固定残業代における残業時間数の設定にあたっては、原則として45時間以内にしてお

---

[66]　東京地判平成25年7月23日労判1080号5頁
[67]　前掲注64
[68]　東京地判平成26年8月26日
[69]　札幌高判平成24年10月19日労判1064号37頁

第 3 章　労働時間および賃金

くべきと考えます（他方、限度基準を超える時間数であっても定額残業代を有効と判断した裁判例[70]もあります）。

(3)　定額残業代が無効となった場合のリスク

　定額残業代が無効になった場合、まず、割増賃金の計算の基礎賃金に定額残業代を含める必要が生じるため、基礎単価が高くなります（たとえば、月給 32 万円＋時間外労働の定額残業代 8 万円、月の平均所定労働時間 160 時間のケースであれば、定額残業代が無効になった場合、基礎単価は 32 万円÷ 160 時間＝ 2,000 円ではなく、40 万円（32 万円＋ 8 万円）÷ 160 時間＝ 2,500 円になります。）。

　次に、それまで定額残業代で支払い済みと扱っていた割増賃金が未払いとなります（上記例では、8 万円を時間外労働の割増賃金として既払いとしていたところ、支払済の割増賃金は 0 円となります）。さらに、訴訟等で争われた場合、付加金[71]を命じられるリスクもあります。

　このように、定額残業代が無効となった場合の金銭的損失は大きなものになることが多いため、定額残業代の導入および運用には十分注意すべきです。

---

[70]　前掲注 64
[71]　労基法 114 条

Ⅲ 設例について

本設例

(1) 固定残業代の内容

　当病院では、15年以上の経験を有する消化器外科の医師A
に対し、年俸1,700万円（月額120万1,000円、賞与3か月
分）を支払っています。年俸月額（120万1,000円）の内訳
は、以下のとおりです。
- ・基本給　86万円
- ・役付手当　3万円
- ・職務手当　15万円
- ・調整手当　16万1,000円

　当病院では、宿日直手当は別途支払っていますが、それ以
外の時間外労働については時間外規程上の条件を満たす場合
のみ支払対象となります。宿日直手当や時間外規程上の時間
外手当以外の割増賃金は年俸額に含まれると扱い、別途支
払ってはいません。

(2) 時間外規程の内容

　時間外規程には「通常業務の延長とみなされる時間外業務
は時間外手当の対象とならない」との規定があり、必要不可
欠な緊急業務（午後9時以降翌午前8時半までの間または休
日に行われた緊急手術や緊急検査等）の場合のみ30分単位
で計算し、時間外手当を支払うことになっています。

設例9
医師の年俸制および定額残業代

第3章　労働時間および賃金

（3）　質　問

このような方法で時間外労働および深夜労働の割増賃金を
支払うことは可能でしょうか。

結　論

一般的な基準に照らすと、前述の仕組みは、年俸額に含ま
れる割増賃金部分がどの部分かが不明であり、定額残業代の
有効要件を満たしていないと考えられます。したがって、定額
残業代の扱いは無効であり、時間外労働および深夜労働の割
増賃金が未払いであると判断される可能性が極めて高いです。

（1）　定額残業代の有効要件に照らした検討

㋐　①明確区分性

本病院は、時間外規程上の条件を満たす緊急検査、緊急手術等の
時間外労働や宿日直に対してのみ別途手当を支払い、ⅰ午前8時
半から午後9時までの通常時間帯における業務や、ⅱ午後9時以
降の時間帯に通常業務をした場合（以下、「通常業務等」といいま
す）の割増賃金については、年俸額に含まれると扱っています。

しかし、仮に、年俸額に通常業務等の時間外労働等の割増賃金が
含まれるとの合意があるとしても、手当の名称等が割増賃金として
の性格を推認させるものでもなく、かつ、どの部分が時間外労働等
の割増賃金かを判別することはできず、①明確区分性の要件を満た
さないと考えられます。

参考裁判例の最高裁の判断においても、「……時間外労働等に対

する割増賃金を年俸1,700万円に含める旨の本件合意がされていたものの、このうち時間外労働等に対する割増賃金に当たる部分は明らかにされていなかった……本件合意によっては、上告人（医師）に支払われた賃金のうち時間外労働等に対する割増賃金として支払われた金額を確定することすらできないのであり、上告人（医師）に支払われた年俸について、通常の労働時間の賃金に当たる部分と割増賃金に当たる部分とを判別することはできない」と判断しています。

(イ)　②差額支払いの合意

本設例については、前述のとおり①明確区分性の要件を満たさないため、そもそも、残業代として年俸額に含めて支払っている部分が、通常業務等の時間外労働等の労基法所定の金額（または、就業規則所定の金額）を下回るか否かを確認することができません。したがって、当然、差額を支払うとの合意や実際に精算している取扱いは存在せず、②の要件も満たしていません。

(ウ)　まとめ

以上のとおり、本設例の定額残業代は有効要件を満たさず、無効と判断される可能性が極めて高いと考えられます。

(2)　医師の特殊性

(ア)　原審の判断

本設例と同様の定額残業代を一部有効と判断した参考裁判例の原審は、後述のとおり、最高裁において否定されましたが、医師の特殊性に言及した点等があるため、以下、参考裁判例の原審の判断を紹介します。

参考裁判例の原審は、④制度の仕組みの合理性と⑧労働者の保護

第3章 労働時間および賃金

に欠けることがないかという実質的な観点から定額残業代の有効性
を判断したと考えられます。

(ⅰ) Ⓐ制度の仕組みの合理性

　参考裁判例の原審は、まず、医師が診療行為をするためには、
常に最新の医療情報を収集し、診察および治療技術の向上のため
に日々研鑽することが求められ、医師の業務については、その労
働を量（時間）ではなく、その質ないし成果（業績）によって評
価することが相当であるため、時間外労働分については一定額を
予め年俸ないしは月額給与に含めて支払うこととすることには合
理性があると判断しています。

(ⅱ) Ⓑ労働者の保護

　参考裁判例の原審は、医師は、診察時間の制約はあるものの、
診療行為という自らの労働の提供については自らの裁量で律する
ことができ、待遇面についても、年俸 1,700 万円という金額は、
相当高額といえ、通常業務等の延長としての時間外労働に係る賃
金分が含まれているとしても労働者の保護に欠けるおそれがない
と判断しています。

(ⅲ) まとめ

　参考裁判例の原審は、時間外規程により時間外手当を請求でき
る場合とできない場合が明確に規定されていたことにも言及した
上で、前述のとおり、Ⓐ制度の仕組みの合理性があり、Ⓑ労働者
の保護に欠けるおそれもないとして、通常業務等の割増賃金を年
俸額に含めること（定額残業代）について有効と判断しました
（ただし、深夜割増賃金および月 60 時間を超えた場合の割増賃金
については年俸額に含まれていないと判断しています）。原審の
考慮要素等は前述の明確区分性を満たしていないが、制度趣旨に
反しないとして定額残業代が有効と判断された裁判例[72]と類似し

---

[72]　前掲注 65

ています。

(イ) 最高裁の判断

　前述の原審の判断に対し、参考裁判例の最高裁は、医師の特殊性に特に言及していません。参考裁判例の最高裁は、①明確区分性についての通常どおりの判断をして、定額残業代の有効性を否定し、原審を破棄差戻しとしています。

対応策

　医師に関しては、厳密な労働時間管理を行って割増賃金を支払っているケースは多いとはいえず、本設例のようなケースは珍しくないと考えられます。

　参考裁判例の原審は、医師の特殊性を理由に定額残業代の有効性を一部認めましたが、最高裁において定額残業代は無効と判断されました。

　まず、定額残業代が無効と判断されるリスクへの対応として考えられることは、定額残業代をそれ以外の部分と区別できる形にすることです。具体的には、1日8時間を超える通常業務等の時間外労働に対する定額残業代である旨を賃金規程や雇用契約書上も明らかにした上で、金額を（可能な限り、対応する時間数も）明示することが考えられます。

　その上で、定額残業代を超える通常業務等の時間外労働が発生した場合には差額の支払いも必要です。

　ただし、医師の場合、自己研鑽の時間と業務の時間の区分けが難しい点があり、全てを時間外労働として扱うと長時間になるおそれがあります。労働時間管理としては、内規等でどのような作業が業務に該当するかを示すことなども考えられます。

　さらに、本設例の事案であれば、緊急業務についても30分単位

143

第3章　労働時間および賃金

ではなく、1分単位での割増賃金を支払うべきと考えます。

コメント

(1)　医師の特殊性

　参考裁判例の第一審は、医師という職業の特殊性を重視しており、「原告は医師として被告（病院）に雇用されたもので、その主たる業務は患者の診察および治療行為であるところ、その業務は人の生命身体の安全に関わるもので、労働時間の規制の枠を超えて活動することが要請される重要な職務であり、医師においてはその職務を果たすべき責任を有しているといえるから、その業務は、かけた時間ではなくその内容が重要視されるべきであり、使用者の管理監督下でなされた労働時間数に応じて賃金を支払うことに本来馴染まないものともいえ、労働基準法による労働時間の規制を及ぼすことの合理性に乏しいものということができる」と判断し、原審も判断を維持しています。

　また、実際の働き方においても、医師の場合、勤務時間か否かを問わず、対応が求められることも多いと考えられます。さらに、診療時間の他に、例えば、学会の準備時間、内部の症例検討会やその準備の時間、最新の医療知識の情報取得等の時間が含まれ、それぞれの時間の区別も難しいケースが少なくないと考えられます。その点では、参考裁判例の原審は、医師の働き方の実態に配慮した判断をしたとも考えられます。

(2)　留意点

　ただし、医師であるからといって必ずしも労働時間の管理が

144

困難ということではなく、チーム医療においてシフトを守る体制を作る、自己研鑽の時間と労働時間を区分するルールを作るなど、時間管理のための工夫も一定程度は可能と考えられます。また、応召義務など、労働時間の規制の枠を超えての対応が求められる特殊性等については考慮が必要になりますが、医師を労働者として保護する必要性も否定できないと考えられます。むしろ、医師が長時間労働になりやすい実態に着目すると、時間外労働を抑制する趣旨で割増賃金の支払いを義務づける労基法 37 条の規制を適用する必要性が高いともいえます。 コラム1 でも記載したとおり、働き方改革においても医師の特殊性を踏まえた検討がされていますが、基本的には医師についても時間外労働の規制を適用する方向で今後進んでいくと考えられ、医師の働き方、労働条件等について見直しが求められていると考えられます。

設例 9

医師の年俸制および定額残業代

第3章　労働時間および賃金

書　式

賃金（定額残業代）に関する確認合意書

　医療法人●●（以下、「甲」という）と●●（以下、「乙」という）とは、甲乙間の雇用契約に基づく賃金（定額残業代）に関し、次のとおり確認し、合意した。

第1条
　甲が乙に対して支払う定額残業代の内訳は、次のとおりであること。
　　　　　　法定時間外労働手当（●時間分）　　●円
　　　　　　法定休日労働手当（●時間分）　　　●円
　　　　　　深夜労働手当（●時間分）　　　　　●円
　　　　　　　　　　　　　　　　　　　　計　●円

第2条
　第1条に定めた定額残業代の金額は、別紙●の乙の●年度の残業実績を考慮して設定したこと。

第3条
　乙が第1条に定める定額残業代を超えて、法定時間外労働、法定休日労働および深夜労働を行った場合、甲は、下記の計算方法に従って、それぞれ超過分の割増賃金を別途支給すること。

　(1)　法定時間外割増賃金
　　　（基本給÷1か月平均所定労働時間×1.25×法定時間外労働時間数）－定額残業代（法定時間外労働手当）

　(2)　法定休日割増賃金
　　　（基本給÷1か月平均所定労働時間×1.35×法定休日労働時間数）－定額残業代（法定休日労働手当）

　(3)　深夜割増賃金
　　　（基本給÷1か月平均所定労働時間×0.25×深夜労働時間数）－定額残業代（深夜労働手当）

第4条
　甲および乙は、本合意に関する紛争については、●地方裁判所を第一審

の専属的合意管轄裁判所とする。

　本合意成立の証として、本合意書2通を作成し、甲乙各1通を保有する。

平成●年●月●日

甲
医療法人●●
理事長　＿＿＿＿＿＿＿印
（所在地）＿＿＿＿＿＿＿

乙
（氏名）＿＿＿＿＿＿＿印
（住所）＿＿＿＿＿＿＿

 賃金（定額残業代）に関する確認合意書

　本書式例は、前述した定額残業代に対する近時の裁判例の厳しい判断の傾向を踏まえ、定額残業代が無効と判断されるリスクをできる限り小さくするための確認書です。
　1条の法定時間外労働の時間は、45時間以内で定めることを想定しています。また、3条の計算式については、割増賃金算定の基礎賃金として、基本給以外の名目の手当がある場合、適宜修正してください。さらに、就業規則および賃金規程についても、本書式例と整合するように適宜ご修正ください。
　なお、本書式例は、あくまでリスクをできる限り小さくするためのものであり、このような合意書を締結すれば、必ず定額残業代が有効となるわけではありませんので、注意が必要です。

第4章
ハラスメント

設例10　パワーハラスメント
　　　　　参考裁判例　福岡地小倉支判平成27年2月25日

設例11　セクシュアルハラスメント
　　　　　参考裁判例　熊本地判平成26年4月24日

設例12　マタニティーハラスメント
　　　参考裁判例　最一判平成26年10月23日民集68巻8号1270頁
　　　　　　　　　広島高判平成27年11月17日判時2284号120頁

第4章　ハラスメント

設例10

参考裁判例　福岡地小倉支判平成 27 年 2 月 25 日

パワーハラスメント

> **Q** 当病院の看護師が適応障害を発症しましたが、本人は、看護師長のパワーハラスメントにより体調を崩したと主張しているようです。
> 当病院が、看護師長の行ったパワーハラスメントについて責任を負うのは、どのような場合でしょうか。

I　問題の所在

　職場におけるパワーハラスメント（以下、「パワハラ」といいます）には、職場内のコミュニケーションの希薄化や問題解決機能の低下、上司のマネジメントスキルの低下、上司と部下の価値観の相違の拡大など、様々な背景があるとされています。
　職場でパワハラを受けた労働者は、人格的に傷つき、仕事への意欲や自信を喪失し、ひいては心身の健康を悪化させ、休職や退職に至る場合もあります。
　また、これを見聞きした周囲の労働者に対しても、仕事への意欲や職場全体の生産性の低下などの悪影響を及ぼしかねません。
　パワハラ行為者にとっても、職場の業績の悪化や社内での信用の低下をもたらし、さらには懲戒処分や訴訟のリスクを抱えることにもなり得ます。

医療機関（使用者）にとっても、パワハラは、職場全体の生産性
への悪影響、貴重な人材の流出、医療機関（使用者）のイメージダ
ウンの可能性などの大きな損失につながります。

　このような様々な悪影響を回避するため、医療機関（使用者）
は、パワハラ対策を行う必要があります。

　本設例では、まず、パワハラの定義、類型や、医療機関（使用
者）の講ずべき措置等を説明し、どのような場合にパワハラに該当
するか、検討します。

Ⅱ　パワーハラスメント（パワハラ）

(1)　概　要

　職場におけるパワハラとは、厚生労働省によると、「同じ職場で
働く者に対して、職務上の地位や人間関係などの職場内の優位性を
背景に、業務の適正な範囲を超えて、精神的・身体的苦痛を与える
または職場環境を悪化させる行為をいう」と定義されています[73]。

　これには、上司から部下に対して行われるものだけでなく、先
輩・後輩間や同僚間、さらには部下から上司に対してまで、様々な
優位性を背景に行われるものも含まれるとされています。

(2)　パワハラの類型[74]

　職場におけるパワハラには、次のように、いくつかの行為類型が
あります（もっとも、パワハラに当たり得る全ての行為を網羅して

---

[73]　厚生労働省労働基準局労働条件政策課「職場のいじめ・嫌がらせ問題に関する円
卓会議ワーキング・グループ報告」（平成 24 年 1 月 30 日）
[74]　前掲注 73

第４章　ハラスメント

いるわけではないことに注意が必要です）。

パワハラの類型

Ⓐ身体的な攻撃（暴行、傷害）
Ⓑ精神的な攻撃（脅迫、名誉毀損、侮辱、ひどい暴言）
Ⓒ人間関係からの切り離し（隔離、仲間外し、無視）
Ⓓ過大な要求（業務上明らかに不要なことや遂行不可能なこと
　の強制、仕事の妨害）
Ⓔ過小な要求（業務上の合理性なく、能力や経験とかけ離れた
　程度の低い仕事を命じること、仕事を与えないこと）
Ⓕ個の妨害（私的なことへの過度の立ち入り）

(3)　パワハラ該当性

前述の厚生労働省による定義を前提とすると、次の要件を満たす
行為がパワハラに該当することになると考えられます。

パワハラ該当性

①同じ職場で働く者に対する行為であること
②職務上の地位や人間関係などの職場内の優位性を背景にして
　いること
③業務の適正な範囲を超えていること
④精神的・身体的苦痛を与えるまたは職場環境を悪化させる行
　為であること

パワハラ該当性の判断では、実務上、③「業務の適正な範囲」を
超えているか否かの判断が難しいところです。

(2)パワハラの類型のうち、Ⓐについては、業務の遂行に関係するものであっても、「業務の適正な範囲」に含まれるとすることはできません。Ⓑ、Ⓒについては、業務の遂行に必要な行為であるとは通常想定できないことから、原則として「業務の適正な範囲」を超えると考えられます。Ⓓ、Ⓔ、Ⓕについては、業務上の適正な指導との線引きが必ずしも容易でない場合があるため、「業務上の適正な範囲」であるかどうかの判断は、業種や企業文化の影響、行為が行なわれた状況や行為が継続的であるかどうかによっても左右される部分もあると考えられます。

(4) パワハラ行為者および使用者の責任

パワハラに該当する行為があった場合、当該行為と生じた損害に因果関係があれば、パワハラ行為者本人は民事上、不法行為責任を負うことになります。また、場合によっては、暴行罪、脅迫罪、侮辱罪、名誉毀損罪等の刑事責任を問われる可能性があります。

使用者は労働契約上の安全配慮義務違反に基づく債務不履行責任、使用者責任等を負う可能性があります。

(5) 使用者の講ずべき措置

職場のパワハラ対策として、厚生労働省が公表している「職場のパワーハラスメント対策ハンドブック」、「職場のいじめ・嫌がらせ問題に関する円卓会議ワーキング・グループ報告」等にて、次の取組みが示されています。

第4章　ハラスメント

使用者の講ずべき措置の主な取組みの例

予防	○　トップのメッセージ 　例：組織のトップが、職場のパワーハラスメントは職場からなくすべきであることを明確に示す ○　ルールを決める 　例：就業規則に関係規定を設ける、労使協定を締結する、予防・解決についての方針やガイドラインを作成する ○　実態を把握する 　例：従業員アンケートを実施する ○　教育する 　例：研修を実施する ○　周知する 　例：組織の方針や取組みについて周知・啓発を実施する
解決	○　相談や解決の場を設置する 　例：企業内・外に相談窓口を設置する、職場の対応責任者を決める、外部専門家と連携する ○　再発防止のための取組み 　例：行為者に対する再発防止研修等を行う

Ⅲ 設例について

本設例

(1) 問題となっているパワハラの内容

　当病院にて、1年間の有期労働契約の下で勤務していた看護師Xが、上司である看護師長Aから、パワハラを受けたと主張しています。

看護師Xがパワハラとして主張している看護師長Aの言動

❶　看護師X自身のインフルエンザ罹患の可能性を理由に、（有給休暇を使用しての）早退を申し出た看護師Xに対する「受診してもいいけど、あなたもう休めないでしょ。娘がインフルにかかっているとかは言わないほうがいい」との発言

❷　娘が高熱であるとの保育園からの連絡で早退しようとした看護師Xに対する「子供のことで一切職場に迷惑をかけないと部長と話したんじゃないの。年休使ってもいいけど、私は何も隠さずありのままを上に話すから」との発言

❸　看護師Xの勤務態度に特段の問題がないにもかかわらず、看護師Xとの面談においてした「私が上にXは無理ですと言ったらいつでもクビにできるんだから」との発言

❹　当病院で退院した患者に別の患者の薬を渡すという過誤（以下、「本件過誤」といいます）が発生し事実経過を聴取する際、看護師Xの落ち度が他の関与した看護師と比して明らかに大きいとは認められないにもかかわらず、他の

設例10

パワーハラスメント

155

第4章　ハラスメント

看護師もいるナースステーションで看護師Xのみを激しく叱責し、他の看護師に対しては当日の出来事を時系列で書いて提出するように指示した一方で、看護師Xには反省文を書くよう求めた言動

(2)　質　問

　看護師Xは、適応障害を発症し、約5か月間休職した後、当病院を退職しましたが、看護師Xは、これは看護師長Aのパワハラによるものだと主張し、当病院に対し、休業損害60万円、治療費20万円、慰謝料200万円および弁護士費用30万円の、合計310万円の損害賠償を求めてきました。当病院としては、看護師Xに対し損害賠償をしなければならないのでしょうか。

結　論

　看護師長Aの言動❶〜❹は、いずれもパワハラに当たる可能性が高いです。したがって、看護師長Aのパワハラを原因とした看護師Xの適応障害による休業損害等につき、本病院が看護師長Aの使用者として損害賠償責任を負うことになる可能性が高いといえます。

(1)　パワハラ該当性

㋐　①同じ職場で働く者に対する行為であること

　本設例において、言動❶〜❹は、いずれも看護師長Aが同じ職場で働く看護師Xに対してなした行為です。したがって、同じ職

場で働く者に対する行為に当たります。

㈡　②職務上の地位や人間関係などの職場内の優位性を背景にしていること

　本設例において、看護師Xにとって看護師長Aは上司に当たるため、看護師長Aの言動は、職務上の地位という職場内の優位性を背景にしているといえます。

　参考裁判例も、看護師について、「客観的には部下という弱い立場にある」と認定しました。

㈢　③業務の適正な範囲を超えていること

（i）　言動❶および❷

　労働者は法律上の要件を満たせば、当然に所定日数の有給休暇を取る権利を取得し、使用者は時季変更権を別にすれば、労働者が有給休暇を取ることを妨げてはならない義務を負います。そのため、直属の上司が、労働者に対し、有給休暇を取得することは望ましくないとの意思を表明する発言をした場合や、有給休暇の取得が人事評価に影響するなどの発言をした場合、結果として労働者が有給休暇を取得したとしても、その後に有給休暇を取りにくい状況を作出するなど使用者の上記義務に反し、労働者の有給休暇の権利を侵害することになります。

　看護師長Aの言動❶は、看護師Xからの早退の申出が急になされたものであることを前提としても、看護師Xがインフルエンザに罹患している可能性があるにもかかわらず受診に否定的な発言をすること自体が適切ではないと考えられます。

　また、看護師長Aの言動❷については、看護師Xの早退の申出が急病の子を保育園に迎えに行くためのやむを得ない理由によるものであるにもかかわらず、有給休暇を取得した場合には評価にも関わるとの内容であり、看護師Xを威圧するものです。

第4章　ハラスメント

　　これらは、労働者の有給休暇の権利を侵害するものであり、業務の適正な範囲を超えていると判断される可能性が高いです。

　(ⅱ)　**言動❸**

　　看護師長Aの言動❸は、1年の有期労働契約の下で勤務する看護師Xに対し、労働契約の継続について不安を生じさせ得るものです。当時、看護師Xの勤務状況には特に問題はありませんでした。看護師長Aの言動❸は、指導として行われたものでもなく、配下にある者に対し過度に不安を生じさせる違法な行為というべきであり、業務の適正な範囲を超えていると判断される可能性が高いです。

　(ⅲ)　**言動❹**

　　本件過誤の重大性に照らすと、ナースステーションにおける叱責が直ちに業務の適正な範囲を超えているということはできないと考えられます。

　　しかし、看護師Xの落ち度が、本件過誤に関与した他の看護師と比較して明らかに大きいとは認められないにもかかわらず、看護師Xにのみ反省文を要求したことは、公平を失する扱いとして、業務の適正な範囲を超えるものと判断される可能性が高いです。

㋔　**④精神的・身体的苦痛を与えるまたは職場環境を悪化させる行為であること**

　　本設例において、看護師Xは看護師長Aの上記言動を原因として適応障害を発症しており、各言動は看護師Xに精神的・身体的苦痛を与えるものであったと考えられます。

　　参考裁判例も、看護師長の本設例と同様の言動は、「いずれも……原告（看護師）を過度に威圧する言動と評価すべき」と判断しました。

㈺ 小 括

　以上のことからすると、看護師長Aの言動❶～❹は、①～④の
要件を満たし、パワハラに該当し、当該行為と生じた損害に因果関
係があれば、看護師長Aは不法行為責任を負うことになる可能性
が高いです。

　参考裁判例も、看護師長の本設例と同様の言動❶～❹を、「看護
師長として、原告（看護師）を含む同病棟に勤務する複数の看護師
を指導監督する立場にある者の言動として、社会通念上許容される
相当な限度を超えて、配下にある者に過重な心理的負担を与える違
法なものと認められ、不法行為に該当するというべき」であると判
断しています。

(2)　看護師Ｘ（被害者）に生じた損害および本病院の使用者責任

　参考裁判例は、看護師の損害につき、休業損害、治療費、慰謝料
および弁護士費用相当損害金の合計約120万円を認めました。その
上で、裁判所は、病院に対し、看護師長の使用者として合計約120
万円の支払いを命じました。

対応策

　本設例では、看護師長Aの言動❶および❷は、労働者の有給休
暇の権利を侵害するものであり、その発言内容としても問題があり
ました。しかし、発言内容に問題がなくても、話し方が高圧的、攻
撃的、感情的であることにより、パワハラであると認定されること
もあり得ます。

　また、本設例の看護師長Aの言動❹のように、叱責することや
その内容自体は相当と認められたとしても、その態様（具体的に

第4章　ハラスメント

は、他の者との公平性の有無）によってはパワハラであると認定される可能性もあります。

　また、上司としては熱心に教育や指導を行っているとの認識であったとしても、パワハラと認定される可能性もあります。熱心な教育や指導と、パワハラとの境界は曖昧であり、口頭のみで行われていることが多いため、紛争になったとき水掛け論にもなりやすい部分です。指導方法について、上司と部下の1対1ではなく上司側2名で対応する（もっとも、上司側の人数が多すぎてもパワハラとの認定につながり得ます）、他の同僚などの前での叱責を行わない、面談の際に議事録等の記録を残すなどの方法をとることが考えられます。これらを徹底するため、前述のとおり、管理職や上司向けの具体的事案などを踏まえた研修を行うなどの予防策も有用です。

コメント

医療機関での仕事は、肉体労働であるとともに、高度な頭脳労働であること、患者に対する気遣いが要求される労働であること、比較的閉鎖的な職場であること等から、パワハラが発生しやすい労働環境である場合があります。

また、医療機関の場合、労働者がパワハラにより精神疾患を発症したとしても、上司が産業医としての役割を兼ねている場合があり、パワハラ被害者に対し、十分な面談や対応をできない場合もあり得ます。

法律で対応が義務づけられているセクハラ[75]（設例 11 参照）やマタハラ[76]（設例 12 参照）とは異なり、使用者にパワハラへの対応を直接に義務づけた規定はありませんが、安全配慮義務の観点からは対応が求められます。また、厚生労働省等が、パワハラを含め、ハラスメントに対し使用者が講ずべき措置等に関する検討を続けています。使用者としては、パワハラの悪影響を十分に認識した上で、前述のような医療機関の特殊性を踏まえたハラスメント対策を進める必要があります。

---

[75] 雇用機会均等法 11 条
[76] 雇用機会均等法 9 条 3 項、11 条の 2、育児・介護休業法 10 条等、25 条

第４章　ハラスメント

書 式

パワーハラスメント防止規程

（目的）
第１条
　本規程は、職場におけるパワーハラスメント（以下、「パワハラ」という）に関する取扱いを定め、パワハラの防止を図ることを通じて、職員の働きやすい職場環境を実現することを目的とする。

（定義）
第２条
　パワハラとは、職員が、他の職員に対して、業務の適正な範囲を超えて、精神的・身体的苦痛を与えたり、職場環境を悪化させる行為をすることをいう。なお、次に掲げる事項はパワハラの具体例であり、これらに限られない。
　(1)　暴力を振るうこと
　(2)　恫喝すること
　(3)　無視すること
　(4)　業務を妨害すること
　(5)　不当に評価を下げる言動をすること
　(6)　人格を否定するような言動をすること
　(7)　…以下略

（パワハラの禁止）
第３条
　職員は、他の職員に対して、パワハラを行ってはならない。

（相談窓口の設置）
第４条
１　法人は、パワハラに関する相談および苦情に対処するため、相談窓口を設置するものとする。
２　職員は、相談窓口に被害の申告、苦情、その他の相談（以下、「相談等」という）を行うことができる。
３　相談窓口担当者は、相談等があった場合には速やかに●●に報告するものとする。
４　相談等への対応にあたっては、法人は、相談等を申し出た職員のプラ

イバシーを保護するとともに、当該職員に対して、相談等を申し出たことを理由として不利益な取扱いを行わないものとする。

（調査）
第5条
1　●●は、相談窓口担当者から前条の報告があった場合には、事実関係を調査する。
2　調査は、関係者のプライバシーに配慮し、適切な方法により公正かつ公平に行われなければならない。
3　第1項の調査の際には、パワハラを行ったとされる職員に反論の機会を与えなければならない。
4　第1項の調査結果は、必要に応じ、速やかに関係者に報告する。

（注意等）
第6条
　法人は、前条の調査の結果、パワハラが行われたと判断した場合には、当該行為者に対し、注意、指導または処分（懲戒処分を含む）など、就業規則および雇用契約に従った対応を行う場合がある。

（被害者に対する措置等）
第7条
1　法人は、パワハラが行われたと判断した場合は、被害者の精神的・身体的苦痛の回復および就業環境の改善のため、速やかに、適切な措置を講ずるように努める。
2　前項の場合において、法人は、再発を防止し、また被害の拡大を回避するように努める。

附則
　本規程は平成●年●月●日から実施する。

設例10　パワーハラスメント

　パワーハラスメント防止規程

　パワハラ対策には、前述のとおり、「予防」として、就業規則などの社内規程にパワハラへの対応に関する内容を盛り込んでルールを作ることが有用です。このルールの中に、実際にパワハラが起こってしまった場合の「解決」策として、相談窓口や再発防止等について定めておくことも考えられます。

第 4 章　ハラスメント

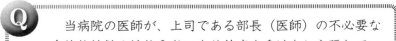

設例 11　参考裁判例　熊本地判平成 26 年 4 月 24 日
セクシュアルハラスメント

> **Q**　当病院の医師が、上司である部長（医師）の不必要な身体的接触や性的言動により苦痛を受けたと主張しています。
> セクシュアルハラスメントに該当するのはどのような場合でしょうか。

I　問題の所在

　職場におけるセクシュアルハラスメント（以下、「セクハラ」といいます）は、労働者にとっては個人の尊厳を不当に傷つけられる社会的に許されない行為であるとともに、これにより労働者個人の能力を十分に発揮することができない事態を生じさせ得るものです。
　また、医療機関（使用者）にとっては、労働者が上司や同僚等からセクハラを受けた場合、使用者責任[77]を追及される可能性がある上、職場秩序の乱れや業務への支障につながり、医療機関（使用者）等の社会的評価に悪影響を与えかねない問題です。
　本設例では、まずセクハラに関する一般論を説明し、どのような場合にセクハラに該当するか、検討します。

---

[77]　民法 715 条

Ⅱ　セクシュアルハラスメント（セクハラ）

(1)　概　要

　職場におけるセクハラとは、職場において行われる、労働者の意に反する性的な言動に対する労働者の対応により労働条件について不利益を受けたり（後述Ⓐ対価型）、性的な言動により就業環境が害されること（後述Ⓑ環境型）をいうとされています[78]。これには、同性に対するものも、LGBT 等の性的少数者に対するものも含まれます。

(2)　職場におけるセクハラの類型

　職場におけるセクハラには、Ⓐ対価型とⒷ環境型があります。

㋐　Ⓐ対価型セクシュアルハラスメント

　労働者の意に反する性的な言動に対する労働者の対応（拒否や抵抗）により、当該労働者が不利益を受けることをいいます。

㋑　Ⓑ環境型セクシュアルハラスメント

　労働者の意に反する性的な言動により労働者の就業環境が不快なものとなったため、能力の発揮に重大な悪影響が生じる等その労働者が就業する上で看過できない程度の支障が生じることをいいます。

---

[78] 「事業主が職場における性的な言動に起因する問題に関して雇用管理上講ずべき措置についての指針」（平成 18 年厚労告 615 号）

第4章　ハラスメント

(3)　職場におけるセクハラ該当性

　職場におけるセクハラに該当するか否かは、次の点から判断されます。

職場におけるセクハラ該当性

> ①　「職場」での言動であること
> ②─Ⓐ　対価型
> 　「労働者」の意に反する「性的な言動」に対する労働者の対応により、労働条件において不利益を受けること
> 　└Ⓑ　環境型
> 　「労働者」の意に反する「性的な言動」により、就業環境が害されること

㋐　①「職場」での言動であること
　「職場」とは、労働者が業務を遂行する場所をいい、労働者が通常就業している場所以外の場所でも、その労働者が業務を遂行する場所であれば「職場」に含まれます。
　また、勤務時間外（たとえば「懇親会」等）であっても、実質上職務の延長と考えられる場合は、「職場」に該当します。実質上職務の延長と考えられるかどうかは、①職務との関連性の有無およびその程度、②参加者が職場の関係者か否か、③強制参加か任意参加か等を考慮して個別に判断されます。

㋑　②「労働者」の意に反する「性的な言動」
　（ⅰ）「労働者」
　　正規労働者のみならず、パートタイム労働者、契約社員等、いわゆる非正規労働者を含む全ての労働者をいいます。

166

(ⅱ) 「性的な言動」

　「性的な言動」とは、性的な内容の発言および性的な行動をいいます。

　これが労働者の意に反するものかどうかの判断にあたっては、個別の状況を斟酌する必要があります。この判断は、労働者の主観を重視しつつも、セクハラの防止が使用者の義務であることに鑑み、一定の客観性が必要です。

　セクハラ被害が、男女の認識の違いにより生じている面があることを考慮すると、被害者が女性である場合には「平均的な女性労働者の感じ方」を基準とし、被害者が男性である場合には、「平均的な男性労働者の感じ方」を基準とすることが適当と考えられています。

(ウ)　②－Ⓐ　労働条件において不利益を受けること（対価型）

　不利益を受けることとは、たとえば、解雇、降格、減給、労働契約の更新拒否、昇進・昇格の対象からの除外、客観的に見て不利益な配置転換等がされることをいいます。

(エ)　②－Ⓑ　就業環境が害されること（環境型）

　労働者の就業環境が害されるか否かの判断にあたっても、前述のとおり、労働者の主観を重視しつつ、一定の客観的な判断を行う必要があります。

　一般的には、意に反する身体的接触によって強い精神的苦痛を被る場合には、1回の行為でも就業環境を害し得ると考えられています。また、この程度には至らない性的な言動であっても、これが継続的または複数回繰り返されており、これに対して明確に抗議しているにもかかわらず放置されている場合や、これによって心身に重大な影響を受けていることが明らかな場合には、就業環境が害されていると判断し得ると考えられています。

第4章　ハラスメント

(4)　使用者が講じなければならない措置

　雇用機会均等法 11 条および厚生労働大臣の定める指針におい
て、職場におけるセクハラを防止するため、使用者が講じなければ
ならない対策（a～j の 10 項目）が定められています[79]。

使用者が講じなければならない措置の概要

ⓐ　使用者の方針の明確化およびその周知・啓発
　　a　セクハラの内容、あってはならない旨の方針の明確化
　　　と周知・啓発
　　b　行為者への厳正な対処方針、内容の規定化と周知・啓発
ⓑ　相談（苦情を含む）に応じ、適切に対応するために必要な
　　体制の整備
　　c　相談窓口の設置
　　d　相談に対する適切な対応
ⓒ　職場におけるセクハラに係る事後の迅速かつ適切な対応
　　e　事実関係の迅速かつ正確な確認
　　f　被害者に対する適正な配慮の措置の実施
　　g　行為者に対する適正な措置の実施
　　h　再発防止措置の実施
ⓓ　上記ⓐからⓒまでの措置と併せて講ずべき措置
　　i　当事者等のプライバシー保護のための措置の実施と周知
　　j　相談、協力等を理由に不利益な取扱いを行ってはならな
　　　い旨の定めと周知・啓発

---

[79]　前掲注 78

Ⅲ 設例について

本設例

(1) 問題となっているセクハラの内容

　歯科医師 X（女性）は、4 月の勤務当初から当病院や他の歯科職員となじめず、他の歯科職員の歯科医師 X に対する対応に不満や孤立感を抱いていました。この度歯科医師 X から、勤務当初から、上司である歯科部長 A によるセクハラを受けていたとの訴えがありました。

歯科医師 X がセクハラとして主張している歯科部長 A の言動

❶　勉強会の帰途における、近辺にホテル街があるとの発言（4 月頃）

❷　技工室の電気を消した上で歯科医師 X に退勤を促したが歯科医師 X が退勤しなかったため、椅子に座っていた歯科医師 X の両手ないし両ひじを持ち上げて歯科医師 X を移動させ、その際に肩や背中にも触れた（この際歯科医師 X は「きゃー」とか「げー」といった嫌がる声を上げています）一連の行為（8 月頃）

❸　歯科医師 X の束ねた髪の毛を触った行為（時期不明）

❹　男性器を意味する「肥後ズイキ」に関する発言（時期不明）

(2) 質　問

　歯科医師 X は、7 月頃から下痢症状等の体調不良となり、

設例 11
セクシュアルハラスメント

169

第4章　ハラスメント

勤務開始の1年後の4月から約1年間休職し、その後当病院を退職しました。歯科医師Xは、この体調不良が、歯科部長Aからセクハラを受けたことが原因であるとして、当病院に対し、休業損害（840万円）、治療費および慰謝料の一部請求として、合計1,000万円の損害賠償請求をしています。

なお、今回歯科医師Xは主張していませんが、当病院は、以前、歯科部長Aに対し、セクハラに関し、訓告処分をしたことがあります。

当病院がセクハラとして訓告処分をした歯科部長Aの言動

❺　診療行為外で歯科医師Xの手足にかゆみ止め薬を塗布するなど不必要な身体的接触を行った行為

❻　自らのツボを押すため、歯科医師Xの膝を自らの膝付近に押し付けた行為

当病院は、歯科医師Xに対し損害の賠償をしなければならないのでしょうか。

結　論

歯科部長Aの言動❶〜❹は、いずれも職場におけるセクハラとして不法行為に該当すると判断される可能性が高いです。本病院は歯科部長Aの不法行為につき使用者責任を負っていますので、歯科部長Aの言動❺および❻も考慮すると、一定額の慰謝料請求が認められる可能性が高いと考えます。

(1)　① 「職場」での言動であること

本設例では、言動❶〜❹は、いずれも歯科医師Xが業務を遂行

170

する場所である本病院、あるいは業務の一環である勉強会からの帰途に行われています。したがって、歯科部長 A の言動は、「職場」での言動といえると考えられます。

(2)　②「労働者」であること

本設例において、歯科医師 X は本病院に勤務していた歯科医師ですので、労働者であるといえます。

(3)　②－Ⓑ　労働者の意に反する「性的な言動」により、就業環境が害されたこと

歯科部長 A の言動❶および❹は、平均的な女性労働者の感じ方を基準にすると、歯科医師 X に不快感を与える言動であり、意に反する性的な言動に該当すると判断される可能性が高いです。

歯科部長 A の言動❸は何ら必要性のない歯科医師 X の身体に対する接触行為といえます。

歯科部長 A の言動❷は、その必要性や相当性に疑問があり、歯科医師 X が「きゃー」とか「げー」といった声を上げていることも考慮すると、歯科医師 X に相当な精神的苦痛を与えるものであったといえます。

したがって、いずれの言動も②－Ⓑに該当すると考えられます。

(4)　賠償すべき損害

以上のことからすると、歯科部長 A の言動❶～❹は、セクハラに該当し、当該言動と歯科医師 X に生じた損害との間に因果関係が認められれば、歯科部長 A には不法行為が成立し、本病院は使用者責任を負うため、歯科医師 X が被った損害を賠償しなければ

171

第4章　ハラスメント

なりません。

㋐　慰謝料

　参考裁判例では、言動❶～❹と同様の歯科部長の言動の態様、内容に加え、その結果、歯科医師が被った精神的苦痛の程度や（特に、言動❷と同様の歯科部長の言動による歯科医師の精神的損害が相当な程度であったと認定されています）、言動❺および❻と同様の歯科部長の言動（歯科医師はセクハラの事実として主張していないものの、裁判所は、歯科医師の精神的苦痛の程度を判断するにあたっては、事情ないし経緯として斟酌するのが相当と判断しています）からすると、慰謝料額は100万円とするのが相当であると判断しています。

㋑　休業損害および治療費

　本設例で、歯科医師Ｘの体調不良が始まったのは7月頃であるところ、言動❶とは時期が少し離れており、また、今回セクハラ行為として程度の高い歯科部長Ａの言動❷は体調不良が始まった後の出来事です。また、歯科医師Ｘには勤務当初から本病院になじめず孤立していたとの事情があります。

　これらのことからすると、歯科医師Ｘの体調不良およびそれを理由とする休職の原因は、本病院における人間関係にある可能性が否定できません。したがって、歯科部長Ａの言動❶～❹と歯科医師Ｘの休業損害および治療費との間の相当因果関係は否定される可能性があります。参考裁判例でも、因果関係が否定されています。

対応策

　職場におけるセクハラの対応策として掲げられている前述のa～jの10項目は、事前の予防と、事後の対応に分けられます。医療

172

機関（使用者）の規模や職場の状況に応じて、適切な方法で各項目の実施を行う必要があります。

(1)　事前の予防

　周知・啓発は、一度行えばよいというものではなく、新入社員の入社時期や、異動の多い時期等、適宜の時期に研修等を実施して、全ての労働者に対して周知・啓発を図ることが大切です。

(2)　事後の対応

　セクハラ被害が相談窓口に申告された場合、まず相談窓口の担当者が、事実関係の把握のため、セクハラ被害者、セクハラ行為者のそれぞれからヒアリングを行います（なお、相談者が相談窓口の担当者の言動等によって、さらに被害を受ける、二次セクハラの防止にも留意しなければなりません。たとえば、セクハラ被害者が女性労働者で、男性上司からセクハラを受けたとの申告があった場合には、特段の事情のない限り、セクハラ被害者からのヒアリングを、同性である女性労働者（たとえば、人事部の女性社員）が行う等の配慮をすべきです）。また、その場に居合わせた第三者等からも、必要に応じてヒアリングを行います。

(ア)　セクハラの事実が存在すると判断した場合
　セクハラ行為自体やセクハラ行為者の対応等を考慮し、就業規則等の手続きに従って、セクハラ行為者に対する懲戒処分や配置転換を検討します。なお、セクハラ被害者を配置転換するのではなく、あくまでもセクハラ行為者を配置転換する方向で検討するのが、一般的です。
　セクハラ被害者は、大きな精神的負荷を受けていることが多く、

第4章　ハラスメント

メンタルケアにも力を注ぐべきと考えます。また、これらと並行して、再発防止措置を講ずることが考えられます。

㈤　セクハラの事実が存在しないと判断した場合

　セクハラ被害を申告した者、およびセクハラ行為者とされた者それぞれに、適切な説明を行うことになります。

㈥　セクハラの事実の存否を判断できない場合

　ヒアリングを含む真摯な検討の結果、やむを得ず事実の存否を判断できない場合には、セクハラ被害を申告した者およびセクハラ行為者とされた者それぞれに対し、医療機関（使用者）としては真偽不明のため、これ以上の調査はできない旨を報告することが考えられます。

　また、両者に対し、裁判等の結果を受けて、敗訴した側は医療機関（使用者）に虚偽の申告をしたこと、または調査に協力しなかったことを問題として、企業秩序違反行為とみなして対応する可能性がある旨を伝えておくことも考えられます。このように伝えておくことで、セクハラ被害を申告した者またはセクハラ行為者とされた者のいずれかが、その主張を崩してくることも、実務上、あり得ます。

コメント

(1)　セクハラ行為者が患者等である場合の対応

　本設例では、セクハラ行為者が、歯科医師Xの直接の上司である歯科部長Aとされていますが、性的嫌がらせ等の行為者となり得るのは、上司や同僚の他、顧客や取引先の社員等もあり得ます。医療機関の場合、患者から性的嫌がらせ等を受け

ることも考えられ、このような場合、担当を変更することなどにより対応することが考えられます。

(2) 総合的なハラスメント対策

職場では、様々なハラスメントが発生するおそれがあります。本設例で解説したセクハラの他にも、パワハラ（設例 10 参照）やマタハラ（設例 12 参照）などのハラスメントも存在します。これらのハラスメントは、明確に分類できない場合もあり、たとえば、セクハラとパワハラが同時に発生することや、一見パワハラと考えられる事案にセクハラとしての要素が含まれていることもあります。

そのため、使用者としては、あらゆるハラスメントのない働きやすい職場づくりに向けて、総合的なハラスメント対策を講ずるよう心がける必要があります。

また、ハラスメントの場合には、ハラスメント被害者とハラスメント行為者の双方の立場があるため、使用者としては、ハラスメント被害者からの損害賠償請求の他に、（ハラスメント行為者に懲戒処分を行った場合）ハラスメント行為者とされた者から懲戒処分無効確認請求等がなされる可能性があります。ハラスメント被害者に対する配慮は重要であるものの、使用者としては、ハラスメント被害者の話のみを鵜呑みにせず、十分な事実確認をした上で、ハラスメントに関する対応を行う必要があります。

設例 11

セクシュアルハラスメント

第4章　ハラスメント

書 式

セクシュアルハラスメント相談窓口設置のお知らせ

平成●年●月●日

各位

医療法人　●●
人事部長　●●

　当法人では、●●防止規程第●条に基づき、セクシュアルハラスメントの相談および苦情を受け付けるための相談窓口を、下記のとおり設置しました。セクシュアルハラスメントのない職場のため、お気づきの点等がございましたら、積極的にご活用ください。
　なお、相談者のプライバシーは厳守します。また、相談したことや苦情を申し出たことを理由に、不利益な取扱いを受けることはありません。

記

　　1　相談窓口　　当法人●●部内セクシュアルハラスメント相談窓口
　　2　担 当 者　　●●、●●
　　3　受付時間　　平日（月曜日から金曜日まで）の午前●時から午後●時まで

以上

セクシュアルハラスメント相談窓口設置のお知らせ

　セクハラ相談窓口を設置した場合、設置時には、その存在を周知させるため、各職員に対して、設置に関する書面を交付することが考えられます。また、社内に掲示したり、研修時に交付したりして、周知に努めることが有用です。
　なお、セクハラの場合、相談窓口の担当者は、男性と女性をそれぞれ配置しておくべきと考えられます。

設例 12

参考裁判例　最一判平成 26 年 10 月 23 日民集 68 巻 8 号 1270 頁
広島高判平成 27 年 11 月 17 日判時 2284 号 120 頁

マタニティーハラスメント

Q　　当病院は、副主任の理学療法士が妊娠したため、本人の希望を受けた部署に異動させ、副主任を免じました。また、本人が産前産後休業・育児休業を取得した後に職場復帰した際にも、副主任に任じませんでした。

　　妊娠による役職および部署の変更等が、マタニティーハラスメントに当たるのは、どのような場合でしょうか。

I　問題の所在

　医療機関での勤務は、夜勤や当直もあり、体力的にも精神的にも激務である場合が多いといえます。そのため、妊産婦に負担をかけないよう、妊娠中や育児中に、働き方を変更する必要性は大きいといえます。

　しかし、働き方の変更の仕方によっては、マタニティーハラスメント（以下、「マタハラ」といいます）であるとの指摘を受けかねないため、注意しなければなりません。

　本設例では、マタハラに関する一般論を説明し、どのような場合にマタハラに該当するか、検討します。

177

第4章　ハラスメント

Ⅱ　マタニティーハラスメント（マタハラ）

(1)　概　要

㋐　妊娠・出産・育休等の事由

　雇用機会均等法9条3項は、妊娠、出産、産前産後休業、妊娠中の軽易業務転換等の事由（以下、「妊娠・出産等の事由」といいます）を理由とする不利益取扱いの禁止を規定しています。

　また、育児・介護休業法10条等は、育児休業、子の看護休暇、子を養育する労働者の所定外労働の制限・時間外労働の制限・深夜業の制限・所定労働時間の短縮措置等の事由（以下、「育休等の事由」といいます）を理由とする不利益取扱いの禁止を規定しています（以下、「妊娠・出産等の事由」と「育休等の事由」を合わせて、「妊娠・出産・育休等の事由」といいます）。

㋑　本書における定義

　マタハラには、現時点では確立した定義が設けられていません。

　本書では、①妊娠・出産・育休等の事由を理由として労働者に対し不利益取扱いがされることや、②妊娠・出産・育休等の事由に関する言動により労働者の就業環境が害されることとして扱います。

(2)　①妊娠・出産・育休等の事由を理由として労働者に対し不利益取扱いがされること

　参考裁判例を踏まえた通達によれば、Ⓐ妊娠・出産・育休等の事由をⒷ契機としてⒸ不利益取扱いが行われた場合は、原則として、妊娠・出産・育休等の事由を「理由」として不利益取扱いを行ったものとして雇用機会均等法9条3項または育児・介護休業法10条

等違反となり、不利益取扱いの意思表示は無効となります（Ⓓ例外は後述します)[80]。

(ア)　Ⓐ妊娠・出産・育休等の事由
（ⅰ）　雇用機会均等法９条３項

　労基法では、母性保護規定として、ⓐ産前産後休業の取得、ⓑ妊婦の軽易な業務への転換、ⓒ妊産婦の時間外労働、休日労働、深夜業の制限と、変形労働時間制の適用制限、ⓓ育児時間の取得などが定められています。

　また、雇用機会均等法では、母性健康管理措置として、ⓔ妊産婦が保健指導または健康検査を受けるための時間の確保、ⓕⓔにおける指導事項を守ることができるようにするための措置などが定められています。

　雇用機会均等法９条３項は、使用者に対して、このような労基法による母性保護規定の適用を受けたことや、雇用機会均等法による母性健康管理措置を受けたこと等（妊娠・出産等の事由）を理由として、不利益取扱いをしてはならないことを定めています。

　「妊娠・出産等の事由」の具体的内容としては、次のものが挙げられます。状態を事由とする類型と、制度等の利用を事由とする類型があります。

---

[80]　「「改正雇用の分野における男女の均等な機会及び待遇の確保等に関する法律の施行について」及び「育児休業・介護休業等育児又は家族介護を行う労働者の福祉に関する法律の施行について」の一部改正について」（平成27年1月23日雇児発0123第1号）

第4章　ハラスメント

妊娠・出産等の事由

○　妊娠したこと
○　出産したこと
○　妊娠中および出産後の健康管理に関する措置（母性健康管理措置）の請求・適用
○　妊産婦の坑内業務・危険有害業務の就業制限による不就労、坑内業務・就業制限業務に従事しない旨の申出・適用
○　産前産後休業の請求・取得
○　妊娠中の軽易な業務への転換の請求・適用
○　妊産婦の変形労働時間制における法定労働時間を超える労働をしない旨の請求・適用、妊産婦の時間外労働・休日労働・深夜業をしない旨の請求・適用
○　育児時間の請求・取得
○　妊娠・出産に起因する悪阻・切迫流産・出産後の回復不全等の症状による労働不能・労働能率の低下

(ii)　**育児・介護休業法 10 条等**

　育児・介護休業法は、使用者に対して、育休等の事由を理由として、不利益取扱いをしてはならないことを定めています。「育休等の事由」の具体的内容としては、次のものが挙げられます。なお、育児・介護休業法では、育休等の事由による不利益取扱いの他に、介護休業または介護休暇の申出・取得を理由とする不利益取扱いも禁止されています。

育休等の事由

○　育児休業の申出・取得
○　子の看護休暇の申出・取得

- ○ 所定外労働の制限の請求・実行
- ○ 時間外労働の制限の請求・実行
- ○ 深夜業の制限の請求・実行
- ○ 所定労働時間の短縮の申出・実行

(イ) Ⓑ妊娠・出産・育休等の事由を「理由」とした不利益取扱い

厚生労働省は、参考裁判例を踏まえ、妊娠・出産・育休等の事由を「契機として」なされた不利益取扱いは、原則として、妊娠・出産・育休等の事由を「理由」とした不利益取扱いと解されるとしています。

「契機として」といえるかどうかについて、厚生労働省は、原則として時間的に近接しているか否かで判断し、具体的には妊娠・出産・育休等の事由の終了から1年以内に不利益取扱いがなされた場合は、原則として「契機として」いると判断するとしています[81]。

また、妊娠・出産・育休等の事由が終了したときから1年を超えてから不利益取扱いがなされた場合であっても、実施時期が事前に決まっていたり、ある程度定期的になされる措置（たとえば、人事異動、人事考課・昇給、雇止め等が挙げられます）については、妊娠・出産・育休等の事由の終了後の最初のタイミングまでの間に不利益取扱いがなされた場合には、「契機として」いると判断するとしています。

(ウ) Ⓒ不利益取扱い

不利益取扱いと考えられるものには、たとえば、次のようなものがあります。

---

[81] 前掲注80
および「妊娠・出産、育児休業等を理由とする不利益取扱いに関するＱ＆Ａ」

第4章　ハラスメント

©不利益取扱いの例

○　解雇
○　降格
○　減給
○　賞与等における不利益な算定
○　不利益な配置変更
○　不利益な自宅待機
○　昇進・昇格の人事考課における不利益な評価
○　雇止め
○　契約更新回数の引下げ
○　退職の強要、正社員を非正規社員とするような契約内容変更の強要
○　派遣先が派遣労働者の労務提供を拒否する
○　専ら雑務をさせるなど就業環境を害する行為

(エ)　©例外

　前述のとおり、参考裁判例を踏まえた通達によれば、Ⓐ～©に該当すれば、原則として、雇用機会均等法9条3項または育児・介護休業法10条等違反となり、不利益取扱いの意思表示は無効となりますが、同通達によれば、次の場合は、©例外として、同条項違反にならないとされています[82]。

　もっとも、例外に該当する幅は狭く、不利益取扱いが例外的に有効となるためのハードルは高いといえます。

---

[82]　前掲注80

Ⓓ （不利益取扱いの）例外

Ⓓ－ⅰ例外1

　業務上の必要性から支障があるため当該不利益取扱いを行わざるを得ない場合において、その業務上の必要性の内容や程度が、法の規定の趣旨に実質的に反しないものと認められるほどに、当該不利益取扱いにより受ける影響の内容や程度を上回ると認められる特段の事情が存在するとき

Ⓓ－ⅱ例外2

　契機とした事由または当該取扱いにより受ける有利な影響が存在し、かつ、当該労働者が当該取扱いに同意している場合において、有利な影響の内容や程度が当該取扱いによる不利な影響の内容や程度を上回り、使用者から適切に説明がなされる等、一般的な労働者であれば同意するような合理的な理由が客観的に存在するとき

(3)　②妊娠・出産・育休等の事由に関する言動により労働者の就業環境が害されること

　雇用機会均等法および育児・介護休業法の改正により、平成29年1月1日から、妊娠・出産・育休等の事由を理由とした不利益取扱いが禁止されるだけでなく、「妊娠、出産等に関するハラスメントの防止措置」および「育児休業等に関するハラスメントの防止措置」を講ずることが、使用者の義務となりました。この防止措置について、厚生労働省の指針では、次のように定められています[83]。

---

[83]　「事業主が職場における妊娠、出産等に関する言動に起因する問題に関して雇用管理上講ずべき措置についての指針」（平成28年厚労告312号）および「子の養育又は家族の介護を行い、又は行うこととなる労働者の職業生活と家庭生活との両立が図られるようにするための事業主が講ずべき措置に関する指針」（平成21年厚労告509号）

第４章　ハラスメント

妊娠・出産・育休等に関するハラスメントの 防止措置についての指針の概要

---

⑦　使用者の方針の明確化およびその周知・啓発

④　相談（苦情を含む）に応じ、適切に対応するために必要な 体制の整備

⑨　職場における妊娠・出産・育休等に関するハラスメントに かかる事後の迅速かつ適切な対応

④　職場における妊娠・出産・育休等に関するハラスメントの 原因や背景となる要因を解消するための措置

⑦　⑦から④までの措置と併せて講ずべき措置

Ⅲ　設例について

本設例

(1)　前提事実

　当病院では、訪問リハビリチームで副主任であった理学療法士Ｘが妊娠したため、本人の希望に従い、より軽易な業務である病院リハビリチームへ異動させることになりました。この異動により、身体的負担や担当患者が減り、業務負担が減ることになります。異動の際、病院リハビリチームには既に主任がおり、当病院としては他に副主任の地位を置く必要がなかったため、理学療法士Ｘからの明示の承諾はなかったものの、理学療法士Ｘの副主任を免じ、管理職手当（月額

9,500円）のつかない非管理職としました。理学療法士Xの副主任を免じるにあたっては、当病院は理学療法士Xに対しその旨を説明しましたが、理学療法士Xが異議を留保したり、質問したりすることはありませんでした。なお、副主任を免じると、再度副主任となるには職場経験をやり直さなければなりません。理学療法士Xについても、育児休業からの復帰の際に副主任に任ずることはしませんでしたが、副主任を免じる際に、復帰後の地位についてまでは説明していませんでした。

(2) 質 問

　当病院の、理学療法士Xの副主任の地位を免じた措置について、当病院としては、副主任の地位を免じた後に理学療法士Xから何ら異議や質問を受けなかったため、理学療法士Xから承諾を得たと思っていました。しかし、その後、当該措置について、理学療法士Xから、雇用機会均等法9条3項違反であるとして、管理職手当不支給相当額の損害賠償請求を受けました。当病院は、これを支払わなければならないでしょうか。

設例12

マタニティーハラスメント

結 論

　副主任の地位を免じた措置は、雇用機会均等法9条3項によって禁止されている不利益取扱いに該当し、無効となる可能性が極めて高いといえます。同法9条3項違反と判断された場合、本病院には、使用者として、女性労働者の母性を尊重し職業生活の充実の確保を果たすべき義務に違反した過失（不

第4章　ハラスメント

法行為）および労働法上の配慮義務違反（債務不履行）があるといえ、理学療法士Xの被った損害を賠償する責任を負うことになります。

(1)　前提（Ⓐ～Ⓒ該当性）

　本設例では、理学療法士Xが、労基法の母性保護規定における、妊婦の軽易な業務への転換を請求し、実際に、本病院が、理学療法士Xを軽易な業務へ異動させています。前述のとおり、この軽易な業務への転換の請求・適用は、Ⓐ妊娠・出産等の事由に該当します。

　また、本病院は、まさに理学療法士Xの副主任の地位を免じています。これは、役職や職能資格を引き下げる降格に当たるため、Ⓒ不利益取扱いに該当します。

　この、理学療法士Xに対して病院リハビリチームへ異動させるとともに副主任を免じた措置（以下、「本件措置」といいます）は、理学療法士Xの軽易な業務への転換の請求・適用と時間的に近接しており、Ⓑ妊娠・出産等の事由を契機として不利益取扱いが行われたものといえ、Ⓓ例外に該当する事情がない限り、原則として、妊娠・出産等の事由を「理由」とした不利益取扱いであると解されるため、雇用機会均等法9条3項違反として、無効となります。

　そのため、以下、Ⓓ例外に該当する事情がないかを検討します。

(2)　Ⓓ－ⅰ例外1該当性

㈎　業務上の必要性の内容や程度

　本病院において、どのような組織単位に、どのように主任や副主任を置くかについては、現場の実情を判断して、柔軟な運用があり得ます。また、理学療法士Xが副主任の地位のまま異動したとしても、指揮命令系統の混乱が生じるとはいえなさそうです。これら

186

のことから、理学療法士 X を副主任のまま異動させても、本病院において、職責者の役割の観点からは業務上の支障は生じないといえそうです。

さらに、理学療法士 X に副主任の適格性がないともいえないため、理学療法士 X に対し副主任を免じる業務上の必要性はないといえます。

(イ)　特段の事情の有無

本件措置は、訪問リハビリチームの業務よりも身体的負担が軽くなること、担当患者が減ること、副主任の免除は業務の負担が減ることなどからすると、理学療法士 X の業務上の負担を軽減させる利益はありそうです。

しかし、これらの利益は、病院リハビリチームに異動したことによる利益であり、降格による利益とはいえないこと、理学療法士 X は降格を望んでいなかったこと、理学療法士 X が経済的損失を被ること、人事面においても役職取得に必要な職場経験のやり直しを迫られる不利益を受けること、理学療法士 X の復帰時に役職者としての復帰は保証されていなかったことなどからすると、業務上の負担の軽減措置が、理学療法士 X に対して与えた降格という不利益を補うものであったとはいえなさそうです。

(ウ)　小　括

以上のことからすると、(ア)降格の必要性もなく、また、(イ)それが雇用機会均等法9条3項の趣旨に実質的に反しないと認められる特段の事情があったともいえないと考えます。参考裁判例でも、同様の判断がされています。

第4章　ハラスメント

(3)　Ⓓ－ⅱ例外２該当性

(ア)　妊娠・出産等の事由または本件措置により受ける有利、不利な影響の内容および程度

　　病院リハビリチームへの異動により、訪問リハビリチームの業務よりは身体的負担が少なくなってはいますが、本件措置は、理学療法士Ｘに対し、副主任を免除されたことによる賃金の低下等の重大な不利益を与えています。

(イ)　当該労働者の本件措置への同意

　　理学療法士Ｘは、副主任を免ぜられることについて、明示的には承諾（同意）はしていません。

　　もっとも、副主任を免ぜられることにつき説明を受けたこと、副主任を免ぜられることに対して異議を留保したり、育児休業明けに副主任の地位がどうなるかを尋ねたりはしていないことなどからすると、理学療法士Ｘは、事後的かつ黙示的にではあるものの、病院リハビリチームへの異動に伴い副主任の地位を免ぜられることを同意したものといい得ます。

　　その上で、理学療法士Ｘの同意が、自由意思に基づくものといえる合理的な理由が客観的に存在するかどうかについて、理学療法士Ｘが副主任の地位を免ぜられることを進んであるいは心から納得して受け入れたものではないこと、育児休業後の副主任への復帰を保証したものではないこと、本病院が理学療法士Ｘに対し、育児休業終了後の現場復帰の際に副主任の地位がどうなるかを明確に説明していないことなどからすると、自由意思に基づくものといえる合理的な理由が客観的に存在する同意とはいえなそうです。

(ウ)　小　括

　　以上のように、(ア)本件措置により受ける有利な影響の内容や程度

が、本件措置により受ける不利な影響の内容や程度を上回るとはいえず、また、(イ)本件措置について、一般的な労働者であれば同意するような合理的な理由が客観的に存在するともいえないと考えます。参考裁判例においても、同様の判断がされています。

(4) まとめ

以上のことからすると、本件措置は⑪−ⅰ例外1または⑪−ⅱ例外2に該当する事情はなく、雇用機会均等法9条3項に違反し無効と判断される可能性が極めて高いと考えます。

この場合、本病院には、本件措置をなすにつき、使用者として、女性労働者の母性を尊重し職業生活の充実の確保を果たすべき義務に違反した過失（不法行為）、労働法上の配慮義務違反（債務不履行）があるというべきであり、その重大さも不法行為または債務不履行として民法上の損害賠償責任を負わせるに達しているとして、本病院は、本件措置により被った理学療法士Xの損害を賠償する責任を負うことになります。参考裁判例でも、同様の判断がされています。

対応策

本設例では、⑪例外に該当するか否かを中心に検討しましたが、そもそも、妊娠・出産等の事由を契機として不利益取扱いが行われた場合は、前述のとおり、原則として、妊娠・出産等の事由を「理由」とした不利益取扱いであると解され、雇用機会均等法9条3項違反と判断されることになります。また、例外に該当するためのハードルは、極めて高いといえます。

そのため、例外に当たるか否かを検討するよりも、まずは、妊娠・出産・育休等の事由を契機とした不利益取扱いを行わないよう

第4章　ハラスメント

にすることが、実務上、重要です。管理職に対して研修を行うなど
して、マタハラに関する意識改革を行い、事前のリスク対応をして
おくことも有用です。

　その上で、やむを得ずそのような取扱いを行わなければならない
場合には、労働者に適切な説明を行った上で、労働者の自由意思に
基づく同意を取得したり、業務上の必要性の内容や程度について十
分な検討を行い、業務上の負担軽減措置を採るなど、⑪例外に該当
するよう適切な対応を行うべきです。

コメント

(1)　マタハラを否定した別の裁判例

　マタハラに関し、参考裁判例以外にも、産前産後休業に入ろ
うとしている労働者が病院から、退職を勧めるような扱いを受
けた（ⓐ病院職員が労働者に対し「あなたの戻る場所はない」
と述べ、ⓑ病院にあった労働者の私物を労働者に返却した）
との事案において、ⓐにつき、穏当を欠く面があったことは
否定し得ないが、このような言動に至るにつき労働者にも相応
の落ち度があったものであり殊更に悪意を持ってされたもので
あるとまで認めることはできない、ⓑにつき、労働者は、当
時病院に雇用されていたものの、そのことから直ちに産前産後
休業および育児休業期間中に病院内に私物を置いておくことが
できる権限を有すると認められるものではなく、病院が労働者
の私物を返却する行為は、病院の管理権に基づく措置である、
として、それぞれ、不法行為を構成するものではないとした裁
判例[84]もあります。

(2) マタハラを肯定した別の裁判例

　育児・介護休業法 10 条に関し、看護師が育児休業をしたところ、病院が、3 か月以上の育児休業をした者は[i]翌年度の職能給を昇給させない旨の就業規則の規定があるとして、当該労働者の翌年度の職能給を昇給させず、[ii]当年度の人事評価の対象外になるとして、労働者に一定の年数継続して基準を満たす評価を受けた者に付与される昇格試験の受験資格を認めず、受験の機会を与えなかったことについて、[i]および[ii]の行為は、育児・介護休業法 10 条によって禁止される不利益取扱いに該当し、かつ、同法が労働者に保障した育児介護休業取得の権利を抑制し、ひいては同法が労働者に当該権利を保障した趣旨を実質的に失わせるものであり、公序に反して無効であると判断した裁判例[85]もあります。

(3) おわりに

　近時、マタハラ問題については、社会の注目を集めることが多いため、医療機関（使用者）としては、マスコミ対策も含め、慎重な対応が求められます。必要に応じ、外部専門家などの意見を聞くなど、事前の予防および事後の対応につき、万全の措置を採るべきと考えます。

---

[84]　東京地判平成 25 年 12 月 26 日
[85]　最二決平成 27 年 12 月 16 日

第4章　ハラスメント

書　式

就業規則（抜粋）

第●章　服務規律

（マタニティハラスメントの禁止）
第●条
　職員は、職場において、他の職員に対し、次の各号に掲げる行為をしてはならない。
　(1)　妊娠、出産または育児を阻害する言動
　(2)　妊娠、出産または育児を理由とする不利益取扱いを示唆する言動
　(3)　妊娠、出産または育児を理由に嫌がらせ等をする言動
　(4)　妊娠、出産または育児を理由とする、休業または措置の利用等を阻害する言動
　(5)　妊娠、出産または育児を理由とする、休業または措置の利用等を理由とする不利益取扱いを示唆する言動
　(6)　妊娠、出産または育児を理由とする、休業または措置の利用等を理由に嫌がらせ等をする言動

第●章　懲戒

（譴責、減給、出勤停止および降格の事由）
第●条
　1　●●
　2　第●条（マタニティハラスメントの禁止）に違反した場合
　3　●●
　4　…以下略

　就業規則（抜粋）

　ハラスメントがあったことが判明した場合、医療機関（使用者）としては、ハラスメント行為者に対して懲戒処分を行うことが考えられます。懲戒処分は、その有効要件の一つとして、就業規則に、懲戒の事由と処分の種類が明記されていなければなりません。
　本書式例では、マタハラの場合を例にした就業規則の規定案を挙げています（なお、同じく育児・介護休業法の「介護」についても規定することも考えられます）。

第5章
労働者の健康

設例 13　私傷病休職
　　　　参考裁判例　大阪地判平成 24 年 4 月 13 日労判 1053 号 24 頁

設例 14　患者からの暴力（安全配慮義務①）
　　　　東京地判平成 25 年 2 月 19 日判時 2203 号 118 頁

設例 15　過労自殺（安全配慮義務②）
　　　　札幌高判平成 25 年 11 月 21 日判時 2212 号 43 頁

第5章　労働者の健康

設例 13

参考裁判例　大阪地判平成 24 年 4 月 13 日労判 1053 号 24 頁

私傷病休職

> **Q**　当病院には、うつ病のため休職している職員がいます。しかし、休職期間が満了しても、うつ病が治りませんでした。
> 　休職期間満了による雇用終了が認められるのは、どのような場合でしょうか。

I　問題の所在

　労働者が、業務と関係なく病気に罹患し、または負傷したことにより業務遂行ができなくなる場合があります。このような場合に私傷病休職制度が利用されることがあります。

　本設例では、私傷病休職制度の概要および休職期間満了による自然退職（または解雇）の有効要件を説明し、どのような場合に退職の効果が認められるか、検討します。

Ⅱ 休職期間満了退職の有効要件

(1) 休　職

　休職とは、労働者が長期間就労不可能（または就労に適さない状態）となった場合に、労働関係自体は維持しながら、長期間就労を免除し、または禁止する制度をいいます。休職制度を設けるか否かは使用者の自由であり、その内容についての法規制は存在しませんが、休職制度が存在する場合は、労働条件として明示する必要があります[86]。

　休職制度の種類は様々ですが、代表的なものに、私傷病休職や起訴休職などがあります。以下では、私傷病休職を取り上げます。

(2)　私傷病休職

㋐　私傷病休職の意義

　私傷病休職とは、業務外の傷病（私傷病）による欠勤が長期に及んだ場合などに行われる休職です。私傷病により業務に従事できない場合、即座に解雇するという選択肢もあり得ますが、休職させ、一定期間療養させて回復する猶予を与えることが、労使双方の利益になる場合も多いため、このような制度は多くの使用者が導入しています。

　私傷病休職制度は、解雇猶予措置としての意味を持っており、労働者に有利な制度としての面があります。

---

[86]　労基法 15 条、労基則 5 条 1 項 11 号

第5章　労働者の健康

㈡　私傷病休職満了時の効果（自然退職または解雇）

　私傷病休職の休職期間中、労働者は就労を免除（または禁止）されます。また、私傷病休職の場合、自宅待機命令と異なり、賃金を支払わない制度になっていることが多いです（ただし、私傷病休職については、健康保険から傷病手当金が支払われる場合があります）。

㈢　休職期間満了による自然退職または解雇の主たる要件

　私傷病休職の場合、休職期間が具体的に6か月、1年半など定められていることが多いのですが、休職期間を満了しても、休職の原因となった傷病が治癒せず、復職の可能性がない場合、その労働者を、就業規則の規定に応じて、自然退職または解雇という扱いとすることが通常です。

　私傷病休職の休職期間満了による自然退職または解雇について、主たる要件は次のとおりです。

私傷病休職の休職期間満了による自然退職または解雇の主たる要件

①　就業規則等の規定があること
②　休職事由該当性があること
③　休職の原因となった傷病に業務起因性がないこと
④　休職命令の意思表示＋休職期間の経過
⑤　復職可能性がないこと（治癒していないこと）
⑥　他職種での就労可能性がないこと（職種限定の合意がない場合）
⑦－1　（自然退職の場合）自然退職規定の内容（および適用）が相当であることを基礎づける事実
⑦－2　（解雇の場合）解雇権の濫用でないことを基礎づける事実

ここでは、特に争いとなりやすい要件について、説明します。

(i) ②休職事由該当性

　一般的に、私傷病休職は、前述のとおり、一定期間の欠勤が継続していることを休職事由としていることが多いですが、使用者によっては、「会社が必要と認めたとき」、「私傷病によって勤務が困難なとき」といった包括的・抽象的な休職事由が規定されている場合もあります。このような場合は、休職事由該当性自体を巡って争いになることも少なくありません。

　また、目立った怪我や体調不良の様子などが見られなかったのに突然欠勤を始めた労働者がいた場合、使用者としては、その労働者の休職事由該当性を判断するにあたり、当該欠勤が単なる怠慢であるのか、うつ病などの精神疾患を発症しているのか、見極める必要があります。このとき、使用者が診断書の提出を求めたり、産業医・会社指定医などの受診を命じたりできるか否かも、しばしば争いになるところです。

(ii) ③業務起因性がないこと

　休職の原因となった傷病が、私傷病ではなく業務上の傷病であった場合、法律上の解雇制限により解雇することができず[87]、自然退職とすることも認められないため、注意が必要です。

　なお、裁判例上は、「当該業務に内在する危険が現実化したと認められる場合」[88] に、「業務上」の傷病と判断されています。

(iii) ⑤復職可能性がないこと（治癒していないこと）、⑥他職種での就労可能性がないこと（職種限定の合意がない場合）

　休職期間満了時において、復職が可能である場合、休職期間満了による自然退職または解雇をすることはできません（⑤）。そのため、実務的には、復職可能か否かを巡り争いとなることも少

---

[87] 労基法 19 条
[88] 東京地判平成 20 年 4 月 22 日労判 965 号 5 頁

第 5 章　労働者の健康

なくありません。

　具体的には、復職を希望する労働者が復職可能との主治医の診断書を提出したものの、産業医や会社指定医などは復職不可との診断を行っている場合などです。

　また、休職事由該当性判断の際と同様、そもそも診断書の提出や、産業医・会社指定医などの受診を命じることができるか否かを巡って紛争となることも多いです。

　さらに、職種限定の合意がない労働者については、仮に傷病が完治しておらず、休職前に従事していた業務に復帰することはできないとしても、より軽減した業務であれば遂行できる場合、そのような軽減業務を内容とする職種へ復職させるべきである（すなわち、復職の可能性があるものとして扱うべきである）、と判断されることがあります（⑥）[89]。

　この軽減業務の可能性や、使用者として軽減業務に就かせることができる状況か否かという点も、争点となりやすいところです。

Ⅲ　設例について

本設例

（1）休職に関する規定

　当病院の就業規則には、休職について、次の規定があります。

---

[89] 最一判平成 10 年 4 月 9 日判時 1639 号 130 頁、東京地判昭和 59 年 1 月 27 日判時 1106 号 147 頁

第9条（休職）

 1 職員が次の場合に該当するときは、所定期間休職とする。

  (1) 私傷病による欠勤が3か月を超え、なお療養を継続する必要があるため勤務できないと認められるとき

    1年半

  （中略）

 2 前項第1号の事由により休職し、休職期間が満了しても就業が困難な場合は、休職期間の満了をもって自然退職とする。

第35条（退職）

 職員が各号の一に該当するときは自然退職とする。

  (1) 第9条に定める休職期間が満了し、なお、休職事由が消滅しないとき。

  （略）

(2)　職員のうつ病による自然退職

　当病院には、Xという職員がいます。この職員Xは2年ほど前にうつ病を発症し、欠勤が3か月を超えたため、当病院は職員Xに対し、就業規則第9条1項1号に基づき、1年半の休職を命じました。しかし、職員Xのうつ病は休職期間満了後も治癒せず、復職することが困難な状態でしたので、当病院は、就業規則第9条2項、第35条1項1号に基づき、職員Xを自然退職としました。

　ところが、職員Xは、うつ病には業務起因性があり私傷病ではないと主張して、退職の効力を争ってきました。

設例13

私傷病休職

第5章　労働者の健康

(3)　うつ病の原因

　当病院には労働組合としてA組合があったのですが、3年前新たにB組合が結成されました。職員XはもともとA組合の組合員だったのですが、2年ほど前にA組合を脱退してB組合に加入しました。そのため、A組合の組合員が職員Xに対し、就業時間内に、複数でまたは個別に、3か月にわたり、連日、A組合に戻るよう説得していました。このとき職員Xを説得していたA組合の組合員の中には、当病院の理事なども含まれています。一度の説得に要する時間はまちまちですが、おおよそ45分から2時間程度で、当病院の中で行われていたと思います。説得の内容としては、脅迫のようなことはしていませんが、A組合を脱退してB組合に加入した状態では雇い続けることが困難かもしれない、といったことを示唆していました。

　職員Xのうつ病は、このような説得が行われているころに発症したようであり、他にうつ病の発症要因は見受けられません。

(4)　質　問

　職員Xの自然退職は、有効なのでしょうか。

結　論

　職員Xに対する、A組合に戻るようにとの説得は、本病院の支配下で行われ、職員Xに対して強い心理的負荷を生じさ

せたものと考えられます。そうすると、職員Xのうつ病は、他にうつ病の発症原因がない限り、私傷病ではなく業務に起因するものであり、職員Xの自然退職は無効であると判断される可能性が高いと考えられます。

(1) ①就業規則等の規定があること

本病院の就業規則には、「私傷病による欠勤が3か月を超え、なお療養を継続する必要があるため勤務できないと認められるとき」について、1年半の休職期間を定めている規定がありますので、①就業規則等の規定があることの要件は満たしています。

(2) ②休職事由該当性があること、および③休職の原因となった傷病に業務起因性がないこと

職員Xはうつ病を発症し、3か月以上欠勤していますので、休職事由となる疾病があります。ただし、職員Xの疾病は、②休職事由該当性および③休職の原因となった傷病に業務起因性がないことの要件との関係で問題となります。

㋐ 業務との関連性

組合活動については、それが就業時間外に独立で行われる限り、使用者の管理は及ばないものと考えられます。しかし、本病院における職員Xの説得は、職員Xが普段勤務している事業所の中で、就業時間中に、本病院の理事など経営に参画する立場の者が加入する組合の組合員が（ときには理事本人が組合員として）行っています。このような事実からすれば、職員Xに対する説得活動は、本病院の支配下において行われたものであり、業務との関連性があるものといわざるを得ないと考えられます。

第5章　労働者の健康

　参考裁判例も、同様の事実から、「一連の説得活動は、事業主である被告法人の支配下において行われたものであり、業務関連性が認められるというべきである」と判断しました。

㈡　心理的負荷の要因
　そして、一連の説得活動の頻度（連日、45分から2時間にわたっていたこと）や、人数（職員X1人に対して複数人で行われていること）、A組合を脱退しB組合に加入した状態を継続した場合には就業し続けることが困難となる可能性も示唆され、職場での進退を迫られる状況であったこと、他にうつ病の発症要因はないことからすれば、職員Xのうつ病は、この説得活動によって生じたと考えられます。

㈢　小　括
　職員Xのうつ病が説得活動により生じたものであり、その説得活動が前述のとおり業務との関連性があることからすれば、職員Xのうつ病は、業務に内在する危険が現実化したものといえます。
　参考裁判例も、「原告（職員）のうつ病は、……被告法人理事および従業員らによる一連の説得活動により発症したものと認められるから、業務に内在する危険が現実化したものである」と判断しています。

(3)　まとめ

　以上のことからすると、本設例において、職員Xのうつ病は私傷病ではなく業務上の疾病であるため、私傷病を前提とした自然退職は無効であると判断される可能性が高いと考えられます。

対応策

(1) 規 定

　私傷病休職の制度は、基本的に使用者において自由に設計できますが、後々争いにならないために、休職に関する規定を十分に整備しておくことが重要です。

　少なくとも、休職命令権の有無、診断書提出の根拠、主治医と使用者との面談、産業医診断受診の根拠（復職時を含む）等については、就業規則に明示しておくべきといえます。

(2) 運 用

　休職についてトラブルになるのは、復職判断時であることが多いのですが、復職判断時に治癒したか否かを適切に判断するためには、休職に入る段階で、産業医や会社指定医を通じ、労働者の病状を正確に把握しておくことが有益です。

　また、傷病が業務上の疾病である場合、休職ではなく、労災として取り扱うことが適切です。したがって、休職に入る段階から、私傷病か否かの検討を十分に行い、産業医や会社指定医の判断などを得ておくことも重要です。

設例13
私傷病休職

コメント

　特に精神疾患の場合、業務上の疾病か私傷病かの判断が難しい場合が多々あります。たとえば、うつ病に罹患し、労災申請をしたところ、行政の判断としては業務起因性が否定されたものの、その後、訴訟における裁判所の判断では業務起因性が肯

第５章　労働者の健康

定されるなど、専門的な判断機能を持つ機関の判断であっても、結論が異なる場合があります[90]。休職に関して争いになるケースの多くは私傷病休職であり、その中でも復職の可能性の有無、私傷病か業務上の疾病かという点が大きな争点となる場合が多いため、特にこの２点については、医師の適切な判断を参照しつつ、慎重に判断する必要があるといえます。

---

[90]　東京高判平成 23 年 2 月 23 日判時 2129 号 121 頁

書 式

法人指定医の受診のお願い

平成●年●月●日

●●殿

医療法人●●
理事長●●

　当法人としましては、貴殿が●●作成の診断書を提出していることに鑑み、貴殿の業務内容の決定、休職の必要性の有無の判断その他の労務管理を行うにあたっての安全配慮義務の観点から、貴殿の健康等に配慮する必要がございますので、下記の内容について、当法人の指定する医師の診察を受けていただきますようお願いいたします。
　これはあくまで、任意のお願いとなりますので、受診していただけるかの回答を平成●年●月●日までに●●に書面にてご提出ください。

記
診察内容：貴殿の現在の健康状態
　　　　　当法人において、貴殿が就労可能な業務内容

以上

設例13
私傷病休職

法人指定医の受診のお願い

　前述のとおり、休職に入る段階で休職事由該当性を判断するにあたっては、産業医や法人指定医等の専門家の意見を十分に踏まえる必要があります。したがって、主治医からの診断書を提出した労働者や、欠勤が続く労働者等に対しては、休職事由該当性判断のために、産業医や法人指定医の受診を促すことが考えられます。特に、精神的不調を来した労働者の場合、労働者自身に精神的不調に関する自覚がない場合もありますので、そのような労働者に対しては、まずは任意の受診を促すことが適切であると考えられます。なお、このような使用者による任意の受診の促しに対し、労働者が拒否した場合は、次の手段として、受診命令を出すこと（後述の「受診命令通知書」参照）も考えられます。

第5章　労働者の健康

主治医との面談のお願い

平成●年●月●日

●●殿

医療法人●●
理事長●●

　貴殿は、業務外の傷病により、平成●年●月●日から欠勤しており、平成●年●月●日、●●の旨が記載された診断書を提出されています。
　当法人としましては、貴殿の現在の状況、および上記診断書の内容に鑑み、貴殿の業務内容の決定、休職の必要性の有無の判断その他労務管理を行うにあたっての安全配慮義務の観点から、貴殿の健康等に配慮する必要がございます。つきましては、当法人の担当者が貴殿の主治医と面談を行い、貴殿の勤務状況等を伝え、貴殿の診断内容等について主治医から説明を受けることにつき、ご同意いただくようお願いいたします。
　これはあくまで、任意のお願いとなりますので、ご同意いただけるかの回答を平成●年●月●日までに●●に書面にてご提出ください。

以上

　主治医との面談のお願い

　休職事由該当性を判断するにあたっては、使用者として主治医の診断を十分に把握することも必要です。しかし、主治医は、当該労働者の業務内容等について正しく把握していないことがありますので、使用者が主治医に対して当該労働者の業務内容等を正しく伝え、業務内容等に即した診断をしてもらうことが重要となります。
　ただし、主治医は、医師としての守秘義務を負っていますので、主治医との面談を行うためには、本書式例のように、労働者の同意を得る必要があります（主治医の対応によっては、労働者の同席の下での面談等もあり得ます）。

休職合意書

　医療法人●●（以下、「甲」という）と●●（以下、「乙」という）とは、甲乙間の雇用契約に関し、平成●年●月●日以降の乙の休職等（以下、「本件」という）について、次のとおり合意した。

第1条
1　甲および乙は、乙が平成●年●月●日から平成●年●月●日まで、就業規則第●条第●号により、休職をすることを相互に確認した。
2　甲および乙は、前項の休職期間満了時である平成●年●月●日までに、乙に対して復職が命じられない場合は、同日をもって、乙が甲を退職することを相互に確認した。
3　第1項による休職期間は、勤続年数に加算せず、同期間は無給とする。

第2条
　乙は、前条第1項の休職期間中（以下、「休職期間中」という）は、療養に専念するものとする。

第3条
　甲および乙は、乙の健康状態の原因が甲（甲における乙の業務を含む）になく、業務外の原因によるものであることを相互に確認した。

第4条
1　休職期間中、乙は、甲に対し、毎月、健康状態、休職の必要性等について記載した主治医の診断書を添えて、健康状態について報告するものとする。
2　乙は、前項の診断書の提出に関し、甲が必要があると判断した場合には、甲が当該診断書を作成した主治医との面談を行うことに同意する。

第5条
　休職期間中、甲は、乙に対し、産業医による随時または定期的な面談または診断を実施することができる。

第6条
　休職期間中、乙は、休職（期間、条件、期間満了時の取扱い等を含み、これらに限られない）に関する甲からの連絡に応じるものとする。ただし、乙が、甲に対し、甲と直接連絡をとることが望ましくない旨の主治医の診断書を提出した場合、甲は、原則として、産業医等を介して乙に連絡

設例 13

私傷病休職

第 5 章　労働者の健康

を行うものとする。

第 7 条
　乙は、甲に対し、休職期間中のうち当月 1 日から末日までの期間に対応する各社会保険料の本人負担分、および住民税の法人立替分を、翌月●日までに支払う。

第 8 条
　本合意書に定めのない事項については、就業規則の定めによる。

第 9 条
　乙は、本件に至る経緯、本合意書締結に至る経緯および本合意書の内容を第三者（甲の産業医等甲の同意のある者、および乙の主治医を除く）に口外しない。

第 10 条
　甲および乙は、本合意に関する紛争については、●地方裁判所を第一審の専属的合意管轄裁判所とする。

　本合意成立の証として、本合意書 2 通を作成し、甲乙各 1 通を保有する。

　　　　　　　　　　　　平成●年●月●日

　　　　　　　　　　　　甲
　　　　　　　　　　　　医療法人●●
　　　　　　　　　　　　理事長　＿＿＿＿＿＿＿印
　　　　　　　　　　　　（所在地）＿＿＿＿＿＿

　　　　　　　　　　　　乙
　　　　　　　　　　　　（氏名）＿＿＿＿＿＿＿印
　　　　　　　　　　　　（住所）＿＿＿＿＿＿＿

 休職合意書

　休職にあたっては、休職命令の形ではなく、労働者との間で休職合意書を締結することも考えられます。休職合意書を締結すると、労働者も休職に合意

していることが明確になるため、事後の紛争リスクを事実上小さくする効果が
あります。また、就業規則に休職期間中の労働者の義務等の詳細な規定がない
場合等には、休職合意書により、主治医の診断書の定期的な提出、産業医によ
る面談、使用者からの連絡への対応等を義務づけ、使用者が休職中の労働者の
健康状態を十分に把握できるようにすることが考えられます。

　特に、精神的不調により休職をしている労働者については、健康状態が日々
変動することがあり、継続的な健康状態の把握が必要となります。このような
健康状態の定期的な把握は、休職期間満了時の復職可能性を適切に判断するこ
とにも資するといえます。

　なお、本書式例の利用に際しては、各法人の就業規則との整合性を意識し
た修正（例：本書式例は、休職期間満了時の自然退職を前提としていますが、
法人の就業規則によっては、休職期間満了時に「自然退職」ではなく「解雇す
る」という形式になっている場合があります）を適宜行ってください。

設例 13

私傷病休職

第 5 章　労働者の健康

休職命令通知書

平成●年●月●日

●●殿

医療法人●●
理事長●●

　貴殿は、業務外の傷病により、平成●年●月●日から平成●年●月●日まで、●か月の欠勤をし、貴殿から療養にはさらに●か月を要する旨の主治医および法人指定医の診断書が提出されています。
　当法人は、貴殿に対して、就業規則第●条に基づき、平成●年●月●日から平成●年●月●日まで、●か月間の私傷病休職に付することを通知いたします。
　休職期間中は、療養に専念し、就業規則第●条により、●か月ごとに当法人に対して、病状の報告（診断書の添付を含みます）をするようお願いいたします。

以上

 休職命令通知書

　休職合意書の締結が難しい場合、労働者を休職に付するためには、休職を命じることになります。このように休職を命じる場合に備え、就業規則等において、あらかじめ休職命令の根拠規定を定めておくべきといえます。なお、休職合意書の締結が拒否された場合、事実上休職の効力が争われるリスクが高いと考えられますので、休職を命じるにあたっては、産業医や法人指定医等の専門家の意見を十分に踏まえて慎重に検討すべきです。
　また、休職を命じるにあたっては、休職事由該当性および休職期間等を、労働者に書面にて明示し、休職にまつわる無用なトラブルを避けることが望ましいといえます。

```
            受診命令通知書
                              平成●年●月●日
●●殿

                                    医療法人●●
                                    理事長●●

  貴殿は、業務外の傷病により、平成●年●月●日から休職し、平成●年
●月●日に、平成●年●月●日からの復職を申し出ており、平成●年●月
●日に診断書を提出されています。
  しかしながら、上記診断書については、●●、貴殿の対応は、●●であ
り、復職可能との診断内容に疑問があります。
  つきましては、当法人は、貴殿の復職の判断にあたり、貴殿に対して、
就業規則第●条に基づき、平成●年●月●日までに当法人の指定する下記
の医師による診断を受け、診断結果を当法人に報告するよう通知いたしま
す。

                      記
        病院名：●●病院
        医師名：●●医師
        診断内容：復職の可否、条件および時期
                                              以上
```

設例 13

私傷病休職

受診命令通知書

　休職については、休職期間満了時において労働者が復職可能であるか否か
もよく問題になります。

　たとえば、休職期間満了の直前になって、労働者が、復職可であるとの主
治医の診断書を提出し、復職を希望することがあります。しかし、特に労働者
が精神的不調を理由に休職をしている場合、主治医の診断書は、労働者の復職
意思のみを基に診断をしている可能性も否定できず、使用者として主治医の診
断書を無条件に信用することができない場合があります。

　このような場合、使用者としては、労働者が復職可能であるか否かを適切
に判断するため、本書式例のような受診命令通知書を用いて、産業医や法人指
定医の受診を命じるべきです。また、主治医との面談等を行うこと（前述の
「主治医との面談のお願い」参照）も考えられます。

第 5 章　労働者の健康

参考裁判例　東京地判平成 25 年 2 月 19 日判時 2203 号 118 頁

患者からの暴力
（安全配慮義務①）

Q　当病院の看護師が、入院患者から暴行を受け（第 1 事故）、就労することができなくなってしまい、また、その後回復した後に、別の入院患者からの暴行を受け（第 2 事故）、適応障害を発症してしまいました。
　当病院が、当該看護師に対して、損害賠償責任を負うのはどのような場合でしょうか。

I　問題の所在

　一般に、医療機関（使用者）は労働者に対する安全配慮義務を負っており、労働者が、その生命および身体等の安全を確保しつつ労働をすることができるよう配慮するものとされています。医療機関（使用者）に安全配慮義務違反がある場合、医療機関（使用者）が労働者から、債務不履行に基づく損害賠償を請求されることがあります。
　医療機関において、看護師等の労働者の生命および身体等が害される場合としては、本設例のように、せん妄状態、認知症等により不穏な状態にある入院患者から暴行を受けて傷害を負うようなケー

スが想定されます。

　本設例では、医療機関（使用者）の安全配慮義務違反を理由とした損害賠償請求が認められる要件について説明し、医療機関（使用者）が具体的にどのような対応策を採っておくべきかという点等につき、検討します。

Ⅱ　安全配慮義務違反を理由とする損害賠償請求の要件

(1)　概　要

　労働契約上の安全配慮義務については、「労働者が労務提供のため設置する場所、設備もしくは器具等を使用しまたは使用者の指示のもとに労務を提供する過程において、労働者の生命および身体等を危険から保護するよう配慮すべき義務」であるとされています[91]。労契法5条において、明文化もされています。

(2)　要　件

㋐　概　要

　労働契約上の安全配慮義務違反を理由とする損害賠償請求の要件は、次のとおりです。

安全配慮義務違反を理由とする損害賠償請求の要件

> ①　ある法律関係に基づいて特別な社会的接触関係に入ったこ

---

[91]　最三判昭和59年4月10日民集38巻6号557頁

第5章　労働者の健康

> と（社会的接触関係）
> ②　安全配慮義務が存在し、これに違反したこと（安全配慮義務違反）
> ③　損害が発生していること、およびその金額（損害の発生・損害額）
> ④　因果関係があること（因果関係）

(イ)　①社会的接触関係

　安全配慮義務は、ある法律関係に基づいて特別な社会的接触関係に入った者の間に認められる義務です。労働契約の場合には、労働契約の成立により、①を満たします。

(ウ)　②安全配慮義務違反

　次に、安全配慮義務が存在し、これに違反したことが必要となります。

　そして、安全配慮義務の内容については、個別具体的な状況に応じて判断されるものとされています[92]。

　個別具体的な安全配慮義務の内容は、労働者の生命および身体等が侵害された場合に、そのような事態を使用者として予見することができたか、予見できたとするとどのような措置を講じればそのような事態を防ぐことができたかという観点から、検討することになります。

　したがって、安全配慮義務の発生の前提として、使用者の予見可能性の有無が問題になります（予見可能性の位置づけについては議論があり、予見可能性を使用者側の免責事由として整理する立場もあります）。

---

[92]　前掲注91

なお、安全配慮義務の具体的な内容としては、以下の例が挙げられます。

安全配慮義務の具体的な内容

○　安全な職場環境の整備
○　長時間労働、過重労働の防止
○　労働者の健康状態に即した適切な措置

(エ)　③損害の発生・損害額

　安全配慮義務違反による損害としては、労働者の生命および身体等が侵害されたことによる損害（たとえば、治療費、通院交通費等）が生じ得ます。

　また、使用者の安全配慮義務違反によって労働者が傷害を負い、当該傷害を理由として勤務ができない場合には、休業損害が生じ得ます。さらに、労働者が負った傷害につき後遺障害が残った場合には、後遺障害による逸失利益も損害として生じ得ます。

　その他の損害として、慰謝料、弁護士費用等が挙げられます。

　このような損害については、交通事故の事案において一般的に用いられる損害賠償の基準が参考になるものとされています。

(オ)　④因果関係

　②安全配慮義務違反と③損害の発生・損害額との間に因果関係が存在することが必要です。

　なお、業務上の負傷および疾病については、使用者に対する安全配慮義務違反を理由とする損害賠償請求とは別に、労災保険給付（療養補償給付、休業補償給付、障害補償給付等）を受けることができます。業務上の負傷および疾病と認定されるためには、業務起因性が認められることが必要です。この業務起因性と、安全配慮義

第5章 労働者の健康

務違反を理由とする損害賠償請求における因果関係とは、ほぼ同じ
ものとされています。

　そのため、安全配慮義務違反を理由とする損害賠償請求における
因果関係の検討にあたっては、労災認定の業務起因性判断の際の認
定基準[93] が参考になります。

(3)　過失相殺

　安全配慮義務違反に基づく損害賠償請求が、①から④までの要件
を満たしていたとしても、労働者自身が自己の健康管理義務を怠っ
ていたような場合には、過失相殺[94] が認められ、過失割合に応じた
減額がなされることがあります。

　過重労働を原因として研修医が突然死をしたという事案におい
て、裁判所が、病院側の安全配慮義務違反を認めた上で、労働者は
医師免許を有している研修医であり、自己の心身の状況を自ら管理
する能力は十分にあったとして労働者側にも自らの健康保持に努め
る義務があるとし、健康への異変に気付きながら健康診断を受ける
などの措置を講じていない点をとらえ、労働者側の過失を2割とす
る過失相殺を認めた裁判例[95] があります。

(4)　損益相殺

　労働者の勤務中の負傷および疾病について業務起因性が認められ
る場合には、労働者は労災保険給付を受けることができます。

　このような労災保険給付については、損益相殺として、安全配慮

---

[93] 「心理的負荷による精神障害の認定基準について」（平成23年12月26日基発
1226第1号）等
[94] 民法418条
[95] 大阪高判平成16年7月15日労判879号22頁

216

義務違反に基づく損害賠償額から控除することができます[96]。

　なお、労災保険給付は、労働者に生じた財産的損害の補償を目的としており、精神的損害の補償を目的としていないとされていますので、労災保険給付があっても、慰謝料請求については影響を及ぼさない（慰謝料と労災保険給付との損益相殺はできない）ものとされています[97]。また、特別支給金（休業特別支給金、傷害特別支給金、遺族特別支給金、遺族特別一時金等）については、その性質からして損益相殺をすることはできないものとされています[98]。

Ⅲ　設例について

設例 14
患者からの暴力（安全配慮義務①）

本設例

(1)　第1事故

　看護師Ａは、当病院にて勤務していたところ、夜勤中に入院患者Ｘから暴力を振るわれ、頚椎捻挫および左上肢拘縮等の傷害を負いました（第1事故）。第1事故において看護師Ａの負った傷害により、看護師Ａは1年半程、就労をすることができず、公傷休暇をとりました。また、第1事故において看護師Ａの負った傷害については、後遺障害（後遺障害等級9級）が残ってしまいました。

　第1事故当時、当病院では、勤務中の看護師にポケットベ

---

[96]　労基法 84 条
[97]　最三判昭和 58 年 4 月 19 日民集 37 巻 3 号 321 頁
[98]　最二判平成 8 年 2 月 23 日民集 50 巻 2 号 249 頁

217

第5章　労働者の健康

ルを所持させ、ナースコールが鳴らされた際には、ポケット
ベルに通知されるようにしていました。しかし、第1事故の
際、看護師Aが助けを求めてナースコールを鳴らしても、他
の看護師が直ちに駆けつけることはありませんでした。その
後、他の看護師が駆けつけ、入院患者Xの看護師Aに対す
る暴行を止めるまでは、一定の時間がかかってしまいまし
た。当病院においては、せん妄状態、認知症等により不穏な
状態にある入院患者から暴行を受けることはごく日常的な事
態でしたが、その際の対応マニュアル等を整備してはいませ
んでした。

(2)　第2事故

　看護師Aは、1年半程、公傷休暇をとった後復職しまし
た。復職の際には、産業医も交えて入念な打ち合わせをし、
第1事故による後遺障害にも配慮しながら、看護師Aの了解
を得た上で、復職後の配属先を選別しました。復職後の配属
先での業務（病棟業務）は、入院患者との接触をする場面も
ありますが、産業医からは、入院患者との接触を控えるよう
にとの診断はなされておらず、復職にあたっての産業医の意
見書において、入院患者との接触を控えるようにとの条件も
付されておりませんでした。また、産業医面談の場におい
て、看護師Aが入院患者に対する恐怖感、嫌悪感を述べてい
た事実もありませんでした。当病院は、復職後の看護師Aの
勤務状況を観察しつつ、徐々に看護師Aの業務を増やしてい
くなど、看護師Aへの配慮に努めました。
　その後、今度は、看護師Aが入院患者Yに対して食事介
助をしていた際、入院患者Yが食事介助を拒もうと看護師A
の手をいきなり掴み、その後、右手を拳骨にして看護師Aの

顔の方に突き出してくるということが起こりました（第2事故）。入院患者から突き出された拳骨は、看護師Aが後ずさりしてこれを避けたため、看護師Aに当たりはしませんでしたが、看護師Aはそのまま動けなくなり、その場に立ちすくんでしまいました。看護師Aは、その後は普段と変わりのない様子で業務をこなし、その日のうちに、上司に第2事故に関する報告をすることもありませんでした。看護師Aが第2事故の報告を上司にしたのは、第2事故から数日が経った後でした。第2事故から数日後、看護師Aは精神科を受診し、適応障害であるとの診断を受け、休職に入りました。

(3) 質 問

今回、看護師Aは、第1事故および第2事故について、当病院の安全配慮義務違反を主張し、損害賠償請求をしてきました。看護師Aは、損害として、治療費60万円、通院交通費10万円、第1事故により後遺障害が残ったことによる逸失利益3,500万円、第2事故による休業損害80万円、慰謝料1,000万円、弁護士費用465万円等の合計5,115万円等を主張しています。

当病院は、看護師Aに対し損害賠償責任を負うのでしょうか。

設例 14

患者からの暴力（安全配慮義務①）

結 論

第1事故については、予見可能性があったもの等として、安全配慮義務違反を理由とする損害賠償責任が認められる可能性が高いです。

他方、第2事故については、看護師Aの適応障害の発症に

219

第5章　労働者の健康

> は因果関係および安全配慮義務違反が認められず、安全配慮
> 義務違反を理由とする損害賠償責任は認められない可能性が
> 高いです。

(1)　第1事故

(ア)　①社会的接触関係

　看護師Aは本病院に雇用されており、労働契約が成立していますので、①を満たします。

　この点については、第2事故についても同様です。

(イ)　②安全配慮義務違反

　本設例において、本病院ではせん妄状態、認知症等により不穏な状態にある入院患者から看護師が暴行を受けることはごく日常的な事態でしたので、看護師が入院患者からの暴行を受けて傷害を負うことは、本病院として当然に予見することができたといえます。

　そのため、本病院としては、入院患者からの暴行という看護師の身体への危害が及ぶことを回避するように最善を尽くす義務があるといえます。

　具体的には、ナースコールが鳴った際には、入院患者が担当看護師を呼ぶために鳴らしている場合のみならず、看護師が入院患者から暴行を受けておりその助けを呼ぶために鳴らしている場合もあることを念頭におき、ナースコールが鳴った際（看護師の所持するポケットベルに通知された際）に、直ちに事態の確認や応援に駆けつけるなどの対応をするよう、対応マニュアルを作成するなどして、各看護師に周知徹底する義務等を負っていたといえます。

　本設例では、本病院は、ナースコールが鳴った際の対応マニュアルを作成するなど、前述の安全配慮義務を尽くしておらず、本病院に安全配慮義務違反が認められる可能性が高いです。

参考裁判例においても、「看護師全員に対し、ナースコールが鳴った際、（患者が看護師を呼んでいることのみを想定するのではなく）看護師が患者から暴力を受けている可能性があるということをも念頭に置き、自己が担当する部屋からのナースコールでなかったとしても、直ちに応援に駆けつけることを周知徹底すべき注意義務を負っていた」として、病院の安全配慮義務を認定した上、そのような注意義務を尽くしていなかったとして安全配慮義務違反が認められています。

(ウ)　③損害の発生・損害額

　第1事故の際の傷害の治療費、通院交通費、慰謝料等が損害として認められるものと考えられます。

　また、第1事故で受けた傷害により後遺障害が残っていますので、逸失利益および慰謝料等が、損害として認められるものと考えられます。

(エ)　④因果関係

　本設例において、本病院として、看護師が、せん妄状態、認知症等により不穏な状態にある入院患者から暴行を受けることはごく日常的な事態であるという状況を踏まえ、その際の対応マニュアルを作成するなどしていれば、看護師Aがナースコールを鳴らして助けを求めた後、すぐに他の看護師が駆けつけることができたといえます。そして、すぐに他の看護師が駆けつけていれば、入院患者Xの看護師Aに対する暴行が継続することを防ぎ、看護師Aが1年半もの公傷休暇をとらなければならないような重篤な傷害を負うことはなかったと考えられます。

　したがって、本病院の安全配慮義務違反と看護師Aの損害の発生との間には、因果関係が認められると考えられます。

　参考裁判例においても、因果関係が認められています（なお、第

設例14

患者からの暴力（安全配慮義務①）

221

第 5 章　労働者の健康

1 事故による傷害について、症状固定した後の治療費および通院交通費は、第 1 事故に関する安全配慮義務違反と因果関係がないとされています)。

㋘　小　括

　以上のことからすると、第 1 事故については、本病院の安全配慮義務違反が認められ、本病院は看護師 A に対し損害賠償責任を負う可能性が高いです。

(2)　第 2 事故

㋐　④因果関係

　本設例において、第 2 事故は、入院患者 Y が食事介助を拒もうと看護師 A の手をいきなり掴み、その後、右手を拳骨にして看護師 A の顔の方に突き出してきたというものであり、入院患者から突き出された拳骨が、看護師 A に当たることはありませんでした。

　そのため、暴行の程度および態様において、第 1 事故とは明らかに事案を異にします。

　また、第 2 事故の当日、看護師 A は、第 2 事故の後は普段と変わりのない様子で業務をこなしていること、第 2 事故の事実を、その日のうちに上司に報告していないこと、第 2 事故を上司に報告したのは第 2 事故から数日後であることなどからすれば、第 2 事故が看護師 A の適応障害発症の引き金になるほどの、重度の心理的負荷をもたらす内容のものであったとは認められないと考えられます。

　よって、看護師 A の主張する安全配慮義務違反に該当する事実と看護師 A の適応障害（および適応障害により生じた損害（看護師 A の主張としては、治療費、通院交通費、休業損害、慰謝料、弁護士費用です））との間に、因果関係は認められない可能性が高

いです。

(イ)　②安全配慮義務違反

　本設例において、本病院が看護師Ａの復職にあたり、産業医も交えて入念な打ち合わせをし、第１事故によって負った後遺障害にも配慮しながら、看護師Ａの了解を得た上で、復職後の配属先を選別していること、復職にあたっての産業医の意見書においては、入院患者との接触を控えるようにとの条件が付されていなかったこと、産業医面談においても、看護師Ａが、入院患者に対する恐怖感、嫌悪感等を述べていた事実はなかったこと、本病院は復職後の看護師Ａの勤務状況を観察しつつ、徐々に看護師Ａの業務を増やしていくなど、看護師Ａへの配慮に努めたことが事実として認められます。

　このような状況下においては、看護師Ａが、入院患者Ｙから前述のような態様による暴行を受けたことで、心理的負荷を受け、精神障害等を発症することまでを、本病院として、当然に予見できたということはできません（他方、本設例の事実関係とは異なり、復職にあたっての産業医の意見書に、入院患者との接触を控えるようにとの条件が付されていた場合、または産業医面談においても、労働者が、入院患者に対する恐怖感、嫌悪感等を述べていたような場合には、予見可能性が認められると判断される可能性が高いと考えられます）。

　よって、安全配慮義務違反の前提としての予見可能性がなく、本病院に安全配慮義務違反は認められないと判断される可能性が高いです。

(ウ)　小　括

　以上のことからすると、第２事故については、本病院の安全配慮義務違反が認められず、また、因果関係も認められないため、本病

第5章　労働者の健康

院は看護師Aに対し損害賠償責任を負わない可能性が高いです。

　参考裁判例においても、適応障害発症に関する予見可能性がないこと、因果関係が認められないことを理由として、労働者からの安全配慮義務違反に基づく損害賠償請求は認められていません。

対応策

(1)　第1事故

㋐　申し送りによる対応

　参考裁判例において、病院は、せん妄状態、認知症等により不穏な状態にある入院患者については、口頭または看護記録上申し送りがされていたことなどから、注意義務を尽くしており、安全配慮義務違反はないとの主張をしています。

　この点につき、裁判所は、「申し送りがされた患者について人員を増加するなどの措置が採られるわけでもなく、そのような申し送りを受けて、突発的に発生する患者の暴力に対し有効な対策が講じられるわけでもない」として、病院の主張を排斥しています。

　裏を返せば、病院としては、不穏な状態にある入院患者について、単に申し送りをするにとどまらず、そのような入院患者には対応する人員を増加し、複数人で対応するような措置などを採るべきであったといえます。

㋑　ナースコールによる対応

　また、本設例は、看護師Aが他の看護師に助けを求めるためにナースコールを使っていますが、ナースコールは、通常、患者が看護師を呼ぶためのものですので、ナースコールが鳴っても、入院患者が担当看護師を呼ぶために鳴らしたのか、看護師が他の看護師の助けを求めて鳴らしたのか即座に判別することができません。その

224

ため、ナースコールとは別に、まさに、看護師が他の看護師に助け
を求める際の連絡手段（防犯ブザー等）を用意することが考えられ
ます。

㋒　第1事故まとめ

　このように、医療機関としては、看護師がせん妄状態、認知症等
により不穏な状態にある入院患者から暴行を受けることがごく日常
的にあるような事態にある状況であれば、単なる口頭での注意喚起
にとどまらず、看護師が入院患者から暴行を受けることを防ぐため
の対応策を、具体的に検討する必要があるといえます。

(2)　第2事故

　看護師等の労働者が、入院患者から暴行を受けたこと、または入
院患者との関係に悩んで精神障害等を発症したことなどを理由に、
通常の労務提供ができずに休職に入るケースがあり得ます。このよ
うなケースにおいて、休職期間満了後に復職をさせる場合、医療機
関としては、産業医等の専門的な判断はもちろん、看護師本人との
面談を重ねるなど、本人の健康状態に十分に配慮して復職後の業務
等を選別していく必要があるといえます。

　参考裁判例において、病院は、第1事故後の復職にあたり、産業
医も交えて複数回にわたる協議を重ね、様々な科における勤務の可
能性を検討し、病棟勤務とすることについても労働者の了解を得た
上で決定し、復職後の労働者の勤務状況を観察しつつ徐々に依頼す
る業務を増やしていくなど、本人の健康状態に十分に配慮した対応
をしており、参考になります。

第 5 章　労働者の健康

(3)　対応策まとめ

　安全配慮義務違反に基づく損害賠償責任は、あくまで使用者の過失責任であり、使用者に無過失責任を負わせるものではありません。しかしながら、使用者に求められる安全配慮義務としては、抽象的に労働者に注意を促すということにとどまらず、労働者の生命および身体等の安全等を確保するための具体的な対応策を検討し、実施することが求められています。

コメント

　医療機関においては、様々な病状を有する患者への対応をしていく必要があり、患者への対応の中で、労働者が傷害を負う可能性も否定できません。

　本設例では、せん妄状態、認知症等により不穏な状態にある入院患者から暴行を受けることが日常的であるような状況において、看護師が入院患者から暴行を受けた場合の、病院の責任および対応策について説明しました。

　その他にも、入院患者による自傷行為等を制止しようとした際に、誤って看護師が傷害を負ってしまうというケースも想定されます。

(1)　別の裁判例の事案

　たとえば、ある裁判例[99]では、精神病院の入院患者が、はさみを取り出して自傷行為に及ぼうとしたため、看護師がこれを制止しようと入院患者の持っていたはさみを取り上げたとこ

---

[99]　横浜地相模原支判平成 26 年 8 月 8 日

ろ、当該看護師が誤って指を負傷してしまったという事案において、看護師が、病院の安全配慮義務違反を理由とした損害賠償請求をしました。裁判所は、当該事案において、「精神病院においては、一般病院に比して、患者が精神的に不安定であり、かつ、予測できない行動を取ることが多く、暴力や自殺等の自傷行為または他害行為等が多いという特有の危険があるといえる。そして、患者が自傷行為に及ぼうとしたときに、病院職員がこれを制止しようとし、これに対して患者が抵抗し、この患者の抵抗によって病院職員が負傷するに至るという事態は、容易に想定し得るところである。したがって、精神病院としては、上記のような特有の危険を前提に、患者の行動によって職員の生命、身体が危険にさらされることなく、安全に業務に従事できるよう配慮すべき注意義務があるというべきである」とした上で、病院の損害賠償責任を肯定しています。

(2) 別の裁判例における安全配慮義務の具体的内容

当該裁判例においては、安全配慮義務の具体的内容として、[a]「精神病院の外来診察室において、患者を診察するに当たっては、不穏な行動に及ぶ患者にとって凶器となりかねない刃物類等の危険物を患者の手の届く場所に不用意に置くことのないよう、危険物の管理について徹底すべき注意義務」および[b]「診察時の問診あるいはそれ以前の段階で得た情報等により、患者が自傷行為に及ぶ具体的危険性が認められる場合には、万一の事態に即座に対応できるよう、医師を含む複数の職員により、当該患者の行動を監視するよう、医師を含む職員に対して周知徹底すべき注意義務」が挙げられており、医療機関として採るべき具体的な対応策として参考になります。

第5章　労働者の健康

書　式

院内暴力等対応マニュアル

第1　対応の基本姿勢
　1　要注意患者等への姿勢
　　・自分自身の身の安全を確保し、暴力を受けそうになったら逃げる
　　・相手との間に一定の距離を保つようにし、不用意に近づかない
　　・原則として、できる限り複数人で対応する
　　・病状に加え、注意すべき言動等についても申し送り事項とする
　　・…以下略
　2　突発的事態への姿勢
　　・（1人の場合）身の危険を感じたときは、防犯ブザーを鳴らす
　　・（1人の場合）防犯ブザーを持っていない場合には、ナースコールを鳴らす（ナースコールが鳴った場合、看護師等が入院患者等から暴行を受けたために助けを求めて鳴らした可能性もあることを想定した対応をする）
　　・（相手が何か要求をしているような場合は）要求内容を十分に把握する
　　・相手を刺激しないようにし、できる限り最小限の発言に留める
　　・…以下略

第2　行為ごとの発生時の対応
　1　暴言および脅し
　　（例）大声を出して威嚇する、すごむ、椅子などの備品を叩く
　（1）診療時間内
　　　①●●課へ連絡
　　　②課長を含めた●人以上のスタッフで説得
　　　③（説得に応じない場合）●●課が110番通報を行う
　　　④…以下略
　（2）診療時間外
　　　①当直事務へ連絡
　　　②警備員を含めた●人以上のスタッフで説得
　　　③（説得に応じない場合）当直事務が110番通報を行う
　　　④…以下略
　2　暴力的行為
　　（例）凶器を持ち出す、身体への攻撃となる暴力的行為を行う

(1) 診療時間内
　①●●課へ連絡（状況に応じて、対応者の身体の安全確保のため、逃げる）
　②直ちに課長を含めたスタッフおよび警備員が防具持参の上駆け付けるとともに、●●課において110番通報を行う
　③…以下略
(2) 診療時間外
　①当直事務へ連絡（状況に応じて、対応者の身体の安全確保のため、逃げる）
　②直ちに警備員が駆け付けるとともに、当直事務が110番通報を行う
　③…以下略

 院内暴力等対応マニュアル

　本書式例は、院内暴力等対応マニュアルの一例として、院内暴力等の対応の基本姿勢と行為ごとの発生時の対応を記載してあります。どのような場合にどのような対応を採るべきかという点は、医療機関ごとの実情に応じて決める必要がありますが、できる限り具体的な内容のマニュアルを作成し、実際に院内暴力等が起きた場合に即座に対応ができるようにしておくべきであるといえます（もちろん、マニュアルの周知および労働者への教育も行う必要があります）。

第 5 章　労働者の健康

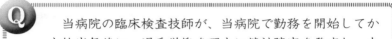

設例 15

参考裁判例　札幌高判平成 25 年 11 月 21 日判時 2212 号 43 頁

過労自殺
（安全配慮義務②）

Q　当病院の臨床検査技師が、当病院で勤務を開始してから約半年後に、過重労働を理由に精神障害を発症し、自殺してしまいました。
　当病院は、当該臨床検査技師の自殺について、どのような責任を負うのでしょうか。

I　問題の所在

　労働者が、長時間労働および過重労働等により心理的な負荷を負い、精神障害を発症するケースがあります。このようなケースの場合、最悪の事態として、労働者が自らの命を絶ってしまうことがあります（以下、このような精神障害を発症したための自殺を「過労自殺」といいます）。
　本設例では、過労自殺のケースにおける、医療機関（使用者）の安全配慮義務違反を理由とした損害賠償請求等につき説明し、医療機関（使用者）として採るべき措置等について、検討します。

Ⅱ 過労自殺についての損害賠償請求の要件

(1) 要 件

労働契約上の安全配慮義務違反を理由とした損害賠償請求の要件は、次のとおりです（詳細は**設例 14** 参照）。

安全配慮義務違反を理由とした損害賠償請求の要件

① ある法律関係に基づいて特別な社会的接触関係に入ったこと（**社会的接触関係**）
② 安全配慮義務が存在し、これに違反したこと（**安全配慮義務違反**）
③ 損害が発生していること、およびその金額（**損害の発生・損害額**）
④ 因果関係があること（**因果関係**）

過労自殺特有の点は、次のとおりです。

㋐ ②**安全配慮義務違反に関する、安全配慮義務の内容**

安全配慮義務の内容が、個別具体的な状況に応じて判断されることについては、設例 14 のとおりです。

労働者が過労自殺をした事案で、最高裁[100] は、「労働者が労働日に長時間にわたり業務に従事する状況が継続するなどして、疲労や心理的負荷等が過度に蓄積すると、労働者の心身の健康を損なう危険のあることは、周知のところである」とした上で、使用者は、「業務の遂行に伴う疲労や心理的負荷等が過度に蓄積して労働者の

---

[100] 最二判平成 12 年 3 月 24 日民集 54 巻 3 号 1155 頁

第5章　労働者の健康

心身の健康を損なうことがないよう注意する義務を負う」と判断しています。

(イ)　②安全配慮義務違反に関する、予見可能性の内容および程度

過労自殺の場合、労働者の日常の言動から、精神障害を発症していることが窺われるような事情がない場合、労働者が自殺をすることの予見が難しい場合があります。

ただし、裁判例の傾向として、過労自殺のケースにおいては、使用者が労働者の長時間労働等の事実を認識していれば、当然に、精神障害の発症および過労自殺に至ることについて、予見できたとして、予見可能性を認める傾向にありますので注意が必要です。

たとえば、「使用者において、当該労働者の健康状態の悪化を現に認識していなかったとしても、当該労働者の就労環境等に照らして、当該労働者の健康状態が悪化するおそれがあることを容易に認識し得たというような場合には、結果の予見可能性があったと解するのが相当」と認めた裁判例[101]もあります（ただし、このような裁判例の傾向については、使用者に過度な責任を負わせているため適切ではないと、批判的な意見もあり、議論のあるところです）。

なお、「業務の遂行に伴う疲労や心理的負荷等が過度に蓄積することにより」、労働者の「心身の健康が損なわれて何らかの精神障害を起こすおそれについては、具体的客観的に予見可能であることが必要」であり、「抽象的な危惧感」では足りないとして予見可能性を否定した裁判例もあります[102]。

---

[101]　前橋地判平成 22 年 10 月 29 日判タ 1361 号 192 頁
[102]　東京高判平成 20 年 10 月 22 日労経速 2023 号 7 頁

(2)　④因果関係に関する、厚生労働省の認定基準との関係

㋐　概　要

　労災認定の業務起因性判断の際の基準が、安全配慮義務違反を理由とする損害賠償請求における因果関係の検討にあたって参考になることは、設例14記載のとおりです。

　労災認定については、対象疾病の発病前おおむね6か月の間に、業務による「強い」心理的負荷があれば、原則、業務起因性が認められます[103]。

　過労自殺の場合、上記認定基準では、業務による心理的負荷により精神障害を発症したときは、「精神障害によって正常の認識、行為選択能力が著しく阻害され、あるいは自殺行為を思いとどまる精神的抑制力が著しく阻害されている状態に陥ったものと推定し、業務起因性を認める」とされています。つまり、長時間労働等に基づき、精神障害が業務上の疾病と認められると、その後の精神障害に基づく自殺についても業務起因性が推定されます。

㋑　時間外労働

　また、上記認定基準における、時間外労働時間（週40時間を超える労働時間）数の評価については、たとえば、a 発病直前の連続した2か月間に1月当たりおおむね120時間以上の時間外労働を行い、その業務内容が通常その程度の労働時間を要するものであった場合、および b 心理的負荷が「中」程度と判断される出来事の後に恒常的な長時間労働（月100時間程度となる時間外労働）がある場合等は、心理的負荷の総合評価は「強」とされており、業務起因性が肯定されます。

---

[103]　前掲注93

第5章　労働者の健康

(3)　過失相殺（寄与度減額）

　総論としての過失相殺は、設例 14 を参照ください。

　過労自殺の場合、労働者の性格（責任感の強さ、真面目さ、几帳面さ等）ゆえに業務が過重になったり、精神障害を発症したとして、使用者側が過失相殺[104]を主張することがあります[105]。

　ただし、最高裁[106]は、「ある業務に従事する特定の労働者の性格が同種の業務に従事する労働者の個性の多様さとして通常想定される範囲」内にある場合には、労働者の性格および性格に基づく業務遂行の態様等を過失相殺として斟酌することはできないと判断しています。

Ⅲ　設例について

本設例

(1)　入社半年後の 10 月頃に自殺

　当病院の臨床検査科において、臨床検査技師として 4 月から勤務していた A（20 代前半）が、勤務開始から約半年後（10 月頃）に、自殺をしてしまいました。

---

[104]　民法 722 条 2 項の類推適用
[105]　最一判昭和 63 年 4 月 21 日民集 42 巻 4 号 243 頁
[106]　前掲注 100

(2)　4月以降の状況

　臨床検査技師Aは、当病院で勤務を開始した後、臨床検査科の係長であるB（臨床検査技師）や、同科の同僚C（臨床検査技師）の指導の下、研修を受けながら、臨床検査科において扱っている検査項目の簡易なものから徐々に習得していき、習得した検査項目については単独で検査を行うようになっていきました。臨床検査技師Aは、臨床検査技師の業務に、まじめかつ一生懸命に取り組み、勉強熱心ではありましたが、おっとりした性格で、一度言われたことをなかなか覚えられないようなところがありました。

(3)　8月頃の状況

　当病院は、臨床検査技師Aの習得状況を見ながら、8月頃（勤務を開始してから約4か月後）から、超音波検査の研修を開始しました。超音波検査は、臨床検査技師の行う検査の中では難易度の高い検査技法であり、全部位の超音波検査に対応できるようになるには、数年を要し、人によっては習得することすらできない者もいます。

(4)　9月頃の状況

　9月頃（勤務を開始してから約5か月後）から、臨床検査技師Aは係長Bと分担しながら、単独で超音波検査を行っていました。臨床検査技師Aが超音波検査を担当した初日は、超音波検査の依頼が多い日であり、超音波検査の結果レポート作成に時間を要し、午前0時30分頃まで残業をしていました（当病院では、出退勤時刻をタイムカードによって把握していました）。このような臨床検査技師Aの勤務状況

第5章　労働者の健康

を見て、係長Bとしても、臨床検査技師Aが遅くとも午後9時頃までには業務を終了することができるように、検査の量を調整していました。ただし、係長Bは、業務時間外の自習をすることを推奨しており、臨床検査技師Aは、当病院における検査業務終了後もすぐには退勤せず、頻繁に専門書を読む、係長Bおよび臨床検査技師Cの指導を受ける、自分を被験者として検査を実施するなど、臨床検査技師Aが当病院の臨床検査科での業務を行うために必要な知識および技術の習得をしていました。

(5)　10月頃の状況（自殺4日前）

　係長Bは、臨床検査技師Aが自殺する4日前頃に、臨床検査技師Aが疲れているように感じたため、超音波検査の担当件数を減らすことを打診しましたが、臨床検査技師Aから「頑張ります」と言われたため、担当件数を減らすことまではしていませんでした。

(6)　10月頃の状況（自殺当日）

　臨床検査技師Aが自殺した当日（10月中旬）、係長Bは学会に出席するため、同日の超音波検査は、臨床検査技師Aと臨床検査技師Cが担当することになっていました。臨床検査技師Aの超音波検査の習熟度はまだ十分ではなく、その日まで、臨床検査技師Aの勤務日に係長Bが不在にすることはありませんでした。同日、臨床検査技師Aは出勤時刻に出勤してこなかったことから、係長Bは臨床検査技師Aに電話をしたところ、臨床検査技師Aが電話に出なかったため、留守番電話に「早く起きろ、ばかもの、死ね」とのメッセージを残しました。臨床検査技師Aは、係長Bの留守番

電話に残されたメッセージを聞き、その後、その日のうちに、当病院に出勤しました。係長B不在の同日、臨床検査技師Aから謝罪の言葉があり、落ち込んでいた様子であったため、当病院としては、次に係長Bが出勤した際に係長Bに対する謝罪をするように伝え、同日は、業務終了後に、臨床検査技師Aを退勤させました。

臨床検査技師Aは、当病院を退勤した後、自宅に戻り、自殺をしてしまいました。

(7) 精神障害の発症時期および時間外労働時間数

9月頃に臨床検査技師Aが帰省した際、家族であるXは、臨床検査技師Aのほほの肉がとれ、顔が少し細くなったと感じていたようです。また、10月頃に臨床検査技師Aと会った友人は、臨床検査技師Aが痩せてやつれ、疲れているように感じ、「休日は家を出ないことが多く、寝ているか、ボーっとしている、希望が持てない、気がついたら夕方だった」との臨床検査技師Aの発言を聞いたとのことです。このような状況等を踏まえた専門家の判断によれば、臨床検査技師Aは、8月頃（自殺をした日の約2か月前）から、精神障害を発症していたようです。また、臨床検査技師Aが業務時間外に自習をしていた時間を含めると、臨床検査技師Aは自殺の1か月前につき、約96時間の時間外労働をしていました。

(8) 損害賠償請求の内容

今回、臨床検査技師Aの遺族Xは、臨床検査技師Aが自殺をしたことについて、当病院の安全配慮義務違反を主張し、損害賠償請求をしてきました。遺族Xは、損害として、

第5章　労働者の健康

> 逸失利益、死亡慰謝料、弁護士費用等の合計約1億円を請求しています。
> 　なお、臨床検査技師Aの精神障害の発症については、業務起因性が認められるとして、遺族Xは、遺族補償一時金900万円、遺族特別支給金30万円、遺族特別一時金300万円の給付を受けています。
>
> ## (9) 質　問
>
> 当病院は、遺族Xに対し損害賠償責任を負うのでしょうか。

結　論

　安全配慮義務違反を理由とする損害賠償責任が認められる可能性が高いです。

(1)　①社会的接触関係

　臨床検査技師Aは、本病院に雇用されており、労働契約が成立していますので、①社会的接触関係を満たします。

(2)　④因果関係

㈦　長時間労働による心理的負荷

　本設例において、臨床検査技師Aは、本病院における検査業務終了後も、臨床検査技師Aが本病院の臨床検査科での業務を行うために必要な知識および技術を習得するための自習をしており、臨床検査技師Aが業務時間外に自習をしていた時間を含めると、自

殺の1か月前につき、臨床検査技師Aは、約96時間の時間外労働をしていました（このような自習時間が、労基法の労働時間に該当するかという点は、議論があり得ますが、安全配慮義務との関係では、当該自習時間を含めた時間が、時間外労働時間と扱われる可能性が高いと考えられます。労働時間性については設例6参照）。

　月約96時間の時間外労働は、上記認定基準における恒常的な長時間労働（月100時間程度となる時間外労働）に該当し、このような長時間労働が、臨床検査技師Aの心理的負荷になったものといえます。

㈑　業務による心理的負荷

　臨床検査技師Aの担当していた超音波検査は、臨床検査技師の行う検査の中では難易度の高い検査技法であり、全部位の超音波検査に対応できるようになるには、数年を要し、人によっては習得することすらできないものです。

　そのため、勤務開始から約4か月しか経っていない新人の臨床検査技師Aとして、超音波検査の研修を受け、これを実際に担当することは、心理的負荷の大きいものといえます。

　また、臨床検査技師Aが実際に超音波検査を担当し始めた初日は、検査数が多い日であり、午前0時30分頃まで残業することになり、このことも、臨床検査技師Aに心理的負荷を与えたものということができます。

　さらに、臨床検査技師Aが自殺した当日は、係長Bが学会のために不在にする日であり、これまで臨床検査技師Aの勤務日に係長Bが不在にしていたことはなかったため、超音波検査についての習熟が進んでいなかった臨床検査技師Aにとっては、同僚の臨床検査技師Cと2名で、超音波検査を含む検査室での全ての業務に従事することは、心理的負荷の大きいものということができます。

　これらに加え、臨床検査技師Aが自殺した当日は、臨床検査技

第５章　労働者の健康

師Ａと臨床検査技師Ｃが臨床検査科での全ての検査業務に従事する日であるにもかかわらず、臨床検査技師Ａが２時間も遅刻したこと、日頃から臨床検査技師Ａを指導していた係長Ｂからの、「早く起きろ、ばかもの、死ね」とのそれだけでパワーハラスメントと評価できる留守番電話のメッセージを聞いたことにより、臨床検査技師Ａは、重い心理的負荷を受けたものといえます（パワーハラスメントについては、**設例 10** 参照）。

㋑　小　括

　以上のことからすると、臨床検査技師Ａは、業務による心理的負荷が過度に蓄積したことで、精神障害を発症し、その影響によって本件自殺に至ったと認めるのが相当ですので、④因果関係が認められる可能性が高いと考えられます。

(3)　②安全配慮義務違反

㋐　予見可能性

　本設例では、ⅰ本病院は労働者の出退勤時刻をタイムカードで把握していたこと、ⅱ本病院に代わって臨床検査技師Ａに対し業務上の指揮監督権限を有する係長Ｂは、自身も臨床検査技師であるから超音波検査の習得が困難であることは把握していたこと、ⅲ臨床検査技師Ａが自殺する１か月前から係長Ｂは臨床検査技師Ａとほぼ同時に退勤していたこと、ⅳ係長Ｂは臨床検査技師Ａが疲れているように感じ超音波検査の担当件数を減らすことを打診していることなどから、「当該労働者の就労環境等に照らして、当該労働者の健康状態が悪化するおそれがあることを容易に認識し得た」といえ、予見可能性があるといえます。

　参考裁判例は、「長時間労働等によって労働者が精神障害を発症し自殺に至った場合において、使用者が、長時間労働等の実態を認

識し、または認識し得る限り、使用者の予見可能性に欠けるところはないというべきであって、予見可能性の対象として、うつ病等の精神障害を発症していたことの具体的認識等を要するものではないと解するのが相当である」とし、労働者が精神障害を発症していたことの具体的認識がなくとも、使用者の予見可能性は認められるものと判断しています。

(イ)　安全配慮義務の内容および違反の事実

　本病院には、前述のとおり予見可能性が認められますので、本病院には、安全配慮義務として、臨床検査技師Ａが過重な心理的負荷を蓄積することがないよう、時間外労働を削減したり、超音波検査による心理的負荷を軽減するための具体的、実効的な措置を講じるべき義務があったものと考えられます。

　具体的、実効的な措置としては、[ア]臨床検査技師Ａの超音波検査の担当件数を減らす、[イ]業務終了後は速やかに帰宅するように臨床検査技師Ａに指示をする、[ウ]臨床検査技師Ａの超音波検査の習得状況を踏まえて、習得の個別的な目標を設定するなどが考えられます。

　しかしながら、本設例では、係長Ｂが臨床検査技師Ａに対して業務を遅くとも午後9時頃までには終了させるように調整し、臨床検査技師Ａの超音波検査の担当件数を減らすことを打診しただけであって、その他の[ア]～[ウ]のような具体的、実効的な措置を講じていません。

(ウ)　小　括

　よって、本病院には、②安全配慮義務違反が認められる可能性が高いです。

第5章 労働者の健康

(4) ③損害の発生・損害額

臨床検査技師Aの自殺について、業務にまじめかつ一生懸命に取り組み、勉強熱心であったという臨床検査技師Aの性格が影響を与えた可能性は否定できませんが、臨床検査技師Aのこのような性格は、労働者の個性の多様さとして通常想定される範囲内にあると思われますので、臨床検査技師Aの性格および臨床検査技師Aの性格に基づく業務遂行の態様を斟酌して、損害額を減額することはできないものと考えられます。

また、設例14記載のとおり、労働者（および遺族）が給付を受けた労災保険給付については、損益相殺として、安全配慮義務違反に基づく損害賠償額から控除することができますが、遺族特別支給金および遺族特別一時金は損益相殺をすることができないとされています。

そのため、本設例では、臨床検査技師Aの遺族が給付を受けた遺族補償一時金900万円は損益相殺をすることができますが、遺族特別支給金30万円、遺族特別一時金300万円は損益相殺をすることができません。

よって、本病院が安全配慮義務違反に基づく損害賠償責任を負う場合、損益相殺として、逸失利益から上記遺族補償一時金（900万円）が控除されることになります。

(5) まとめ

以上のことからすると、臨床検査技師Aの自殺については、因果関係および本病院の安全配慮義務違反が認められる可能性が高く、本病院は遺族Xに対し損害賠償責任を負う可能性が高いといえます。

参考裁判例においても、自殺した労働者の遺族からの、安全配慮

義務違反に基づく損害賠償請求が認められ、遺族側に対する約6,000万円の支払いが病院側に命じられています。

対応策

(1) 医療機関（使用者）として具体的、実効的な措置を講ずる必要があること

　前述のとおり、裁判例の傾向として、過労自殺のケースにおいては、使用者が労働者の長時間労働等の事実を認識していれば、予見可能性としては足りると判断される傾向にあります。この点については、議論があるところですが、使用者としては、このような裁判例の傾向を踏まえ、労働者から精神的不調の訴えがなく、または、精神的不調の兆候がないとしても、使用者の把握している労働者の労働時間数および労働者の業務による負担の程度を考慮し、個々の状況に応じた、具体的、実効的な措置を講ずる必要があるといえます。

　具体的、実効的な措置の具体例は、前述のとおりですが、その他にも、長時間労働に従事している労働者について何か異変を感じたような場合、産業医面談を行い、専門家の判断を経ることが考えられます。また、労働者の任意の自習時間等であったとしても（労基法上の労働時間に該当しないとしても）、労働者の健康管理という観点から、業務終了後に職場に長時間の在留をすることがないよう、適切に指導、管理することも考えられます。

　使用者に求められる安全配慮義務として、労働者の生命および身体等の安全等を確保するための具体的な対応策を検討し、実施することが求められていることは、設例14記載のとおりです。

第5章　労働者の健康

⑵　労働者の言動に甘えることなく医療機関（使用者）としての対応策を実行すべきであること

　本設例では、係長Ｂは臨床検査技師Ａに対し、超音波検査の担当件数を減らすことを打診していますが、それに対して臨床検査技師Ａが、「頑張ります」と述べたため、実際に臨床検査技師Ａの超音波検査の担当件数が減らされることはありませんでした。安全配慮義務は、使用者自身が負う義務ですので、労働者側が業務軽減の必要がないと発言していたとしても、そのことによって、使用者の責任が必ずしも否定されるとは限らないという点に、注意が必要です。

コメント

⑴　安全配慮義務違反と労災認定の関係

　過労自殺に関するその他の裁判例として、小児科医であった医師（20代前半）がうつ病を発症して自殺したことにつき、遺族が、ⓐ病院における過重労働によってうつ病を発症、増悪したものであるとして、病院に対して、安全配慮義務違反に基づく損害賠償請求を求める民事訴訟[107]を提起し、また、ⓑ当該医師の自殺は、過重労働によってうつ病に罹患した結果であるとして労基署長の不支給決定の取消しを求めて行政訴訟[108]を提起した事案があります。

　当該事案では、ⅰ民事訴訟においては、病院の安全配慮義

---

[107]　東京高判平成20年10月22日労経速2023号7頁
[108]　東京地判平成19年3月14日労判941号57頁

務違反の事実が否定され、病院は損害賠償責任を負わないものと判断され、ⅱ行政訴訟においては、業務起因性が認められ、労災認定が認められると判断されました。

当該事案において、使用者の損害賠償責任否定の判断と労災肯定の判断とで結論が分かれたポイントは、病院側に安全配慮義務違反があるか否か（安全配慮義務の前提となる予見可能性があるのか否か）という点です。

すなわち、設例14記載のとおり、安全配慮義務違反に基づく損害賠償請求における要件④因果関係と、労災認定における業務起因性とはほぼ同じものとされており、当該事案でも、この点は、民事訴訟と行政訴訟とで同様の判断がされています。しかし、民事訴訟においては、要件④因果関係は満たすものの、別の要件（要件②安全配慮義務違反）を満たさないと判断し、病院側の責任を否定しています。

安全配慮義務違反に基づく損害賠償請求と労災認定とは、同様の結論になること（たとえば、労働者側の損害賠償請求が肯定され、労災認定がなされるなど）が多いといえますが、労災認定がなされても損害賠償請求が否定される場合もあるという意味において、注目に値する裁判例です。

(2) 精神障害の発症が業務外の理由であるものの、その悪化が業務上の理由である場合

過労自殺については、㋐業務上の理由により精神障害を発症して自殺に至る場合と、㋑業務外の理由による精神障害が、業務上の理由により悪化したために、自殺に至る場合とが考えられます。

㋐だけでなく、㋑についても、精神障害の悪化の原因が業務上の理由によるものであると認められ、そのような精神障害により自殺に至った場合であれば、使用者の安全配慮義務違反

第 5 章　労働者の健康

に基づく損害賠償責任が肯定されることになります。

　ある裁判例[109]では、麻酔科の医師がうつ病を発症し、自殺をしてしまったという事案において、業務とうつ病発症との間の因果関係は否定されましたが、うつ病を発症した後、病院として、当該医師の業務を軽減するための措置を具体的に講じておらず、それゆえ、うつ病が悪化して自殺に至ったものと認定し、病院の安全配慮義務違反に基づく損害賠償責任が認められています。

---

[109]　大阪地判平成 19 年 5 月 28 日判時 1988 号 47 頁

書式

残業禁止命令書

平成●年●月●日

●●殿

医療法人●●
理事長●●

　すでにお知らせしたとおり、適切な労働環境を確保するという観点から、当法人は、月●時間以上の残業を禁止いたしました。
　しかしながら、貴殿は、当法人からの再三の注意にもかかわらず、月●時間以上の残業を行っております。当法人は、貴殿に対し、所定就業時間内で十分に行い得る業務量しか与えておらず、これを超えて月●時間以上の残業をする必要のある業務ではないと考えております。
　つきましては、当法人は貴殿に対し、本書面を以て、再度、月●時間以上の残業を禁止するように命じます。
　なお、貴殿として、月●時間以上の残業をしないと与えられた業務量を行うことができないということであれば、役職者が貴殿の業務を引き継ぎます。
　本残業禁止命令にかかわらず、大規模事故、災害の発生、急患、入院患者の急変等が重なる等の緊急事態の発生、その他当法人が必要と判断した場合、特別に残業を命じることがあります。

以上

 残業禁止命令書

　労働者の健康管理という観点からは、適切な労働時間管理が必要です。そのため、たとえば一定時間数以上の残業禁止をルール化し、これに違反した労働者に対しては、本書式例のような個別の残業禁止命令書で通知することで、適切な労働時間管理（労働者の過重労働の防止）を行うことが考えられます。
　なお、残業禁止命令書は、当該命令に違反して行われた残業の労働時間性を否定する根拠にもなり得ます。

第6章
労働者の異動およびの降格

設例 16　配転命令
　　　　参考裁判例　釧路地帯広支判平成 9 年 3 月 24 日
　　　　　　　　　　労民集 48 巻 1・2 号 79 頁

設例 17　職種限定の合意
　　　　参考裁判例　福岡地決昭和 58 年 2 月 24 日
　　　　　　　　　　労判 404 号 25 頁

設例 18　人事評価の結果としての降格
　　　　参考裁判例　東京地判平成 9 年 11 月 18 日
　　　　　　　　　　労判 728 号 36 頁

第 6 章 労働者の異動および降格

設例 16

参考裁判例 釧路地帯広支判平成 9 年 3 月 24 日
労民集 48 巻 1・2 号 79 頁

配転命令

Q 当病院は、副看護部長の部下に対する対応等に問題があることから、当該副看護部長に対し、医療材料、器具類等の供給管理、消毒、滅菌等を主たる業務とする中央材料室への配転を命じました。
　配転命令はどのような場合に認められるのでしょうか。

I　問題の所在

　ある程度規模の大きい医療機関（使用者）になると、配転の必要性は定期的に生じます。労働者本人が配転に同意していれば問題は生じませんが、労働者の意思に反する内容の配転の場合、その有効性が問題となることがあります。
　本設例では、配転の有効要件を説明し、配転にあたっての留意点等について、検討します。

Ⅱ　配転の有効要件

(1)　配　転

　「配転」とは、同一使用者の下での業務内容、勤務場所の相当長期にわたる変更をいいます。配転のうち、同一の勤務場所内での所属部署の変更を「配置転換」、勤務地の変更を「転勤」と呼びます。

　業務内容や勤務場所は、労働条件の一つであり、当事者双方の合意があれば自由に変更することができます。労働者の同意なく、使用者が一方的に配転を命じる配転命令については、次の２つの要件を満たす必要があるとされています。

配転の有効要件

> ①　配転命令権の存在
> ②　配転命令権行使が権利濫用に当たらないこと

(2)　①配転命令権の存在

　配転については、一般的に就業規則等に「業務の都合により、配置転換、転勤を命ずることがある」といった根拠規定が置かれています。そして、このような包括的な合意（黙示的な合意の場合もあり得ます）があれば、労働者に対して配転を命じる権限があるとされています。

(3)　職種・勤務地限定の合意

　就業規則等に配転命令権の根拠規定があったとしても、職種、勤

第6章　労働者の異動および降格

務地等の労働条件に関しては、個別に合意で内容を限定することが可能です。このような合意がある場合、原則として労働者の同意なく、合意に反する配転を命じることはできません。

職種・勤務地限定の合意については、雇用契約書等のこれらの記載が職種や勤務地を限定する趣旨か、単に労働契約時の内容を記載しただけかを巡って争われることがありますが、特殊な資格等が必要な職種については、通常の場合よりは職種限定の合意が認められやすい傾向にあります。たとえば、医師について職種限定の合意に言及した裁判例[110]などもあります。

なお、職種・勤務地限定の合意が認められたとしても、特段の事情がある場合には、限定の範囲を超える配転命令が許される場合があります（詳細は設例 17 参照）。

⑷　②配転命令権行使が権利濫用に当たらないこと

特に職種・勤務地限定の合意がなく、配転命令権が認められるとしても、無制限に配転命令権の行使が許されるわけではなく、権利濫用により、無効と判断されることがあります。実務上、配転命令が権利濫用か否かについては、次の要素を考慮して判断されています。

配転命令が権利濫用か否かの判断要素

> Ⓐ　業務上の必要性の有無
> Ⓑ　不当な動機・目的に基づくか否か
> Ⓒ　通常甘受すべき程度を著しく超える不利益が生ずるか否か

なお、職種限定の合意自体は認められないとしても、業務の系統

---

[110]　東京地判昭和 53 年 7 月 18 日判時 916 号 88 頁

が異なる職種への異動の場合や、資格職から資格を必要としない職への異動の場合、権利濫用の判断が厳しく見られることがあります。

　医療機関の事案では、医療事務等の事務職系の職種から労務職系の職種であるナースヘルパーへの異動について、本人が特に同意した場合を除き、「業務上の特段の必要性および当該従業員を異動させるべき特段の合理性」、かつ「十分な説明」がなければ異動を命じることができないとした裁判例[111]があります。また、少し古いものですが、看護師の資格不要の職務への配転は、「看護婦としての誇りを犠牲にしてもやむをえないと考えられる程度の業務上の必要ないしは合理的理由があるときに限り」例外的に可能と判断した裁判例[112]などもあります。

Ⅲ　設例について

設例 16
配転命令

本設例

(1)　配転に至る経緯

　当病院の看護師 X は、13 年前から副看護部長の地位にあります（看護部の指揮命令系統は、看護部長、副看護部長、看護師長、主任、一般看護師、看護助手の順になります）。前任の看護部長が退職する際、副看護部長 X を看護部長に昇進させる話もありましたが、副看護部長 X の管理能力、協調

---

[111]　東京高判平成 10 年 12 月 10 日労判 761 号 118 頁
[112]　岡山地判昭和 43 年 3 月 27 日労民集 19 巻 2 号 493 頁

第6章　労働者の異動および降格

性には問題があり、実際にXが看護部長になるなら退職するとの申し出があるなど、副看護部長Xの部下に対する配慮等にも問題があることが判明したため、別の者を看護部長にしました。副看護部長Xは、実務能力自体には問題はないのですが、その後も、部下が患者から苦情を受けた件について、問題意識を持たず、部下を指導しないなど管理能力に欠けており、他部門から外来等の応援の調整の申し入れがあっても受け入れないなど、連絡調整能力等にも問題がある状況が続いています。

(2)　配転の内容

　そこで、当病院としては、副看護部長Xに対し、中央材料室への配転を命じました。中央材料室は、医療材料、器具類等の供給管理、消毒、滅菌等を主たる業務としており、看護部長直轄の比較的独立性の強い部署です。現在は、中央材料室には看護助手のみが配置されていますが、他の病院では看護師が配置されることが多く、当病院としても以前から看護師を配置することを検討していました。配転にあたり副看護部長Xの下には看護助手を配置し、副看護部長Xを副看護部長「待遇」として、給与その他の待遇は副看護部長と同等に扱います。ただし、従前に比べ、看護部長からの委任事項の処理権限等は縮小しており、看護部の業務にも従事していないため、看護部業務の会議等の出席は認めません。

(3)　就業規則の内容

　当病院の就業規則には、「従業員は業務遂行上転勤または

254

担当業務の変更を命ぜられることがあり、正当な理由なくこれを拒んではならない」との規定があり、副看護部長Xとの雇用契約に勤務部署等を限定する旨の約定はありません。

(4) 質　問

このような配転は有効でしょうか。

結　論

副看護部長Xの問題行動の程度にもよりますが、本配転命令により副看護部長Xの権限が縮小されること、副看護部長Xが副看護部長の地位に長年就いていたことなどを考慮すると、配転命令が無効となる可能性があります。配転を検討するにあたっては、副看護部長Xの問題行動に対する、指導および改善状況の確認等を行うなど、リスクを可及的に小さくする対応を行うべきです。

(1)　①配転命令権の存在

本病院の就業規則には、「従業員は業務遂行上転勤または担当業務の変更を命ぜられることがあり、正当な理由なくこれを拒んではならない」との根拠規定があります。

また、副看護部長Xとの雇用契約書には特に勤務部署等を限定する旨の合意もありません。

したがって、本病院は配転命令権を持っていることになります。

255

第6章　労働者の異動および降格

(2)　②配転命令権の行使が権利濫用か否か

㋐　②-Ⓐ業務上の必要性の有無

（ⅰ）　中央材料室への看護師の配置の必要性

　適切な医療を提供するためには、円滑な医療器具等の供給が必要であり、院内感染等を防ぐためには医療器具等の消毒の徹底等が重要です。このように、中央材料室は病院の運営上重要な業務を果たしている部署であり、他の病院でも看護師が配置されることが多いことも考えると、本病院でも中央材料室に看護師を配置すること自体には必要性があると考えられます。

　ただし、中央材料室に看護師の配置が必要であったとしても、中央材料室の業務は、医療器具等の供給管理、消毒等を主たる業務とする比較的単純な内容であり、看護部長に次ぐ副看護部長の地位に長年就いている副看護部長Ⅹでなければならない理由は見出し難いと考えられます。

　参考裁判例においても「原告（看護師）の中央材料室における職務内容についてみても、その管理職としての権限は大幅に縮小されているほか、その職務自体も高度の知識、能力等を要求されるものとは到底いえないものであって、前記認定の原告（看護師）の経歴、能力、従前の地位等に照らすと、少なくとも右職務内容の遂行のために右部署に原告（看護師）を選定して配置しなければならない業務上の必要性があったとは認められない」と判断しています。

（ⅱ）　副看護部長Ⅹの問題行動を理由とした業務上の必要性

　副看護部長Ⅹの部下に対する対応や協調性には以前から問題があり、管理能力や他部門との連絡調整能力等にも問題がある状況が続いています。したがって、副看護部長Ⅹを現在の地位から比較的独立性の高い部署等へ異動させることについても一応の必要性があるといえます。

256

ただし、副看護部長Xの看護師としての実務能力には問題がないことを考慮すると、通常の看護部の指揮命令系統から完全に外して、会議等の出席権限を認めないとの対応にまでする必要性があるかについては、副看護部長Xの問題行動の程度、指導の状況、改善の程度等により判断が分かれます。

　参考裁判例では、病院が指摘する原告（看護師）の問題点や改善について、病院が十分な指導、確認をしていないことなどを指摘した上で、「原告（看護師）が看護婦として副総婦長にもなり約一三年間もその職にあり、また総婦長の候補にもなったことを考慮すると、原告（看護師）の管理能力等の問題点が、看護部から外し、本件配転命令による権限縮小を要するまでの重大なものであったということはできず、また、その改善自体も困難であるとは認めることができないところ、原告（看護師）を看護部の通常の指揮命令系統から排するまでの必要性があったものと認めることはできない」と判断しています（なお、本設例の「副看護部長」は、参考裁判例における、「副総婦長」と同様のポジションです）。

(イ)　②−Ⓑ不当な動機・目的に基づくか否か

　中央材料室は前述のとおり本病院の運営上重要な業務を担当する部署であり、本病院は、中央材料室に看護師を配置することを以前から検討していました。本配転命令について、本病院が、副看護部長Xを閑職に追いやるために単純業務のポストを用意したというような事情はなく、特に不当な動機等はないと考えられます。

(ウ)　②−Ⓒ通常甘受すべき程度を著しく超える不利益が生ずるか否か

　中央材料室への配転があったとしても、副看護部長Xは、副看護部長「待遇」として、給与その他の待遇は副看護部長と同等に扱われることになるため、金銭的な不利益はないといえます。

257

第6章　労働者の異動および降格

　ただし、副看護部長Xの権限は、従前に比べて縮小しており、位置づけとしても、以前は看護部長に次ぐ地位にいたところ、配転後は従前の指揮命令系統から外された位置に置かれることになっています。

　また、中央材料室の職務内容は、病院の運営上重要ではあるものの単純な作業が中心であり、看護師としての経験等を十分に活かすことのできる内容といえるか、また今後の看護師としてのスキルアップにつながるものといえるかについては疑問が残ります。

　参考裁判例では、「本件配転命令による原告（看護師）の権限および職務内容は……原告（看護師）の経歴、能力、従前の地位等に照らすと、その権限を大幅に縮小され、また原告（看護師）は病院内の情報に接することも困難な状況下に置かれるとともに、中央材料室における単純な職務に従事することを余儀なくされ、これにより看護婦としてこれまで培ってきた能力を発揮することもできず、その能力開発の可能性の大部分をも奪われたばかりでなく、何らの具体的理由を説明されず、また弁明の機会を与えられないまま一方的に不利益な処遇を強いられた上、その社会的評価を著しく低下させられ、その名誉を著しく毀損されるという重大な不利益を被ったものというべきである」と判断しています。

(3)　まとめ

　本配転命令は、業務上の必要性は抽象的には一応肯定されるものの、その程度は副看護部長Xの具体的な問題行動の程度等により変わり得ると考えられます。他方、副看護部長Xに与える影響として、金銭的な不利益はないものの、権限を縮小され、看護師としての経験を十分活かすこともできないことなどを考慮すると、不利益の程度は小さいとはいえません。

　副看護部長Xの問題行動等がそれほど重大なものでなく、改善

258

可能なものであれば、本配転命令は、必要性の程度は高くない一方で副看護部長Xに通常甘受すべき程度を著しく超える不利益を与えるものとして、無効と判断される可能性があります。

参考裁判例では、配転命令を無効と判断しています。

対応策

本設例の事案の場合、中央材料室へ看護師を配置する必要性や、副看護部長Xを現状の配置から異動させることについての抽象的な必要性はあると考えられます。しかし、「副看護部長X」を「中央材料室へ」配転させなければならない具体的な必要性は、本設例の情報のみでは不十分と判断されるリスクがあります。

したがって、リスク対応としては、配転先としての必要性およびその対象者を異動させる必要性を丁寧に検討することが考えられます。

(1)　配転先の事情

本設例の事案であれば、中央材料室側の事情で副看護部長Xの能力が必要であるという点を説明できる事情、たとえば、中央材料室に経験が浅い看護師を配置したところ、トラブルが生じ、様々な医療器具に対する知識、経験が豊富な人材が必要であるなどの事情がないかを検討することが考えられます。

(2)　配転対象者の事情

また、副看護部長Xの側の問題により独立性の高い部署への配転が必要という点については、必要性を高める事情として、副看護部長Xの問題行動がこのままの配置では業務に支障が生じるとい

第6章　労働者の異動および降格

うレベルのものかを検討する必要があります。さらに、その問題が容易に改善するものであれば、配転までは必要ないと考えられますので、配転を検討するにあたっては、あらかじめ、副看護部長Xに対して、問題行動についての指導を行い、改善が見られるか否かを検討する必要があります。

(3)　手続き

また、配転命令にあたっては、配転の必要性等を本人に丁寧に説明し、本人が考える不利益等を聴取し、不利益の緩和措置等が可能なのであれば柔軟に対応することによって、トラブルになることを防ぐこともリスク対応の一つです。

コメント

配転は、医療機関（使用者）の運営上、様々な理由で必要となるものであり、必要性自体は肯定されやすい傾向があります。ただし、不利益の程度が高い場合、権利濫用の判断にあたり、その不利益を強いてもなお、配転を命じる必要性があるかという点が厳しく判断されることになります。

(1)　参考裁判例

参考裁判例は、配転について抽象的な必要性はあり、さらに、給与を含め、副総婦長の待遇を維持するなど不利益を緩和させるために一定の配慮がなされている事案でしたが、それでもなお、配転命令が無効とされました。この判断にあたっては、中央材料室は、看護師の配置自体は必要だとしても、副総婦長という地位にあった者が配置されるような部署ではないと

の判断が基礎にあると考えられます。

(2) 別の裁判例（配転有効）

なお、看護師を本設例と類似の中央滅菌材料室へ配転した事案で配転命令が有効とされた裁判例[113]もあります。この事案では、勤続4年の看護師に対して、器材滅菌等による安全確保の重要性を認識させ、医療の効率化、各部門の関連性を理解させるという教育目的が含まれた配転との認定がされ、必要性が肯定され、配転命令は有効とされています。

設例16

配転命令

---

[113] 東京地判昭和54年4月20日労判325号50頁

第6章　労働者の異動および降格

書式

配転命令書兼同意書

平成●年●月●日

●●殿

医療法人●●
理事長●●

　当法人は、貴殿に対して、就業規則第●条に基づき、平成●年●月●日付けで、●から●への配転を命じます。

以上

私は、上記配転命令について同意いたします。

平成●年●月●日
（氏名）＿＿＿＿＿＿＿＿印
（住所）＿＿＿＿＿＿＿＿

配転命令書兼同意書

　前述のとおり、配転は、就業規則等に根拠規定があり、かつ職種・勤務地限定等の合意がない場合、使用者が一方的に命じることができるものではあります。もっとも、労働者との無用なトラブルを避ける観点から、配転についての労働者の同意を得ておくべき場合がありますので、本書式例では労働者の同意欄をつけています。また、配転に伴い、労働条件（始業時間、終業時間等）が変更になることもありますので、その場合、念のため、変更となる労働条件について同意を得ておくことも考えられます。

設例 17

参考裁判例　福岡地決昭和58年2月24日労判404号25頁

職種限定の合意

当病院では、経営が悪化し、臨床検査技師が勤務する検査室を大幅に縮小しなければ病院経営の継続が困難になることが明らかな状況でした。そこで、当病院は、臨床検査技師に対し、庶務の部署への配転を命じました。

職種を超えた配転が認められるのはどのような場合でしょうか。

I　問題の所在

医療機関（使用者）の場合、特殊な技能が必要となる職務に従事している労働者が勤務していることがあり、この場合、職種限定の合意があると認められるケースがあり得ます。職種限定の合意がある場合、原則として、労働者の合意がない限り、労働者の他の職種への配転は、有効ではありません。

本設例では、職種限定の合意がある場合の配転命令について、どのような場合に有効となり得るかについて、検討します。

第6章　労働者の異動および降格

Ⅱ 配転の有効要件

　詳細については設例 16 を参照ください。

　職種、勤務地等の労働条件に関しては、個別に合意で内容を限定することが可能です。このような合意がある場合、原則として労働者の同意なく、合意に反する配転を命じることはできません。

　もっとも、労働者を他の職種へ配転することができないのであれば、経営上の理由から、その労働者を解雇せざるを得ない場合も有り得ます。このような特段の事情があれば、職種限定の合意がある場合でも、例外的に労働者の他の職種への配転が有効となる余地があります。

配転の有効要件

---

① 配転命令権の存在
② 配転命令権行使が権利濫用に当たらないこと
　※ 職種限定の合意がある場合、原則、他の職種への配転は無効。
　※ ただし、特段の事情がある場合、配転が有効と認められる可能性あり。

Ⅲ　設例について

本設例

(1)　臨床検査技師 A

　当病院の労働者である A は、臨床検査技師として、採用後数年間一貫した職務に従事してきました。臨床検査技師 A は検査室に勤務し、血液・尿検査、生理学的検査、細菌・血清学的検査、生化学的検査、病理学的検査等を行っていました。また、臨床検査技師 A は、臨床検査技師のみに支払われる手当を受けていました。

(2)　当病院の経営状況

　当病院の経営について、今年度は薬価および検査費の引き下げが実施されたため、昨年度と比較して約 2 億円の減収が予想される一方、人件費は約 8,000 万円の増加が見込まれました。特に検査室および RI 室について、昨年度は合わせて月間約 160 万円の黒字であったものが、今年度からは赤字になり、月間の平均赤字が約 333 万円になりました。このような理由から、当病院の経営は合理化が必要であり、特に検査室および RI 室は、検査を外注して内部の検査室および RI 室を大幅に縮小しなければ病院経営の継続が困難になることが明らかでした。

設例 17

職種限定の合意

265

第 6 章　労働者の異動および降格

(3)　配　転

　そこで、当病院は、臨床検査技師 A に対し、臨床検査技師 A の同意を得ることなく、庶務の部署への配転を命じました。また、臨床検査技師 A 以外の臨床検査技師および RI 検査技師等に対しても、庶務および事務等への部署への配転を命じました。なお、当病院の就業規則には、「業務上必要あるときは、転職させることがある。転職は、これを職場の転換および職種の変更とに分ける」との規定があります。

(4)　質　問

　臨床検査技師 A に対する配転は有効でしょうか。

結　論

　臨床検査技師 A との間で臨床検査技師としての職種限定の合意があったものと認められる可能性があります。その場合、原則として、臨床検査技師 A の同意のない庶務の部署への配転は、限定された職種の範囲を逸脱するものとして無効となります。しかし、特段の事情があるときは、臨床検査技師 A の同意を欠いてもなお本病院が配転を適法かつ有効に命ずることができると解する余地があります。

(1)　配転命令権の存在

　本病院の就業規則には、「業務上必要あるときは、転職させることがある。転職は、これを職場の転換および職種の変更とに分け

る」との規定があります。

したがって、本病院は、一般的な配転命令権を有しています。

(2)　職種限定の合意の有無

㋐　原　則

本設例では、採用後一貫して従事してきた職務の内容、性質、病院から受けていた待遇等の事実を総合すると、臨床検査技師Ａと本病院との間の労働契約の内容として、臨床検査技師としての職種限定の合意があったと認められる可能性は高いと考えられます。

その場合、庶務の部署の業務内容は、限定された職種の範囲を明らかに逸脱するものといえますから、配転は、臨床検査技師Ａの同意がない以上、原則として無効と考えられます。

㋑　例外（特段の事情）

（ⅰ）　本設例

本設例では、検査室の赤字のため、検査を外注して内部の検査室を大幅に縮小しなければ病院経営の継続が困難になるという事情があります。本病院は、臨床検査技師Ａの解雇よりは不利益の程度が小さいとの考えにより、臨床検査技師Ａに配転を命じたと考えられます。臨床検査技師Ａが配転を拒んでいる理由や庶務における待遇等にもよりますが、本設例の配転命令は、特段の事情がある場合として有効になる余地があります。

（ⅱ）　特段の事情の判断基準

参考裁判例は、次の①〜③をみたす場合には、「当該労働者の同意を欠いてもなお配転を適法有効に命ずることができると解する余地がないとは言いきれない」と判断し、限定された職種の範囲を逸脱する配転について、例外的に有効と解する余地のあることを認めました。

設例17
職種限定の合意

第６章　労働者の異動および降格

参考裁判例による例外

Ⓐ　使用者が経営上の合理的理由に基づき一定の部署ないし職種を廃止する措置をとることを必要とする場合
Ⓑ　右措置に伴い必然的に生ずる剰員につき解雇の方途を選ばずあえて配転を命ずることとした場合
Ⓒ　当該労働者がこれに応諾しないことが労働契約上の信義に反すると認められる特段の事情があるとき

　なお、参考裁判例は、具体的事情に即して特段の事情の有無等を判断せずに配転命令無効との決定を下しました（詳細は コメント 参照）。そのため、具体的にどのような事情があればⒸに該当するか必ずしも明らかではありませんが、医療機関（使用者）としては、このような状況に置かれた場合、外部専門家の意見を聞くなどして、リスクを可及的に小さくしつつ、慎重に対応すべきです。

対応策

　臨床検査技師のように特殊な技能が必要となる職業の場合、その職種が庶務に変更になることは、通常、想定されていないと考えられます。そのため、訴訟になった場合、臨床検査技師として、職種限定の合意があると判断される可能性は高いと考えられます。対応策としては、職種を超えた配転の可能性がある場合、就業規則に「業務上必要あるときは、転職させることがある」との配転命令権を明記するのみならず、医療機関と労働者との間の雇用契約書等にも、職種の変更の可能性があることを規定し、労働者を採用する際、職種の変更の可能性があることを伝えておくことが考えられます。
　また、経営上の理由から、医療機関としては、限定された職種の範囲を逸脱する配転を行わざるを得ない場合があるかもしれませ

ん。参考裁判例は、このような場合に、例外的に配転が有効と認められる可能性を示しましたが、実際には、有効と認められる可能性は高くはないと考えられます。そのため、医療機関としては、まずは、労働者に対し、経営上の理由を丁寧に説明して、労働者が任意に配転に応じるよう説得を試みるべきと考えられます。仮に労働者が説得に応じない場合、医療機関としては、解雇も（外部専門家の意見を聞いた上で）検討せざるを得ないと考えます。

コメント

(1) 職種限定の合意

　専門的、特殊な技能を必要とする職業については職種限定の合意が認められやすいといえます。もっとも、たとえばアナウンサーの他職種への配転については、職種限定の合意があったと認めた裁判例[114]、職種限定の合意がないと認めた裁判例[115] があります。

　結局のところ、職種限定の合意の有無は、職種そのもので決まるものではなく、具体的事情から判断されるものです。そのため、予防策としては、あらかじめ雇用契約書等にこの点を明確化しておくことが考えられます。

(2) 特段の事情

　参考裁判例は、限定された職種の範囲を逸脱する配転について、例外的に有効になる可能性を示しました。しかし、例外的

---

[114]　東京地決昭和 51 年 7 月 23 日判時 820 号 54 頁
[115]　最一判平成 10 年 9 月 10 日労判 757 号 20 頁

第6章　労働者の異動および降格

に配転が有効になるために必要な具体的事実は明らかではありません。また、解雇を回避することが労働者の利益になるとはいっても、労働者の利益になる配転であれば通常は同意がなされると考えられることからすると、労働者の意思に反しても配転が許される場面は限定的と考えられます。参考裁判例においても「当該労働者がこれに応諾しないことが労働契約上の信義に反すると認められる特段の事情があるとき」という厳しい要件を示していると考えられることに留意すべきです。

(3)　参考裁判例の結論

　参考裁判例では、結論としては、労働協約違反により配転が無効と判断されました。配転の約4か月前に、病院が労働者（本設例の臨床検査技師A）の所属する労働組合との間で締結した労働協約には、労働者の賃金、労働諸条件およびこれに関する諸問題については、すべて病院と労働組合とで協議し、合意のうえで決定する旨が記載されていました。

　しかし、臨床検査技師らの配転にあたっては、事前に病院から労働組合に対し、労働者の労働条件の変更について具体的な説明や提案等、労使間の信義則にかなった協議の申出がなかったため、臨床検査技師の配転は前述の労働協約に違反する無効なものであると判断され、配転の意思表示の効力が仮に停止されました（参考裁判例は、配置転換命令の効力停止の仮処分を求めた事案です）。

書式

〈職種限定・勤務地限定のない場合〉

```
                        雇用契約書（抜粋）

  職　種：事務
          ※職種限定なし（秘書、受付、●●等への配転あり）
  勤務地：●●クリニック
          ※勤務地限定なし（●●クリニック、●●クリニックおよび新規
            に開設するクリニックへの配転あり）
```

〈職種限定・勤務地限定のある場合〉

```
                        雇用契約書（抜粋）

  職　種：看護師
          ※職種限定あり
  勤務地：●●クリニック
          ※勤務地限定あり
```

 雇用契約書（抜粋）

　就業規則に、配転に関する規定がある場合でも、雇用契約において職種や勤務地が限定されていれば、雇用契約が優先されるため、医療機関（使用者）は、（別途労働者と合意しなければ）配転を行うことができません。職種や勤務地の限定については、雇用契約書で、本書式例のように記載することが考えられます。

　なお、職種限定がない場合に生じるリスクもあります。すなわち、原則として配転をすることができるため、休職からの復職の判断や解雇の有効性の判断の際、医療機関（使用者）にとって検討すべき事項が増えるという点（例えば、休職からの復職判断にあたって、他職種での就労可能性の検討も必要になる）等に注意が必要です。

第 6 章 労働者の異動および降格

設例 18

参考裁判例　東京地判平成 9 年 11 月 18 日労判 728 号 36 頁

人事評価の結果としての降格

当病院は、重要な書類を紛失した看護師長を、看護師長から二段階下の平看護師へ降格しました。

問題行動による（人事評価の結果としての）降格はどのような場合に認められるのでしょうか。

I　問題の所在

医療機関（使用者）によって人事評価のシステムおよび賃金の構造は様々ですが、一般的に昇進・昇格、降格に伴って賃金も連動して増減することが多いといえます。特に、賃金が下がり得る降格については、トラブルになりやすく、有効性が争われる場合があります。

本設例では、降格の種類と、降格のうちの「人事評価の結果としての降格」について説明し、降格にあたっての留意点等について、検討します。

Ⅱ 人事評価の結果としての降格

(1) 降格の種類

　降格は、処分としての性質を大きく分けると、①人事評価の結果としての降格と、②懲戒処分としての降格（設例19参照）があります。また、引き下げられる対象で分けると、Ⓐ役職・職位を引き下げる降格（以下、「役職等の降格」といいます）と、Ⓑ職能資格制度上の資格・等級や職務・役割等級制度上の等級等を引き下げる降格（以下、「資格・等級の降格」といいます）があります。さらに、役職等と資格・等級等が連動していることも少なくありません。

　Ⓐ役職等の降格は、たとえば、「部長」「医長」「看護師長」といった役職から外す場合や、「医長」を「医員」に引き下げる場合などが当たります。Ⓐ役職等の降格の場合、降格に伴い、役職手当など役職に連動している賃金が下がることがあります。

　Ⓑ資格・等級の降格は、制度により異なります。たとえば、労働者の能力（実際には年齢や勤続年数も考慮して決められていることが多いです）を基準に職能資格の格付けを行い、職能資格により賃金が決まる職能資格制度であれば、「管理職」から「リーダー職」への資格の引き下げや「4級」を「5級」に引き下げる等級の引き下げなどが当たります。また、業務内容を基準に職務を分類し、給与レンジを設定する職務・役割等級制度（ジョブ・グレード制、ミッション・グレード制）であれば、グレードの引き下げなどが当たります。これらのⒷ資格・等級の降格は、基本的には賃金の減額を伴うことになります。

設例18
人事評価の結果としての降格

273

第 6 章　労働者の異動および降格

降格の種類

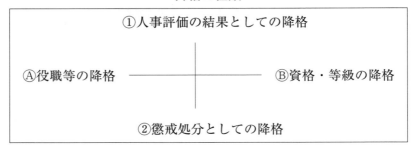

(2)　①人事評価の結果としての降格の有効要件

⑺　Ⓐ役職等の降格

①「人事評価の結果としての」Ⓐ役職等の降格は、基本的には人事権の行使の問題であり、使用者の裁量に委ねられている部分が大きく、裁判例[116]でも就業規則等の根拠は不要とされています（もっとも、実務上は、就業規則等で役職等の降格があり得ることを明示しておくべきです）。ただし、降格の内容が労働契約の内容に反していないかは問題となり得ます（たとえば、職種限定合意がある場合、原則として、その職種以外の職種への降格を一方的に命ずることはできません）。

また、降格は不利益を伴うものであるため、権利濫用に当たらないかが問題になります。権利濫用の判断は、主に、業務上の必要性と労働者に与える不利益等（不当な目的の有無や法人等における昇格・降格の運用等が考慮されることもあります）を考慮して判断されます。

---

[116]　東京地決平成 2 年 4 月 27 日労判 565 号 79 頁

降格の権利濫用の判断

> ⑦　業務上の必要性
> ④　降格による不利益の程度

(イ)　⑧資格・等級の降格

　(ⅰ)　就業規則等の根拠

　　通常の職能資格制度の場合、経験等の積み重ねによる職務遂行能力は下がらないという観点から、職能資格を引き下げることは本来予定されていません。したがって、職能資格を引き下げるためには、制度設計の段階で引き下げがあり得る制度とする必要があり（途中で引き下げがあり得る制度へ変更する場合は、不利益変更に該当します）、そのことを、労働者と合意するか、就業規則等に明示しておく必要があります。

　　職務・役割等級制の場合についても、降格が予定されているかについては、制度設計によるため、その点を就業規則等に明示しておくべきと考えられます。

　(ⅱ)　権利濫用の判断

　　⑧資格・等級の降格は、基本的には賃金の減額を伴うため、労働者に不利益を与えるものであり、権利濫用に該当しないかが問題となります。権利濫用の判断枠組みについては、前述の役職等の降格と同様です。

第6章　労働者の異動および降格

Ⅲ　設例について

本設例

(1)　当病院の看護師の体制

　当病院の看護師の体制は、総看護師長、看護師長、主任、平看護師となっています。当病院は、Aを看護師長に任ずることを予定して採用しましたが、職種限定の合意まではしていません。

(2)　降格の理由

　看護師のスケジュールは、看護師長Aが「予定表」を作成し、院長、総看護師長、事務長の確認を取った上で、コピーをナースステーションに張り出しています。また、「予定表」は、看護師長Aが使用している机の引き出しに保管していました。なお、「予定表」は、看護師の予定の確認の他、1年に何度か受ける行政監査の際に、看護師の人員配置等の勤務状況の確認のため提出する重要な書類です。

　しかし、今回の行政監査の際、看護師長Aに「予定表」の提出を求めたところ、一部が見つからず、提出できませんでした。ただし、監査自体は特に問題なく終了しました。看護師長Aは「予定表」をその後発見しましたが、即時に報告をせず、しばらく放置していたようです。

(3) 降格の内容

　当病院は、重要な書類を紛失した看護師長Ａの管理能力に問題があると判断し、看護師長から平看護師へ二段階、降格としました（以下、「本降格」いいます）。本降格により、役付手当５万円は支払われなくなりましたが、基本給等には特に変更はありません。ただし、当病院では、近年、降格を実施したことはありません。

　なお、当病院では、懲戒処分を実施する際には、その旨明示することになっていますし、就業規則における懲戒処分の種類に降格は含まれておらず、看護師長Ａの本降格は、懲戒処分ではないと理解しています。

(4) 質　問

　看護師長Ａは「本降格が無効」と主張していますが、本降格は無効なのでしょうか。

結　論

　基本的に、①「人事評価の結果としての」Ⓐ役職等の降格の判断は、使用者の裁量が広く、「予定表」が重要な書類であることからすると、看護師長Ａの管理能力を問題視する理由はあると考えられます。ただし、一時的な紛失に留まり、結果としても「予定表」の紛失によって本病院に損害は生じていないことなどを考慮すると、看護師長から平看護師への二段階の降格をするまでの必要はないとして、本降格が無効になる可能性が高いと考えられます。

第6章　労働者の異動および降格

(1)　降格の性質

　まず、本設例では、本病院の就業規則上、懲戒処分としての降格の規定はありません。また、本病院では懲戒処分の場合、懲戒処分であることが明示されるのが通例であるところ、本降格については、懲戒処分であることは明示されていないことなどを考慮すると、本降格は①人事評価の結果としての降格であると考えられます。

　また、本降格によって「看護師長」という役職が外されており、本降格はⒶ役職等の降格に該当すると考えられます。なお、役付手当は減額されますが、基本給は維持されており、資格や等級は変更されていないと考えられます。

　したがって、本降格は、①人事評価の結果としての降格であり、Ⓐ役職等の降格に伴い、賃金を減額するケースに当たると考えられます。そのため、前述のⒶ役職等の降格の有効要件のとおり、基本的には人事権の行使の問題であり降格自体については、就業規則上の根拠等は不要と考えられます（ただし、役付手当が減額されている点について、役職を外れた場合、役付手当5万円は支払われなくなる制度であることが、賃金規程等で明らかになっている必要はあると考えられます）。また、本設例の看護師長Aは職種限定の合意まではしていないことから、本降格が労働契約の内容に反するという事情はありません。本降格の有効性は、権利濫用に該当するかにより決まることになります。

　なお、参考裁判例においても、降格を人事権の行使として行われたものと認定した上で、権利の濫用に当たらないかを検討しています。

278

(2) 権利の濫用の判断

(ア) ⑦業務上の必要性

本設例では、「予定表」は行政監査の際にも必要となる重要な書類であり、その紛失は、人事評価にあたって、看護師長Ａの管理能力に疑問を抱かせる事情にはなると考えられます。

しかし、「予定表」の紛失は一時的なものであり、行政監査も特に問題なく終了し、本病院に損害は生じていません。また「予定表」の発見後の対応に関しては、本病院が看護師長Ａに対し、監査終了後も「予定表」を探すよう命じた事実もないと考えられる点等も考慮すると、看護師長Ａの帰責性の程度は高くないとも考えられます。これらの事情を考慮すると、看護師長から平看護師への二段階もの降格をする業務上の必要性があるかは疑問です。

参考裁判例においては、「婦長から平看護婦に二段階降格しなければならないほどの業務上の必要性があるとはいえ」ないと判断しています。

(イ) ①降格による不利益の程度

本降格により、看護師長Ａは役付手当５万円が支払われなくなる不利益を被ります。基本給等は維持されており、経済的なダメージは比較的限定的ではありますが、その他にも、「看護師長」の役職を外され、「主任」よりも下の平看護師に位置づけられることによる精神的なダメージは小さくないと考えられます。

(ウ) まとめ

前述のとおり、本降格については、業務上の必要性の程度は高いとはいえない一方、看護師長Ａに対する不利益の程度は小さいとはいえません。また、近時、本病院では降格が行われていないことからすると、公平性の観点からも、本降格には疑問があります。し

第6章　労働者の異動および降格

たがって、本降格については、権利濫用となり、無効となる可能性が高いと考えられます。

　参考裁判例では、「近時、被告（病院）において降格は全く行われて」いないとの事情や、「原告（労働者）は婦長就任の含みで被告（病院）に採用された経緯が存する」との事情も考慮した上で、業務上の必要性を否定し、降格を無効と判断しています。

対応策

　誰をどの役職に任ずるかは、本来、使用者の裁量に委ねられる事項です。ただし、判断を行う人事担当者により対応が変わったり、極端な判断をすると、権利濫用と判断されるリスクが高くなります。そのため、リスク対応としては、人事評価の方法等を明確にし、客観的にも説明可能なものにすることが考えられます。

　なお、参考裁判例では、病院側は「予定表」の紛失以外にも、降格の理由となる事情を様々主張しましたが、事実が漠然としていた上、それらの事情を理由に降格を検討したことがなかったことなどを理由に、主張が退けられました。リスク対応の観点からは、人事評価の方法を明確にし、人事評価の基礎となる事実および人事評価の結果を記録に残し、昇進、昇格、降格等については適宜のタイミングで検討する機会を設けることが考えられます。

　また、本設例の事案の場合、一度の書類紛失により降格の判断をしている点も権利濫用の判断で考慮されていると考えられます。もちろん、ミスの大きさによっては即座に降格等に踏み切る必要がある場合もありますが、リスク対応としては、ミスに対する指導を行い、改善状況を確認した上で降格の判断を行うことが考えられます。

280

コメント

　前述のとおり、降格には種類があり、どの降格かによって判断基準が異なります。たとえば、②懲戒処分としての降格の有効性は、後述設例19のとおり、厳格に判断されます。①人事評価の結果としての降格についても、権利濫用の判断枠組みは同じですが、本来医療機関（使用者）の裁量に委ねられる人事権の行使である④役職等の降格と、基本給等の重要な賃金の引き下げを伴うⒷ資格・等級等の降格とでは、判断のレベルに差があると考えられます。

　したがって、④役職等の降格を行う場合、Ⓑ資格・等級等の降格や②懲戒処分としての降格ではないことを明確にすることが考えられます。その観点からは、就業規則等において、役職等と、資格・等級等のそれぞれの位置づけを整理しておくべきです。また、④役職等の降格に伴って手当等を減額する場合、賃金規程等においてその手当等が役職の任免に連動することを明確にしておく必要があると考えられます。

設例 18

人事評価の結果としての降格

第6章 労働者の異動および降格

書 式

降格に関する合意書

　医療法人●●（以下、「甲」という）と●●（以下、「乙」という）は、以下のとおり合意した。

第1条
　甲は、人事評価の結果、平成●年●月●日付けで、乙の役職を●●から●●に降格（以下、「本降格」という）し、乙はこれに同意する。

第2条
　甲および乙は、本降格に伴い、賃金規程第●条第●項に基づき、平成●年●月●日支給分から、乙の職務手当が金●万円から●万円に減額となり、乙の賃金が下記のとおりとなることを相互に確認する。

記

賃金	月額	●万円
基本給		●万円
職務手当		●万円
…以下略		

第3条
　乙は、前項の職務手当の減額に関し、名目のいかんを問わず、金銭の請求をしない。

第4条
　甲および乙は、本合意に関する紛争については、●地方裁判所を第一審の専属的合意管轄裁判所とする。

　本合意成立の証として、本合意書2通を作成し、甲乙各1通を保有する。

平成●年●月●日

甲
医療法人●●
理事長 ＿＿＿＿＿＿＿＿印
（所在地）＿＿＿＿＿＿＿

```
                        乙
                        (氏名)＿＿＿＿＿＿印
                        (住所)＿＿＿＿＿＿
```

 降格に関する合意書

　降格は、賃金の減額を伴うことが多く、労働者とのトラブルが生じやすい場面です。そのため、本書式例のような合意書を締結し、このようなトラブルが生じるリスクをできるだけ小さくすることが考えられます。

　本書式例は、人事評価の結果としての、役職等の降格の場合（職務手当の減額を伴うもの）を想定しています。なお、降格の理由については、労働者に対して説明し、納得を得ることが考えられます。

第7章
懲戒処分

設例19　懲戒処分としての降格
　　　　参考裁判例　東京地判平成16年9月3日労判886号63頁

コラム2　平成27年医療法改正の概要

第 7 章　懲戒処分

設例 19

参考裁判例　東京地判平成 16 年 9 月 3 日労判 886 号 63 頁

懲戒処分としての降格

Q　当病院は、医師に対して、患者とのトラブルおよび部下に対する監督不行届きを理由に、懲戒処分（降格）を行いました。
　懲戒処分（降格）が有効となるのはどのような場合でしょうか。

I　問題の所在

　労働者に問題行動がある場合、医療機関（使用者）は企業秩序維持のために、懲戒処分を行うことがあります。また、（労働者自身に問題行動がなくても）部下による問題行動を理由に、その上司である労働者に対し監督責任に基づく懲戒処分を行うこともあります。
　特に、医療機関の場合、労働者の問題行動は、患者の生命および身体等に重大な危険を生じさせることもあり得ますので、そのような事態が生じないように、懲戒処分によって厳しく律する必要性がある場合があります。
　本設例では、懲戒処分の有効要件について説明し、懲戒処分がいかなる場合に有効とされるかについて、検討します。

Ⅱ 懲戒処分の有効要件

(1) 概　要

懲戒処分とは、労働者の企業秩序違反行為に対する制裁のことです。懲戒処分には、訓戒、譴責、減給、出勤停止、降格、諭旨解雇、懲戒解雇等の種類があります。

懲戒処分の有効要件としては、次の要件が必要となります[117]。

懲戒処分の有効要件

① 懲戒処分の根拠規定の存在
② 懲戒事由該当性
③ 相当性

(2) ①懲戒処分の根拠規定の存在

懲戒処分をするにあたっては、就業規則等において懲戒処分の根拠規定が存在することが必要とされています。「使用者が労働者を懲戒するには、あらかじめ就業規則において懲戒の種別および事由を定めておくことを要する」と判断をした裁判例[118]もあります。

なお、生じ得る懲戒事由を、全て網羅的に記載することは困難ですので、就業規則等における懲戒事由には、包括条項（たとえば「その他前各号に準ずる場合」等）を入れておくことが通常です。

---

[117] 労契法 15 条
[118] 最二判平成 15 年 10 月 10 日判時 1840 号 144 頁

第 7 章　懲戒処分

(3)　②懲戒事由該当性

　就業規則等における懲戒事由は、抽象的な表現が使われていることが通常です。そのため、懲戒処分を行うにあたっては、個別具体的な事実を基に、当該事実が就業規則等における懲戒事由に該当するかを判断していくことになります。

　このような懲戒事由該当性の判断にあたり、裁判所は、企業秩序の維持および労働者の保護の調和を図るという観点から、就業規則等における懲戒事由を限定的に解釈することがあります[119]。

　そのため、使用者としても、労働者の行為の性質および態様、労働者の行為による影響、ならびにその他の事情などの個別具体的な事情を考慮し、懲戒事由該当性を慎重に判断する必要があります。

(4)　③相当性

　③相当性の判断にあたっては、次の点が考慮されます。

③相当性の判断

Ⓐ　行為と処分とが均衡していること（相当性の原則） Ⓑ　他の事例との均衡がとれていること（平等取扱いの原則） Ⓒ　手続きが適正であること（適正手続の原則）

㋐　Ⓐ相当性の原則

　懲戒処分については、懲戒事由該当性は認められるものの、処分内容が重きに過ぎるとして、無効と判断されることがあり得ます。

---

[119]　最二判昭和 49 年 3 月 15 日民集 28 巻 2 号 265 頁

使用者としては、懲戒事由に該当すると判断した場合、個別具体的な事情においてどのような処分を下すべきかを慎重に判断する必要があります。

この点、ひとつの目安として、人事院通知の「懲戒処分の指針について」[120] を参考にすることもあります。

(イ) Ⓑ平等取扱いの原則

懲戒処分の重さについては、過去の事案における同種同内容の行為との均衡がとれているかも重要です。同種同内容の行為であるにもかかわらず、特定の事案においてのみ重い処分を下すことは、原則として認められません。

そのため、使用者としては、Ⓐの判断を行うことはもちろん、過去の同種同内容の行為について、どのような処分をしたかも確認する必要があります。

なお、この点につき、従前は懲戒処分を行ってこなかった行為につき、今後、使用者として厳しく規制をし、懲戒処分を行っていくという場合には、事前に、その旨を労働者に周知および警告する必要があります。

(ウ) Ⓒ適正手続の原則

懲戒処分が相当と判断されるためには、手続きの面においても適正であることが必要であるとされています。

そのため、たとえば就業規則等において、懲戒処分を行うには懲戒委員会にて決定する旨の規定がある場合や、労働協約において懲戒処分を行うにあたっては組合と協議をする旨の規定がある場合、使用者としては各手続きを遵守する必要があります。

なお、就業規則等に手続きに関する規定がない場合、弁明の機会

設例19
懲戒処分としての降格

---

[120]　「懲戒処分の指針について」（平成 12 年 3 月 31 日職職 -68）

289

第 7 章　懲戒処分

を付与しなかったことをもって直ちに懲戒処分が無効になるもので
はないとした裁判例[121] もありますが、懲戒解雇がなされた事案に
おいて何らかの形での弁明の機会の付与がなされるべきであったと
した裁判例[122] もあります（懲戒解雇については、設例 23 参照）。

　実務上は、懲戒処分が無効になるリスクをできる限り小さくする
ために、就業規則等に規定がないとしても労働者に弁明の機会を付
与するべきと考えます。

(5)　懲戒処分としての降格

　懲戒処分としての降格は、制裁として、役職の引き下げ、職位の
引き下げ、職能資格の引き下げ等を行う処分をいい、「人事評価の
結果としての降格」とは区別されます（人事評価の結果としての降
格については、設例 18 参照）。

　懲戒処分としての降格は、懲戒処分ですので、前述の懲戒処分の
有効要件を満たしている必要があります。また、懲戒処分としての
降格は、「人事評価の評価としての降格」よりも、有効と判断され
る基準が厳しいものといえます。

　この点、ある医師に対して 3 か月間の停職とする懲戒処分を行
い、当該医師の行為等が管理職として不適格であることを理由に人
事上の措置として医長から医員へ降格させたという事案において、
3 か月間の停職とする懲戒処分は行為との関係で重きに失し相当性
を欠くため無効と判断しながら、人事上の措置としての降格は人事
権を濫用したものではなく有効と判断した裁判例[123] があります。
停職は、降格よりも軽い懲戒処分であるにもかかわらず、停職処分
すら無効とされていますので、懲戒処分としての降格を行っていた

---

[121]　東京地判平成 17 年 1 月 31 日判時 1891 号 156 頁
[122]　長野地判平成 7 年 3 月 23 日労判 678 号 57 頁
[123]　東京地判平成 26 年 7 月 17 日労判 1103 号 5 頁

場合には、無効と判断されたものと考えられます。

Ⅲ 設例について

本設例

(1) 当病院の医師の役職等

当病院における医師は、医員、医長、部長・所長・副部長の3つに分けられます。

医員は、医師免許取得年次から満7年を経過していない者で、非管理職であり、医師職能給表上1等級になります。

医長は、医師免許取得年次から満7年を経過した場合の有資格者で、管理職であり、医師職能給表上2等級になります。当病院では、格別の問題がない限り、医師免許取得年次から満7年を経過した有資格者は、医長に任命しています。

部長・所長・副部長は、いずれも医師免許取得年次から満8年を経過した場合の有資格者で、管理職であり、医師職能給表上3等級になります。

当病院の医師Aは、内科部長として勤務しており、部下に医師Bがいます。

医師Aには、患者とのトラブルおよび部下である医師Bに対する監督不行届きという問題があります。

(2) 医師Aの患者とのトラブルの内容

入院患者Cが退院する際に記載したアンケートに、「A先

設例 19

懲戒処分としての降格

291

第7章 懲戒処分

生は今までかかったどの医師よりも態度が悪く、説明も全くしない。こちらから聞いても答えになっていない答えを返す。本当最低の医者ですね。医者という前に人間として最低です」などと記載されたことがあります。

　入院患者Dが、「お金がかかるので、できるだけ早く大部屋に移れるようにお願いします」と述べたところ、医師Aが、入院患者Dに対し、「貧乏人ですか」と発言し、入院患者Dの心情を傷つけました。

　医師Aは、入院患者等に対し、退院話にからめて掌をひらひらさせて、入院の継続を望むのであれば金銭を包むべきことを要求していると入院患者等に誤解を与え、入院患者等が医師Aに金銭を包むと、以後、退院話は出なくなり、掌をひらひらさせることもなくなったとの苦情が寄せられました。

(3)　医師Bに対する監督不行届きの内容

　医師Bには、飲酒をした上で医療行為を行っているという噂が相当以前からあり、当病院の院長Eもこのような噂を認識していました。医師Aは、他の医師から、医師Bが当直の日に医局でビールを飲んでいる姿を見たと聞かされたこともあり、医師Bに対し、何度か注意をしたこともあります。医師Aによる注意後も、医師Bの飲酒の噂があり、医師Aは、医師Bに対して、直接、噂の真偽を確かめることはしていました。ところが、医師Bが否認したため、それ以上に、他の医師に確認をすることまではしていませんでした。

　このような状況下において、他の医師から、医師Bについて、診療（気管内挿管）の際に強いアルコール臭がした、事故につながるおそれがあり危険である、これ以上は見ていられないとの申し入れがなされました。

(4)　当病院の就業規則

　当病院の就業規則には、「病院の名誉・信用を傷つけ、または職員としての対面を汚したとき」および「その他前各号に準ずる不都合な行為があったとき」に（降格を含む）懲戒処分を行う旨の規定があります。また、「所属する職員が懲戒に該当する行為があった場合は、当該管理・監督者は、監督責任について懲戒を受けることがある。ただし、管理・監督者がこれを防止する方法を講じていた場合、または講ずることが不可能であったと認められる場合は、この限りではない」との規定もあります。さらに、降格を行う場合には、懲罰委員会を開催する旨の規定もあります。

(5)　懲戒処分（降格）の内容および手続き

　当病院は、医師Aに対し、当病院の就業規則に基づき、上記の医師Aの患者とのトラブルおよび医師Bに対する監督不行届きを理由に、懲戒処分（降格）を行いました。降格の具体的な内容は、内科部長を免じて医員とするという内容であり、これに伴い、医師Aの医師職能給を3等級（部長・所長・副部長）から1等級（医員）とし、特殊勤務手当および管理職手当を不支給としました。これによって、医師Aの毎月の賃金は、毎月約20万円の減額となりました。

　懲戒処分（降格）を行うにあたっては、懲罰委員会を開催し、医師Aから事情聴取を行いました。事情聴取において、医師Aは、医師Bに対し、合計5回は飲酒についての注意をしたと述べていました。

第 7 章　懲戒処分

（6）　質　問

　今回、医師 A が、医師 A に対する懲戒処分（降格）が無効であるとして争ってきました。医師 A に対する懲戒処分（降格）は無効なのでしょうか。

結　論

　医師 A について、就業規則上の懲戒事由に該当する事実は認められると考えられますが、懲戒処分として部長から医員への降格を行った点は、処分としての相当性を欠くとして、医師 A に対する懲戒処分（降格）は無効と判断される可能性が高いと考えます。

（1）　①懲戒処分の根拠規定の存在

　本病院においては、「病院の名誉・信用を傷つけ、または職員としての対面を汚したとき」および「その他前各号に準ずる不都合な行為があったとき」に（降格を含む）懲戒処分を行う旨の就業規則規定があるため、懲戒処分の根拠規定が存在しています。

　また、「所属する職員が懲戒に該当する行為があった場合は、当該管理・監督者は、監督責任について懲戒を受けることがある」との規定もあるため、部下である医師 B の行為についての監督責任に基づいて懲戒処分を行うことについても、懲戒処分の根拠規定が存在しています。

⑵ ②懲戒事由該当性

㈎ 医師Aの患者とのトラブル

医師Aの行為によって、患者から度々苦情が来ているため、「病院の名誉・信用を傷つけ、または職員としての対面を汚したとき」および「その他前各号に準ずる不都合な行為があったとき」という懲戒事由に該当するものと考えられます。

㈏ 医師Bに対する監督不行届き

まず、医師Bは医師Aの部下ですので、医師Aは医師Bの「管理・監督者」に該当します。

次に、医師Bは、強いアルコール臭をさせながら気管内挿管という医療行為を行っていますので、このような行為自体が、「病院の名誉・信用を傷つけ、または職員としての対面を汚したとき」または「その他前各号に準ずる不都合な行為があったとき」という懲戒事由に該当するため、「所属する職員が懲戒に該当する行為があった場合」に該当するものと考えられます。

そこで、「ただし、管理・監督者がこれを防止する方法を講じていた場合、または講ずることが不可能であったと認められる場合」に該当するか否かを検討します。

医師Bには、飲酒をした上で医療行為を行っているという噂が相当以前からあり、医師Aも、他の医師から、医師Bが当直の日に医局でビールを飲んでいる姿を見たと聞かされ、その際には、医師Bに対し、何度か注意をしたこともあるとのことです。また、このような医師Aの医師Bに対する注意の後も、医師Bについては飲酒の噂があったことから、医師Aは医師Bに対して噂の真偽を確かめることはしています。しかしながら、医師Bが飲酒の事実はないと否認したため、医師Bに対する直接の確認以外に、他の医師に噂の真偽を確認したり、改善状況を確認することまではし

第 7 章　懲戒処分

ていませんでした。

　医師 A としては、医師 B の直属の上司として、他の医師に噂の真偽を確認するなどし、これが真実なのであれば、本病院にその旨を報告し、医師 B に対して適切な処遇を下すように促すべきであり、医師 A としてそのような行為に出ることも当然に可能であったといえます。

　そのため、医師 A は、「管理・監督者がこれを防止する方法を講じていた場合、または講ずることが不可能であったと認められる場合」に該当しないものと考えられます。

㈦　小　括

　以上のことからすると、医師 A には、懲戒事由該当性が認められる可能性が高いといえます。

　参考裁判例においても、懲戒事由該当性が認められています。

(3)　③相当性

㈦　Ⓐ相当性の原則

（ⅰ）　部長職を免じた点

　まず、医師 A の患者とのトラブルについては、医師 A の行為に対して入院患者等から苦情が申し入れられることが度々あり、苦情の内容も、医師としてなすべき説明が不十分であること、または金銭にまつわることなど、本病院の名誉・信用という観点からは、軽視できないものです。医師 A は、内科部長という高位の職にありますので、この点からも、より厳しい対応をしなければいけないものといえます。

　次に、医師 B に対する監督不行届きについては、医師 B の、アルコールの臭いをさせながら気管内挿管という医療行為を行ったことは、一歩間違えれば重大な医療事故につながる極めて危険

な行為です。このような医師Bの行為が明らかになった場合、医療事故が現実に起こるか否かにかかわらず、本病院の医療機関としての名誉・信用を著しく害するものであることは容易に想像できるものです。

　医師Aは、医師Bの直属の上司であるにもかかわらず、注意後の噂の真偽を確かめることすらしていませんので、管理・監督者として十分な対応をしたとは評価できません。

　すなわち、医師Aは、医師Bの飲酒の噂を知り、これに対して注意をしていましたが、このような注意を行った後にも、医師Bに飲酒の噂があることを知っていました。そのため、医師Aは、医師Bに対して、単なる注意だけでは飲酒について改善をすることができないことを認識していたものといえます。このような状況であれば、医師Aは、医師Bに飲酒を行わせないための注意以外の対応をすべきであり、また、これは容易であったものといえます。

　そして、このような注意以外の対応によって、医師Bのアルコールの臭いをさせながら気管内挿管という医療行為を行うという事態を防ぐことができたものと考えられます。

　そのため、内科部長の職を免じたこと自体については、違反行為とのバランスがとれており、Ⓐ相当性の原則を満たすものと考えられます。

(ii)　**医長職を免じた点**

　もっとも、医師Bの飲酒の噂は、医師Aだけではなく、院長Eも知っていたにもかかわらず、院長Eに対しては何ら処分がなされていないこととの均衡から、医師Aに対してのみ重い処分を下すことは相当ではないと考えられます。

　また、医師Aの患者とのトラブルについても、本病院が十分な注意や警告をしてきた事実はないため、本病院に重大な結果を生じさせるものとまではいいきれないものと考えられます。

第7章　懲戒処分

　　さらに、本病院では免許取得時から7年を経過すれば格別問題がない限り医長に任命されており、医長という役職は専ら経験年数に基づくものと考えられます。

　　加えて、部長から医員への降格によって毎月20万円もの賃金の減額となっていますので、労働者の不利益も重大と考えられます。

　　以上の点をあわせて考えると、内科部長の職を免じるにとどまらず、医員にまで降格した点については、処分として重きに失するものと判断される可能性が高いといえます。

(イ)　©適正手続の原則

　本設例では、就業規則上、降格を行う場合には懲罰委員会を開催する必要があると規定されていたところ、本病院は、当該規定に基づいて懲罰委員会の開催および医師Aからの事情聴取を行っているため、©適正手続の原則は満たすものといえます。

(4)　まとめ

　以上のことからすると、医師Aに対する降格は、無効と判断される可能性が高いと考えられます。

　参考裁判例においては、内科部長の職を免じるにとどまらず、医員にまで降格した点については、処分として重きに失するため無効であるが、医長に降格する限度では有効と判断しています。

対応策

(1)　医師Aの患者とのトラブル

　参考裁判例において、部長から医員に降格したことは処分として

重きに失すると判断をした理由のひとつとして、（医師Aには、数多くの患者とのトラブルが生じていますが）本病院としてこのような医師Aに対し、十分に注意および警告がなされていなかったことが挙げられています。

使用者としてより重い懲戒処分を行っていくということであれば、労働者の問題行動について使用者として適宜の時期に適切な指導等を行い、労働者の改善を促し、それでも改善しない場合に重い懲戒処分とすべきであって、適切な指導等をしないままに積み重なった問題行動を理由として重い懲戒処分を行うべきではないといえます。

(2)　医師Bに対する監督不行届き

医師Bの飲酒をした上での医療行為は、患者の生命および身体等に重大な危険を生じさせかねない、極めて危険なものです。医師Aからの注意後にもなお、医師Bに飲酒をした上で医療行為を行っているとの噂があることを認識していたのであれば、本病院としては、注意をするだけではなく、直ちに、そのような噂の真偽を確かめ、必要に応じて医師Bの飲酒行為を止めさせる、アルコール依存症などで治療が必要なのであれば産業医面談を行う、または休職を命じるなどの対応を検討すべきです。

患者の生命および身体等にかかわる問題であるからこそ、本病院として対応をすべきであり、上司であるとはいえ、医師Aのみにその全責任を負わせるという対応は、必ずしも適切とはいえません。

設例19
懲戒処分としての降格

第 7 章　懲戒処分

コメント

(1)　就業規則等の規定よりも軽い懲戒処分

　懲戒処分は、企業秩序維持のために使用者が労働者に対して制裁を課すものですので、明確な根拠規定の存在が必要とされ、当該根拠規定に則した処分をする必要があります。

　そのため、たとえ就業規則等の規定よりもより軽い懲戒処分を行う場合であっても、そのようなより軽い懲戒処分を選択することが就業規則等に明記されていない場合には、当該懲戒処分は無効と判断されることになります。

　この点、経歴詐称を理由に労働者に対して譴責処分をした事案において、就業規則上は、経歴詐称の場合には懲戒解雇相当とし、情状によって出勤停止、減給、格下げ（降格）を行い得るとの規定について、「懲戒解雇にふさわしい態様の非行を対象とした規定であり、懲戒の内容もそれに応じ、仮に情状酌量しても、出勤停止または減給もしくは格下げに止めるものとして定められているのであり、更にそれを減じて譴責処分に付することは予定されていないものと解される」とし、譴責処分は無効であると判断をした裁判例[124]もあります。

　このように、懲戒処分に関する就業規則等の規定は、使用者自身をも拘束するものですので、就業規則等の作成、改定および適用を行うにあたってはこの点に注意をする必要があります。

---

[124]　東京高判平成 2 年 7 月 19 日判時 1366 号 139 頁

(2) 弁明の機会の付与

　前述のとおり、懲戒処分が無効であると判断されるリスクを軽減するという観点からは、就業規則等において規定されているか否かにかかわらず、弁明の機会の付与をすることが望ましいといえます。

　また、弁明の機会の付与は、労働者との無用なトラブルを避けるという意味においても重要な意味を持つものと考えられます。すなわち、懲戒処分の有効性を巡って紛争が顕在化するケースとして、事実に争いがある場合、または事実に争いはないものの労働者に言い分がある場合が考えられます。このようなケースにおいて、労働者に弁明の機会も付与しないままに懲戒処分を行うと、労働者の反発を招き、紛争が顕在化・長期化する可能性が高くなります。このようなケースこそ、労働者に、十分な弁明の機会を付与し、事実の確認または労働者の言い分の聴取を行っておくべきです。

　労働者としても、弁明の機会が十分に付与されたのであれば、紛争を起こすのではなく、懲戒処分に対しても一定の理解を示して従うという判断をする可能性が高まります。

　このように、弁明の機会の付与は、懲戒処分の有効性を高めるだけにとどまらず、紛争の顕在化・長期化のリスクを軽減することも期待できるものと考えられます。

設例19
懲戒処分としての降格

第7章　懲戒処分

書 式

注意書

平成●年●月●日

●●殿

医療法人●●
理事長●●

1　貴殿は、貴殿の直属の上司の注意を受けたにもかかわらず、平成●年●月●日および同年●月●日に、以下の行為を行いました。

(1)　日時：平成●年●月●日の午前●時頃
　　　行為内容：●●
(2)　日時：平成●年●月●日の午前●時頃
　　　行為内容：●●

2　上記の貴殿の行為は、職場の秩序を乱すものであるとともに、当法人の就業規則第●条第●号、同第●号および同第●号に違反するものです。平成●年●月●日、上記行為につき口頭で貴殿に注意を行いましたが、確認のため、本書面を交付いたします。
　　なお、この注意を受けたにもかかわらず、貴殿に改善が見られない場合、当法人は貴殿に対して、上記行為も含めて厳重な処分を行う方針であることを、予めお伝えします。

以上

注意書

　懲戒処分については行為と処分との均衡が必要とされており、理由にもよりますが、軽度の問題行動について注意や指導等を経ずに直ちに重い懲戒処分を行うことは無効と判断されるリスクが高いといえます。そのため、懲戒処分を行うには至らないような問題行動については、同じような問題行動を行わないように、本書式例を用いて、注意・警告をし、同じような問題行動が行われた場合の懲戒処分の有効性を高めておくことが考えられます。

```
            懲戒処分通知書
                               平成●年●月●日
 ●●殿
                                  医療法人●●
                                  理事長●●

  当法人は、貴殿に対して、下記の懲戒処分に処することを決定しましたの
 で、通知いたします。

                  記
 1 懲戒処分の理由
   貴殿は、平成●年●月●日に…略。

 2 懲戒処分の根拠
   貴殿の上記1記載の行為は、就業規則第●条第●号に該当するので、同
 第●条第●号に基づき、平成●年●月●日付けで、貴殿を次の懲戒処分と
 いたします。

 3 懲戒処分の内容
   譴責
                                       以上
```

 懲戒処分通知書

　懲戒処分を行う際には、懲戒処分の理由、内容、手続き等を明確にする観点から、書面にて通知を行うべきです。
　なお、懲戒処分については、事後的に懲戒事由を追加することはできないものとされています。そのため、懲戒処分通知書の懲戒処分の理由は、使用者が確認をした事実を漏れなく記載する必要があります。

コラム2　平成27年医療法改正の概要

　平成27年9月に医療法が改正されました。改正の柱として、①地域医療連携推進法人制度の創設と②医療法人制度の見直しの2つがあります。

　医療法人全体に関わるものとしては、②医療法人制度の見直しのうち、「医療法人の経営の透明性の確保およびガバナンスの強化」が注目を集めています。主な内容は次のとおりです。

Ⓐ　一定の基準に該当する医療法人は、医療法人会計基準に従い、貸借対照表および損益計算書を作成し、公認会計士等による外部監査を受け、貸借対照表等の公告を実施すること。

Ⓑ　医療法人は、その役員と特殊の関係がある事業者（例えばMS法人など）との取引の状況に関する報告書を都道府県知事に届け出ること。

Ⓒ　医療法人の機関に関する規定が、一般社団法人・一般財団法人と同様に整備されたこと。

　Ⓒの主な内容としては、理事会が必置機関とされたこと、社員総会の決議による役員の選任等の規定が整備されたこと、理事の忠実義務が明文化されたこと、役員の任務懈怠時の損害賠償責任等が規定されたこと、などがあげられます。

第 8 章
労働契約の終了

設例 20 医師の服務規律違反行為および能力不足による普通解雇
　　　　参考裁判例　福井地判平成 21 年 4 月 22 日労判 985 号 23 頁

設例 21 看護師の能力不足による普通解雇
　　　　参考裁判例　東京地判平成 22 年 3 月 1 日

設例 22 整理解雇
　　　　参考裁判例　福岡高判昭和 54 年 6 月 18 日労民集 30 巻 3 号 692 頁

設例 23 懲戒解雇
　　　　参考裁判例　東京地判平成 8 年 7 月 26 日労判 699 号 22 頁

設例 24 雇止め
　　　　参考裁判例　松山地宇和島支判平成 13 年 12 月 18 日労判 839 号 68 頁

第8章 労働契約の終了

設例20

参考裁判例 福井地判平成21年4月22日労判985号23頁

医師の服務規律違反行為および能力不足による普通解雇

Q 当病院の内科医長には、複数の服務規律違反行為などがあります。また、患者等との間にトラブルもあることなどから、医師としての資質・能力にも疑問があり、当該内科医長を普通解雇しました。
普通解雇はどのような場合に有効と認められるのでしょうか。

I 問題の所在

一般に、民法上の契約は、終了事由や終了の手続き等を含めて当事者間で合意することが可能です。しかし、労働契約については、労働者保護の観点から、労基法および労契法等の規制を受け、医療機関（使用者）は、容易には解雇することはできません。日本の労働法制は、長期雇用システムを前提に、教育指導や配転等を柔軟に活用して可能な限り解雇を回避することを求めています。

しかし、労働契約の終了が必要となる場面も否定できず、特に、

医療機関においては、医師や看護師などの能力や服務規律違反行為などの問題行動が人命に関わるという特殊性があります。

また、医療機関においては、医師や看護師などの資格を要する職種も多く、配転等による柔軟な対応には限界があるという問題もあります。

本設例では、普通解雇の有効要件を説明し、解雇の際に留意すべき点等について、検討します。

Ⅱ 普通解雇の有効要件

(1) 解雇の種類

解雇は、使用者の一方的意思表示により労働契約を終了させるものです。労働契約の終了としては、解雇の他にも、辞職、合意退職、死亡による終了、定年退職、休職期間満了による退職（設例13参照）、有期労働契約の期間満了による終了（設例24参照）等があります。

解雇の種類としては、普通解雇と懲戒解雇があります（懲戒解雇については設例23参照）。

(2) 普通解雇の有効要件

普通解雇については、「客観的に合理的な理由を欠き、社会通念上相当であると認められない場合は」権利濫用により無効になる（解雇権濫用法理）と定められているため、その有効要件は、次のとおりです[125]。

---

[125] 労契法16条

第 8 章　労働契約の終了

普通解雇の有効要件

① 　客観的合理的理由があること
② 　相当性があること

　なお、有期労働契約の期間途中の解雇については、「やむを得ない事由」が必要とされており、より厳しく判断されますので、注意が必要です[126]。

(ｱ)　①客観的合理的理由があること
　普通解雇には、①客観的合理的理由が必要とされています。解雇理由の主なものは、次のとおりです。

①客観的合理的理由

Ⓐ 　業務遂行能力の不足、適性の欠如等
Ⓑ 　服務規律違反行為等の問題行動等
Ⓒ 　使用者側の経済的理由による解雇
Ⓓ 　ユニオン・ショップ協定に基づく解雇

　このうち、Ⓒ使用者側の経済的理由によって余剰人員を削減するための解雇については、「整理解雇」と呼ばれ、独自の判断枠組みが構築されているため、別で扱います（設例 22 参照）。
　ここではⒶ、Ⓑを取り上げます。
　訴訟における客観的合理的理由の有無の判断は、就業規則に定められた解雇事由に該当する事実があるか、という形で検討されることが多いです（就業規則に記載がない事由に基づく解雇の有効性に

---

[126] 　労契法 17 条 1 項

308

ついては議論があります）。ただし、外形上、就業規則上の解雇事由に該当するとしても、内容が軽微である場合等については、就業規則上の解雇事由を限定的に解釈して、客観的合理的理由がないと判断する場合もあります（たとえば遅刻・欠勤が就業規則上の解雇事由に記載されており、労働者が3分程度の遅刻をした場合、形式的には就業規則上の解雇事由に該当しますが、訴訟における判断では、客観的合理的理由はないと判断される可能性があります）。

(イ) ②相当性があること

(ⅰ) 一般論

　普通解雇は、社会通念上相当であることが必要になりますが、相当性判断にあたっては、主に、解雇と解雇事由のバランスがとれているかという観点から判断されます。日本においては、長期雇用システムが前提とされており、相当性は厳しく判断されます。特に、新卒の正社員採用の場合、指導や経験により能力等を向上させていくことが予定されています。そのため、重大な服務規律違反行為があり、改善指導等を十分に行ったが改善が見られない場合や、適性が大きく欠如しており、配転等をしても他に適した業務がない場合等、解雇事由が重大なものであって、解雇の他に手段がないような場合でなければ普通解雇の相当性は肯定されないといえます。

　また、相当性判断においては、他の事例との均衡がとれているか、解雇に際して必要とされる手続きが取られているなど、手続きが適正かなども考慮要素になることがあります。

(ⅱ) 医師の特殊性

　一般に、医師は、医療について高度な知識と技能を有し、患者の診療につき決定を下し責任を負うことから、医療機関において他の職員とは異なる特殊な地位を有し、その立場や意見が尊重されています。したがって、他の職員と比べ、医師には高い職責が

設例20 医師の服務規律違反行為および
能力不足による普通解雇

309

第 8 章　労働契約の終了

求められ、解雇の相当性の判断にあたっても医師であるという立場が考慮される場合があります。

III　設例について

本設例

(1)　医師 A の地位

当病院の医師 A は、当病院に 14 年間勤務しており、内科医長という当病院の理事長、院長に次ぐ地位にあります。しかし、医師 A には、問題行動が絶えません。

(2)　服務規律違反行為

具体的な医師 A の服務規律違反行為としては、次のとおりです。

❶　午前 9 時とされている外来の診療開始時間を守らず、遅れて診療を開始すること

❷　保険適応外の医療行為を行う場合、院長 B に連絡および相談することが必要になっているところ、緊急性等がないにもかかわらず、医師 A は、院長 B に連絡および相談することなく保険適応外であるノロウイルスの抗原検査を行ったこと

❸　医師 A に分掌された血液透析患者の年金に関する書類作成作業を約 9 年間にわたり怠ったこと

❹　カルテの貸出期間を超えてカルテを使用する場合、一旦

返却した上で再度貸出手続きを行う必要があるのにもかかわらず、そのような手続きを行わずにカルテを長期間借り受けたままにしたこと

❺ 当病院のインターネット回線に接続する端末機は当病院から許可されたものに限る旨の取決めがあるにもかかわらず、医師A個人が所有している端末機を無許可で当病院のインターネット回線に接続したこと

❻ 職員用駐車場の利用にあたり、駐車場所を変更する指示に応じず、従来の場所に自動車を駐車し続けたことにより訓戒処分を受けたこと

なお、❶外来の診療開始時間については、当病院の医局会の席上で「診療開始時間を守ってください」等と記載した書面を複数回にわたって医師Aを含む医師に対し配付するなどの指導を行いましたが、医師Aがこれを改めることはありませんでした。

(3) 資質・能力の不足

また、次のとおり、医師Aの医師としての資質・能力に疑問を抱くような出来事もありました。

❼ 医師Aが、入院の継続が必要ない患者およびその家族に対し、突然死もあり得る旨を説明したことにより患者が当病院に無断で退院したり、患者の長生きを望んでいる患者の家族に対し「蘇生したらあなたも困るでしょう」と発言して患者の家族から苦情を受けるなど、当病院の患者またはその家族との間で、トラブルを繰り返したこと

❽ 必要がないのに、肺炎患者ほぼ全員に対して、医師Aが、CTスキャン検査を実施していたこと

第 8 章　労働契約の終了

❾　医師 A が主治医に代わって患者を診察した際、主治医に
　無断で処方を変更したことなど
　❼患者等とのトラブルがあったことから、当病院は医師 A
の受け持ち患者数の割合を減少させる措置を講じていました。

(4)　その他（就業規則など）

　なお、当病院を経営する法人 X は、当病院の他には、当病
院に附属する Y 診療所のみ経営しています。
　また、当病院の就業規則には、解雇事由として「職員の就
業状況が著しく不良で、職員としてふさわしくないと認めら
れたとき」との規定があります。

(5)　質　問

　このような医師 A を普通解雇したいのですが、可能でしょ
うか。

結　論

　医師 A が内科医長という地位にあること等を考慮すると、
解雇が有効と認められる可能性は相当程度あると考えられま
す。

(1)　①客観的合理的理由があること

　客観的合理的理由の有無の判断方法としては、本設例でも就業規
則上の解雇事由に該当するかを検討します。
　本設例では、医師 A には、❶から❻の服務規律違反行為があり、

医師Aには本病院の服務規律に従おうとする姿勢が欠けています。

　さらに医師Aには、❼患者およびその家族の心情への配慮や、❾チームで医療を行う意識が欠けており、❽の事実も含め、患者と接する臨床医として、また、組織で医療行為を行う本病院に所属する医師としての資質・能力に疑問を抱かせます。

　以上のことからすると、医師Aのこれらの行為は、就業規則上の解雇事由である「職員の就業状況が著しく不良で、職員としてふさわしくないと認められたとき」に該当すると考えられます。したがって、解雇の客観的合理的理由が認められる可能性は相当程度あると考えられます。

(2)　②相当性があること

　医師Aは、14年と本病院での勤続年数が長く、内科医長という理事長、院長に次ぐ高い地位にあることから、本病院の中で模範となるべき立場にあり、その立場を踏まえて自己研鑽に努め、自分自身で行動を規律することを求められる立場にあったということができます。このような立場に照らせば、医師Aが医師として適切な行動や診療行為を行うことは当然であり、新人の医師や医師の指示の下で働く職員などの、丁寧に指導されるべき立場の者とは異なるといえます。

　それにもかかわらず、医師Aは❶から❻のとおり本病院の規則や指示を守らず、複数の服務規律違反行為を繰り返しており規律の遵守に対する意識が低いといえます。特に、医師Aは、❶の外来の診療開始時間については、改善を求められているにもかかわらず改善していません。このことは❻の駐車場所の変更の指示違反についても同様で、医師Aには、本病院の組織の一員としての自覚が欠けていたといえます。

　また、❼については医師Aの受け持ち患者数の割合を減少させ

第8章　労働契約の終了

る措置を講じられたことから、医師Aが自らの至らない点に気付いて反省し、改善する契機もあったにもかかわらず医師Aには反省の態度等が見られません。

さらに、法人Xが経営しているのは、本病院およびY診療所のみであり、医師Aが医師という職種であること、しかも内科医長という高い立場にあることからすると、法人Xの規模では、医師Aの配転は困難である可能性が高いといえます。

以上のことからすると、本設例で解雇の相当性が認められる可能性は相当程度あると考えられます。

(3) まとめ

したがって、医師Aの解雇が有効と認められる可能性は相当程度あると考えられます。

対応策

参考裁判例は、医療機関（使用者）が医師に対し直接的に注意および指導を繰り返し行った事案ではなかったため、解雇の相当性が争点の一つとなりました。この点、参考裁判例は、[a]医師の特殊性（医師は、医業について高度な知識と技能を有し、患者の診療につき決定を下し責任を負うことから、病院において他の職員とは異なる特殊な地位を有し、その立場や意見が尊重されること）、[b]当該医師の勤続年数が長期であること、および[c]当該医師が高い地位にあったこと、などから当該医師がその立場を踏まえて自己研鑽に努め、自分自身で行動を規律することを求められていたため、病院から当該医師に対する注意および指導があまり行われていなかった点を重視するのは相当でないと判断しました。結論としては、普通解雇を有効と判断しています。

314

しかし、一般的な事案であれば、改善指導等を行っていなかったという事情は解雇の相当性を否定する事情になり得ることに注意する必要があります。そのため、医師であったとしても、リスク対応としては改善指導等をこまめに行い、その記録も残した上で、定期的に改善状況を確認することが重要であると考えられます。

コメント

　本設例と同様に、医師という立場であることが解雇の有効性の判断の一事情とされた裁判例[127]があります。

(1)　別の裁判例の前提事実

　この裁判例では、次の事情がありました。

ⓐ　医師Cへの連絡がつかなかったため、看護部長Dが、医師Cの指示を受けることなく患者をICUに入院させたことについて、医師Cが、看護部長Dに対し、「あなたはそんなで部長ですか。あなたがそうだから看護師は馬鹿ばかりです」（原文ママ）と発言したこと

ⓑ　看護師Eが、患者の眼球が上転していたことから、医師Cに緊急連絡したが、医師Cが到着した時点で、患者の上転の症状は消失していたことについて、医師Cが、付近に他の看護師、医師、看護学生がいたにもかかわらず、看護師Eに対し、「上転なんかしてないじゃないか」「馬鹿」と怒鳴ったこと

ⓒ　患者の腸の吻合作業を担当した研修医Fが、研修医Fの不注意で患者の直腸壁を損傷させてしまったことに対し、

---

[127]　東京高判平成27年10月7日判時2287号118頁

第 8 章　労働契約の終了

> 医師 C が、「何やってるんだ。今、どんなことしたか分かってんのか」と言いながら、研修医 F の前胸部を叩いて叱責したこと

(2)　別の裁判例の判断

　裁判所は、これらの事情を基に、医師 C が、医師として看護師や研修医を指導する立場にありながら、その指導において看護師等の人格を否定する旨の発言や有形力を行使するなど、指導の方法が不適切であったと認定し、かかる事由を理由の一つとして、医師 C の態度は、医療の提供という病院の中枢の業務の遂行を困難ならしめるものであり、法人の医師 C に対する解雇について、①客観的合理的理由があり、②相当性があることを認めました。

(3)　おわりに

　このように、医師はその責任ある立場等の特殊性から、医師に対する解雇が有効と認められやすいという特徴があります。
　ただし、医師といっても、経験年数や地位等によって求められる責任等は様々であるため、解雇の判断はやはり慎重に進めるべきと考えられます。
　なお、医療行為に関する能力不足を理由とする解雇については、(看護師の裁判例ですが) 設例 21 をご参照ください。

316

書式

退職合意書

　医療法人●●（以下、「甲」という）と●●（以下、「乙」という）は、乙の退職にあたり、次のとおり合意した。

第1条
1　甲および乙は、平成●年●月●日限り、甲乙間の雇用契約を合意解約し、同月同日限り、雇用契約が終了することを相互に確認する。
2　甲は、乙の離職理由を、自己都合として扱う。

第2条
　乙は、次条の残日数を除き、前条に定める退職日まで現実に就労することを確約する。

第3条
　甲および乙は、平成●年●月●日時点の乙の年次有給休暇の残日数が●日であることを相互に確認する。

第4条
1　甲および乙は、乙の退職金が、●円であることを確認する。
2　前項にかかわらず、乙が第2条に違反し、事務引継等、甲の業務に支障を生じさせた場合、甲は、前項に定める退職金を減額することがある。

第5条
1　乙は、甲における在職期間中（平成●年●月●日から平成●年●月●日）を通じ、甲の就業規則に定める懲戒解雇相当の事由（以下、「懲戒解雇相当事由」という）が存在しないことおよび懲戒解雇相当事由を行わないことを確約する。
2　乙に懲戒解雇相当事由が存在することまたは乙が懲戒解雇相当事由を行ったことが発覚した場合には、甲は前条第1項に定める退職金を減額し、または支給しないことがある。
3　甲および乙は、乙に懲戒解雇相当事由が存在することまたは乙が懲戒解雇相当事由を行ったことが発覚した場合には、甲が乙に対し損害賠償を請求できることを相互に確認する。

設例20
医師の服務規律違反行為および
能力不足による普通解雇

第8章　労働契約の終了

  4　本合意書にかかわらず、乙に懲戒解雇相当事由が存在することまたは
　　乙が懲戒解雇相当事由を行ったことが発覚した場合は、甲は乙を懲戒解
　　雇することがある。

第6条
1　乙は、本合意書締結に至る経緯、存在および内容について、第三者
　（甲の職員および退職者を含む）に一切口外しない。
2　前項に違反した場合、甲は、第4条第1項に定める退職金を減額し、
　または支給しないことがある。

第7条
　乙は、在職期間中および退職後において、甲の職員に対し、退職もしく
は転職を勧誘しないこと、または乙が関与する事業において甲の職員を採
用しないことを誓約する。

第8条
　甲および乙は、平成●年●月●日までの甲乙間の雇用契約に付随する債
権債務関係を除き、甲乙間に、本合意書に定めるほか、なんらの債権債務
関係のないことを相互に確認する。

第9条
　甲および乙は、本合意に関する紛争については、●地方裁判所を第一審
の専属的合意管轄裁判所とする。

　本合意成立の証として、本合意書2通を作成し、甲乙各1通を保有する。

　　　　　　　　　　　　　　平成●年●月●日

　　　　　　　　　　　　　　甲
　　　　　　　　　　　　　　医療法人●●
　　　　　　　　　　　　　　理事長　＿＿＿＿＿＿＿　印
　　　　　　　　　　　　　　（所在地）＿＿＿＿＿＿＿

　　　　　　　　　　　　　　乙
　　　　　　　　　　　　　　（氏名）＿＿＿＿＿＿＿　印
　　　　　　　　　　　　　　（住所）＿＿＿＿＿＿＿

退職合意書

　前述のとおり、労働者の解雇については、その社会通念上の相当性が厳しく判断されるため、仮に労働者を解雇によって一方的に退職させた場合、使用者としては解雇の有効性についてリスクを抱えることになります。雇用の終了は、労働者との紛争が生じやすい場面ですので、解雇という形ではなく、労働者と使用者との間で退職合意書を締結し、解雇の有効性や在職中の労働条件等に関する紛争が生じるリスクをできる限り小さくすべきです。

設例20
医師の服務規律違反行為および
能力不足による普通解雇

第 8 章　労働契約の終了

設例21

参考裁判例　東京地判平成 22 年 3 月 1 日

看護師の能力不足による普通解雇

 　当診療所は、看護師が当診療所の就業規則規定の解雇事由である「勤務成績が著しく不良の時」に該当するとして、当該看護師を解雇しました。
　能力不足を理由とした普通解雇は、どのような場合に認められるのでしょうか。

I　問題の所在

　設例20のとおり、労働契約については、労基法および労契法等の規制を受け、簡単には労働者を解雇できません。しかし、特に医療機関においては、医師や看護師などの能力や問題行動が人命に関わるため、能力不足や問題行動等が厳しく評価されるという特殊性があります。一般に、解雇事由には「勤務成績が著しく不良」等の事由が定められていることが多いですが、どのような場合に解雇が有効と認められるかが問題となります。
　本設例では、能力不足による解雇について、検討します。

Ⅱ 普通解雇の有効要件

普通解雇の有効要件については、設例20を参照ください。
解雇が有効といえるためには、次の要件が必要になります。

普通解雇の有効要件

① 客観的合理的理由があること
② 相当性があること

Ⅲ 設例について

本設例

(1) 看護師Aの普通解雇

　当診療所は、人工透析を行う診療所です。Aは、当診療所の看護師でしたが、当診療所は、看護師Aが就業規則規定の解雇事由である「勤務成績が著しく不良の時」に該当するとして、看護師Aを普通解雇しました（以下、「本件解雇」といいます）。

(2) 看護師Aの問題行動

　本件解雇の原因となった具体的な事実としては次の5つがありました。

設例21

看護師の能力不足による普通解雇

第 8 章　労働契約の終了

❶ 看護師 A が患者の治療に使用したセッシをそのまま用いてカストから減菌ガーゼを取り出したこと（カスト内の他の減菌ガーゼに何らかの菌が移る危険性のある不衛生な処置）

❷ 患者 X に対し透析を行うにあたり、看護師 A が注射針の内筒を外筒から完全に引き抜いた後に、血液が出てこなかったため、血栓を飛ばすために注射器の先端に針のついた内筒を再挿入するという危険な手技（注射器の針が外筒を突き破り血管を傷つける危険性のある行為）をして、患者 X の血管を傷つけたこと。さらに当診療所の院長から外筒を突き破る危険な行為であり、また血栓は吸引して取り出さなければならないと注意を受けたにもかかわらず、後になって自らの行為につき血栓を吸引しようとしたとの虚偽の内容を記載した書面を提出したこと

❸ リーダーである別の看護師 B から看護師 A に対し透析のための穿刺部位について繰り返し説明があったにもかかわらず、看護師 A は患者 Y の不適切な部位に穿刺を行い、その際、看護師 B の指示に従ったとはいえないのに、血液透析経過表に看護師 B から指示を受けて穿刺を行ったとの虚偽の記載をし、また、透析終了時にシャント音確認を行わなかったこと

❹ 患者 W に対する穿刺について看護師 A の穿刺部位の誤りから再循環が疑われる状況で、看護師 A の穿刺部位が誤りでないとの立場に固執し、必要がないのに患者 W の穿刺部位を携帯電話のカメラで撮影したこと

❺ 熱のある患者 V について、他の看護師への引継ぎに際し、その旨の口頭での報告を怠ったこと

(3)　看護師Aの年齢および経験

　なお、看護師Aは勤務開始時に51歳でした。また、看護師Aの履歴書には、看護師Aが26歳の時に准看護師免許を取得して、看護師Aが50歳の時に看護師免許を取得したことが記載されています。

(4)　質　問

　本件解雇は有効でしょうか。

結　論

　❶～❺が事実として認められる場合は、看護師Aに求められている職務との関係で十分に職務が遂行できていないというべきです。特に、❷に関して、本診療所の院長から注意を受けたのに、虚偽の内容を記載した書面を提出することは医療に従事する者として大きな問題があると考えられます。よって、「勤務成績が著しく不良」との事由に該当し、本件解雇に客観的に合理的な理由があり、かつ、社会通念上相当であるとして、本件解雇が有効と認められる可能性は高いと考えられます。

(1)　①客観的合理的理由があること

　訴訟における客観的合理的理由の有無の判断は、就業規則規定の解雇事由に該当する事実があるか、という形で判断されることが多いです。

323

第8章　労働契約の終了

　本設例でも、本件解雇に客観的合理的理由があるかについては、就業規則規定の解雇事由である「勤務成績が著しく不良」との事由に該当するかとの点を検討します。

　医療従事者は、人命に携わる業務を担う者の基本として、適切な指示や指導に従う必要があり、禁止されている危険な手技や不適切な処理は行わないことが求められていると考えられます。

　本設例の❶から❺の事実は、人命に携わる医療従事者の行為としては、いずれも不適切と考えられます。

　特に❷では、看護師Ａは、危険な手技をして実際に患者Ｘの血管を傷つけています。さらに本診療所の院長から注意を受けたのに反省の態度を見せず、自らの行為を正当化する虚偽の内容を記載した書面を提出しています。

　看護師Ａは単なる勤務態度の不良に留まらず、求められている基本的な職務との関係で十分に職務が遂行できていないというべきであり、「勤務成績が著しく不良」との事由に該当すると考えられます。

　したがって、本診療所による本件解雇に客観的合理的理由があると認められる可能性が高いと考えられます。

　参考裁判例でも同様の判断がされています。

(2)　②相当性があること

　前述のとおり、看護師Ａは、❷患者Ｘの血管を傷つける危険な手技をした上で、看護師Ａの行った行為について虚偽の報告をしており、医療従事者として十分に職務が遂行できていないと考えられます。また、看護師Ａは、❶衛生管理の意識に欠け、❺熱がある患者Ｖの他の看護師への適切な引継ぎができておらず、このような基礎的な業務にもミスがあり、ミスが重大な事故につながるリスクもあります。さらに、看護師Ａは、❸リーダーである看護師

Bの指示に従わない上に虚偽の記載をする、また、❹必要がないのに患者Wの穿刺部位を携帯電話のカメラで撮影するなど、不適切な処置をした際の対応も自らを正当化する行動に固執しており適切な指示、指導に従う基本的な姿勢に欠けています。また患者への配慮や組織内の協調性に対する意識も弱いと考えられます。

　さらに、看護師Aは、看護師Aが26歳の時に准看護師免許を取得して、看護師Aが50歳の時に看護師免許を取得しています。このような、看護師Aの年齢および経験からすれば、採用時から本診療所の即戦力としての働きが期待されていたことが予想されます。そのため、新卒採用で指導や経験により能力等を向上させていくことが予定されている事案とは異なり、看護師Aの能力不足等は厳しく判断されます。

　また、看護師Aは看護師という職種であり、診療所において配転が難しい場合も多いと考えられます。

　以上のことからすると、本設例では、本件解雇がやむを得ず、②相当性があることという要件も満たすと判断される可能性は高いと考えられます。

　なお、参考裁判例は、②相当性があることを認めていますが、詳細には検討しておらず、どのような具体的事実が、②相当性があることの要件充足に影響を及ぼしたのか、必ずしも明らかではありません。

(3)　まとめ

　以上のことからすると、本設例において、本件解雇が有効と認められる可能性は高いと考えられます。

第 8 章　労働契約の終了

対応策

　医療機関においては医師や看護師などの能力や問題行動が人命に
直結するため、医師や看護師等が能力不足の場合や問題行動を起こ
した場合、解雇やむなしと判断される場面が多いと考えられます。

　能力不足による解雇の相当性を肯定する事情としては、上司から
改善指導等を行っても改善されない、反省の態度が見られないと
いった事情があります。医療機関としては、改善指導を小まめに行
い適切に記録を残した上で、定期的に改善状況を確認することが考
えられます。また、解雇の前に、配転の可能性の有無も検討するこ
とが望ましいと考えます。

　また、中途採用の場合、能力不足を理由とした解雇の有効性が争
いとなる場合に備えて、当該労働者について、雇用契約書等に、そ
の能力に着目して採用した旨を明記することも考えられます。

コメント

　参考裁判例においては、看護師に対する普通解雇が有効と認
められました。他方で、介護職の労働者に対する普通解雇が無
効であると判断された裁判例[128]（以下、「裁判例 1」といいま
す）、および臨床検査技師に対する普通解雇が無効であると判
断された裁判例[129]（以下、「裁判例 2」といいます）がありま
す。

---

[128]　大阪地決平成 14 年 4 月 18 日労経速 1815 号 13 頁
[129]　大阪地判平成 18 年 3 月 24 日労判 916 号 37 頁

326

(1)　介護職労働者の解雇（無効）

　裁判例 1 では、裁判所は、介護職 B に他の職員との協調性に欠ける面があり、また入所者の前で不要な発言をしたり感情的な態度をとったことからすれば、介護職 B が法人から勤務態度について改善を求められてもやむを得ないというべきであるし、こうしたことが介護職 B に対する何らかの処分事由となり得る可能性までは否定することができないと述べつつも、介護職 B が法人において何ら役職を有しない単なる介護職職員にすぎないこと、介護職 B はこれまで法人からの注意を受けたことはあったものの、処分を受けたことはなく、少なくとも平成 13 年ころ（解雇は平成 14 年 1 月ころ）までは特段勤務状況について問題がなかったこと、介護職 B の勤務態度に問題が生じたのは介護職 B の法人に対する不満とも関係していることからすれば、法人としては、介護職 B に対して、なお個別指導等を行った上で全く改善の余地がないかどうか見極める必要があったというべきであり、特段介護職 B の弁解を聞く機会も設定せず、いきなり解雇という処分を行ったことは、重きに失するというべきであるとして、解雇の相当性を否定し、解雇を無効と判断しました。

(2)　臨床検査技師の解雇（無効）

　裁判例 2 は、法人が臨床検査技師 C の解雇事由と主張する複数の出来事が起こった後、臨床検査技師 C が約 2 年間にわたって休職していたところ、臨床検査技師 C の復職にあたり、初めて退職勧奨がなされ、その後臨床検査技師 C が解雇されたという事案です。裁判所は、臨床検査技師 C が臨床検査技師として、技能に習熟していない点を認めるとともに、臨床検査技師 C に協調性を欠く言動があったことを認めましたが、

第8章　労働契約の終了

法人による臨床検査技師Cの解雇理由について、臨床検査技師Cの復職を認めざるを得なくなり、休職中の臨床検査技師Cを復職させる職場に苦慮したため、法人が過去の事由を解雇事由として解雇に至ったと推測するのが相当として、直ちに解雇に値するものであるとは言い難く、解雇は、客観的に合理的な理由を欠き、社会通念上相当として是認することはできないとして、無効と判断しました。

(3)　まとめ

前述のとおり、能力不足等による解雇にあたっては、裁判例1のように、個別指導等を行った上で全く改善の余地がないかどうかを見極めるべきということを理由に、解雇が無効であるという判断がされることもあり得ます。そのため、解雇が有効と認められるためには、個別指導などの改善指導を行うことが重要といえます。

また、裁判例2のように、解雇事由の発生後それを漫然と放置していると、労働者に能力不足等があったとしても、解雇の理由と認められない可能性もありますので、タイミングにも注意する必要があります。

書 式

警告書

平成●年●月●日

●●殿

医療法人●●
理事長●●

　貴殿は、平成●年●月●日、●●という医療行為に際して●●という行為を行ったところ、これは●●という点で患者の生命身体に危険を生じさせるものです。これに対しては、平成●年●月●日に、●●から口頭での注意指導を行いました。

　また、貴殿は、平成●年●月●日、●●という医療行為に際して●●という行為を行ったところ、これは●●という点で患者の生命身体に危険を生じさせるものです。これに対しては、平成●年●月●日に、●●から書面での注意指導を行いました。

　しかしながら、貴殿は、平成●年●月●日にも●●という医療行為に際して●●という行為を行い、同様の行為を繰り返しました。

　上記のような貴殿の勤務状況が今後も改善されないということであれば、当法人としては、解雇を行わざるを得ないとの判断もあり得ますので、当法人からの注意指導を厳に受け止め、業務の遂行について改善をするように警告します。

以上

私は、本件書面を受領し、内容を確認いたしました。

　　　　　平成●年●月●日
　　　　　（氏名）＿＿＿＿＿＿＿＿印
　　　　　（住所）＿＿＿＿＿＿＿＿

 警告書

　本書式例は、能力不足の労働者に対し繰り返し注意指導をしても改善が見られない場合に、今後も改善がなされない場合には解雇を行う可能性があることを示すものであり、いわば解雇前の警告です。注意指導が口頭で行われた場合は証拠が残らないことが通常ですので、本書式例では、口頭で注意指導をしたことを書面に記載し、その事実を証拠化しています。

　なお、労働者が、このような警告がなされた事実自体を後に否定する可能性もあるため、受領欄をつけて労働者に署名押印を求めることも考えられます。

第 8 章　労働契約の終了

参考裁判例　福岡高判昭和 54 年 6 月 18 日労民集 30 巻 3 号 692 頁
整理解雇

Q　当病院は、経営状況が悪化し、人員削減を行わざるを得ない状況にあったため、整理解雇を行いました。
　整理解雇が有効と判断されるのはどのような場合でしょうか。

I　問題の所在

　診療報酬基準の改定または他病院の進出等の様々な事情によって、医療機関（使用者）の経営状況が悪化することも生じ得ます。このような場合、経営状況の改善のためのひとつの手段として、人員削減を検討することも避けられない場合があります。
　本設例では、整理解雇の有効性を説明した上で、どのような場合に整理解雇が有効と判断されるかについて、検討します。

II　整理解雇

(1)　概　要

　解雇の種類は、普通解雇および懲戒解雇に分けられます。普通解

雇には、使用者の経営事情等を原因とする契約解消、すなわち整理解雇が含まれます。

　整理解雇とは、使用者側の経営事情の悪化等により生じた人員削減の必要性に基づき、労働者を解雇することをいい、普通解雇の一種とされています。

　普通解雇の一種であるため、整理解雇も、解雇権濫用法理の適用を受けます[130]（解雇権濫用法理については、設例20参照）。整理解雇の場合、それが有効になるための判断について、特有の判断要素がありますので、以下ではこの点を取り上げます。

(2) 整理解雇の有効性

㋐ 判断要素

　裁判例は、整理解雇が有効になるかどうか（解雇権濫用になるかどうか）の判断要素として、以下の点を総合的に考慮し判断しています（以下の点を、整理解雇が有効になるための要件とみて、その全てを満たして初めて整理解雇が有効になるという立場も存在します）。

整理解雇の有効性

① 　人員削減の必要性があること（人員削減の必要性）
② 　解雇回避努力義務が尽くされたこと（解雇回避努力）
③ 　人選基準とその適用が合理的であること（人選基準の合理性）
④ 　労働組合または労働者と十分協議したこと（手続きの妥当性）

設例 22
整理解雇

---

[130] 労契法16条

第8章　労働契約の終了

(イ)　①人員削減の必要性

　①人員削減の必要性については、「企業が客観的に高度の経営危機下にあり、解雇による人員整理が必要やむを得ないものであること」をいうと判断している裁判例[131]があります。

　この点、より緩やかに、「企業の合理的運営上やむを得ない必要に基づくものと認められる場合」で足りると判断している裁判例[132]もあります。

　他方、より厳しく、「当該解雇を行わなければ企業の維持存続が危殆に瀕する程度にさし迫った必要性があること」を要すると判断している裁判例[133]もあります。

　もっとも、裁判例の傾向としては、人員削減の必要性について、使用者の判断を尊重し、肯定する傾向にあるとされています。人員削減の必要性が否定されるのは、整理解雇をした人数と同数の新規採用をしたような、整理解雇と矛盾する行動がなされた場合が挙げられます[134]。

(ウ)　②解雇回避努力

　②解雇回避努力については、具体的には次のようなものが挙げられます。

解雇回避努力の具体例

○　経費（広告費・交通費・交際費）の削減
○　役員の報酬等減額
○　管理職の給与等減額

---

[131]　神戸地尼崎支判昭和 55 年 2 月 29 日労判 337 号 50 頁
[132]　東京高判昭和 54 年 10 月 29 日労民集 30 巻 5 号 1002 頁
[133]　長崎地大村支判昭和 50 年 12 月 24 日判時 813 号 98 頁
[134]　大阪高判平成 23 年 7 月 15 日労判 1035 号 124 頁

- ○　残業（時間外労働・休日労働・深夜労働）の制限
- ○　新規採用の中止・縮小
- ○　労働者の賞与等の減額・昇給停止・賃金減額
- ○　配転・転勤・出向・転籍
- ○　一時帰休
- ○　非正規労働者との労働契約の解除
- ○　希望退職者の募集
- ○　個別の退職勧奨

　使用者が行うべき解雇回避努力の内容は、①人員削減の必要性の程度によっても異なり、また、医療機関（使用者）の規模等によっても異なりますので、個別具体的な事情に基づいて判断されることになります。

　たとえば、①人員削減の必要性との関係については、使用者が倒産の危殆に瀕しているために行う整理解雇の場合には、人員削減の緊急の必要性があるため、解雇回避努力としては比較的軽いもので足りると考えられます。他方、単に人員を整理して採算性の向上を図るために行う整理解雇の場合には、使用者としてできる限りの解雇回避努力を尽くすべきであるといえます[135]。

㈤　③人選基準の合理性

　①人員削減の必要性があり、また、②解雇回避努力を尽くしたとしても、整理解雇の対象となる人員選択が、使用者の恣意に基づくものであれば、解雇権の濫用と判断されます。

　そのため、③人選基準とその適用が合理的であることが必要です。

　人選基準としては、Ⓐ正規労働者か非正規労働者かの別、Ⓑ欠勤

[135]　東京地決平成 11 年 1 月 29 日労判 782 号 35 頁

第 8 章　労働契約の終了

割合、遅刻・早退頻度、懲戒処分歴等、Ⓒ過去の実績、人事評価、特別な保有資格の有無、勤続年数等、Ⓓ年齢、結婚の有無、扶養家族の有無・人数、他の収入の有無を組み合わせて設定されることが通常です。

　人選基準が抽象的な場合（たとえば、単に「能力が低い者」との基準の場合）、使用者の主観が入り込んでいるとして、整理解雇が無効と判断されるリスクがありますので、できる限り具体的・客観的な基準に基づいて人選を行うべきです。

(オ)　④手続きの妥当性
　④手続きの妥当性として、整理解雇にあたって、労働組合または労働者と十分協議するなど、手続面でも適切であることが求められています。たとえば、労働組合との労働協約等に、事前協議条項等（整理解雇を行う場合には、労働組合と事前に協議をする旨や労働組合の同意を得る旨の条項）が定められている場合があります。このような事前協議条項等がある場合はもちろん、そのような事前協議条項等がない場合であっても[136]、整理解雇は労働者側に非がないにもかかわらず、労働者に重大な不利益を与えるものであることから、使用者としては、誠意をもって労働組合との協議を行い、整理解雇を行うにあたっての説明をし、労働組合の同意を得るよう努めるべきであると考えられます。労働組合がない場合、労働者との協議を行うにあたっても同様のことがいえます。

---

[136]　大阪地決平成 7 年 7 月 27 日労経速 1588 号 13 頁

Ⅲ 設例について

本設例

(1) 当病院の規模

当病院は、労働者・低所得者のための医療機関であり、小規模の病院です（ある年度における、当病院の正味財産は、3,500万円程度です）。

(2) 医師Aを含む4名の医師の採用

当病院では、老朽化した病院建物を増改築し、病床数の増加、人員増加を伴う病院経営を拡大する計画（以下、「新病棟建設計画」といいます）を立てました。新病棟建設計画のためには、医師の確保が不可欠であったため、当病院は、新病棟建設計画実現のために、医師Aを含む4名の医師を採用しました。

この4名の医師が、当病院に勤務するようになって以降、当病院の経営収支は急激に悪化していきました。具体的には、この4名の医師を雇った年度において、下半期には約900万円の純損失を計上し、当該年度上半期に計上していた純利益で埋め合わせて、ほぼ収支ゼロで均衡する状況でした。経営収支が悪化した主たる原因は、当病院の医師らによる診療方法の改革、すなわち、外来患者の通院間隔を従前より拡大したことで外来延患者数が減少し、外来診療収入が減少したことなどが挙げられます。このような診療方法の改革

設例22

整理解雇

335

第8章　労働契約の終了

は、患者の負担を減らそうという当病院の医師の、医学的な
信念と医師としての良心に基づくものです。

(3)　医師BおよびCの採用

　当病院は、このような収支の悪化が将来に渡って続くと、
病院の存続すら不可能となることは必至であると考え、人員
増加を伴わない病床数の増加（❶）を行いました。また、当
病院の職員による全体集会を開き、当病院の経営について議
論を行ったところ、医師から「外科の充実によって経営事情
が好転するだろう」との意見が出されたため、将来の経営収
支の改善を期待し、新病棟建設計画を既定方針どおり進める
こと、外科の充実を図るべく2名の医師（医師Bおよび医師
C）を採用（❷）することとしました。

　しかしながら、その後6か月を経過しても、当病院の経営
収支は一向に好転する気配がなく、当該年度においては、
700万円もの純損失を計上し、前年度までの繰越利益剰余金
を全て食いつぶし、250万円もの繰越欠損金を残してしまい
ました。

(4)　医師からの意見表明

　このような状況の中、新病棟建設計画について、当病院の
医師（医師A、医師Bおよび医師C（以下、「医師Aら」と
いいます）を含みます）から、明確に、反対かつ非協力の態
度が表明されました。新病棟建設計画が実施されれば、当病
院の経営収支が改善するという僅かな希望がありましたが、
新病棟建設計画の実施のためには、医師の協力は不可欠であ
り、医師らの協力が得られない以上、当病院としては、これ
を断念せざるを得ませんでした。

336

そこで、当病院は、医師代表の評議員も出席する評議員会の場において、新病棟建設計画を断念して、新病棟建設計画のために行った増員については、増員前の状況に減員する運営方針の提案をし、医師については、内科5名を4名、外科3名を1名の人員に減員する旨の説明をしました。このような提案については、医師代表の評議員も含め、全員異議なく可決されました。

(5) 医師Ａらの解雇

当病院は、まずは、希望退職（❸）を募りましたが、これに応じる医師は1名もおりませんでした。そこで、当病院としては、医師以外の職員との協調性、患者からの信頼度、病院の業績向上への寄与度、勤務態度等を総合判断して、医師Ａらに対し、解雇を通知しました。

(6) 質　問

これに対し、医師Ａらは、解雇が無効であると主張し、労働契約上の地位があるとして訴訟を提起しました。

医師Ａらに対する解雇は無効なのでしょうか。

なお、当病院の医師Ａらに適用のある就業規則には、「病院の経営上やむを得ない事由」があるときは、解雇ができる旨の規定があり、医師Ａらに対する解雇は、この規定に基づいて行ったものです。

設例 22

整理解雇

337

第 8 章　労働契約の終了

> ### 結　論
>
> 　医師 A らに対する解雇（整理解雇）は、有効と判断される
> 可能性が高いです。

(1)　①人員削減の必要性

　本設例における医師 A らに対する解雇は、整理解雇（「病院の経
営上やむを得ない事由」による解雇）です。本設例では、新病棟建
設計画実現のために、医師 A を含む 4 名の医師を採用して以降、
本病院の経営収支は急激に悪化していき、その後も、本病院の経営
収支は一向に好転する気配がなく、ある年度においては、700 万円
もの純損失を計上し、前年度までの繰越利益剰余金を全て食いつぶ
し、250 万円もの繰越欠損金を残してしまう状況にありました。小
規模である本病院にとって、250 万円という金額は、小さい数字で
はなく、何らかの対応をする必要性があったといえます。

　本病院として、人員増加を伴わない病床数の増加、外科の充実を
図るべく 2 名の医師（医師 B および医師 C）の採用なども行いま
したが、それによっても経営収支は好転せず、また、経営収支好転
の唯一の希望であった新病棟建設計画も断念せざるを得ないことに
なってしまいました。

　また、通常、病院においては、診療収入以外に恒常的な収益を期
待できませんので、医学的な信念と医師としての良心に基づく診療
改革により、診療収入が減少したことが、経営収支悪化の原因のひ
とつである以上、医師の診療行為による診療収入が顕著に上向く見
込みはないと考えられます。

　そのため、本病院の経営収支の将来的展望は相当深刻な状態に
あったものといえ、人件費削減のために人員整理を行わないと、近

338

い将来において必ずや病院経営は破たんするであろうことが容易に予測できたものといえます。

なお、医師Aらは、新病棟建設計画の実施に必要な医師の増員として採用されたものですので、当該計画が断念せざるを得なくなった以上、医師の数を当該計画前の状態に戻し、経営的収支の改善は図ることは当然の措置といえます。

よって、人員削減の必要性は高度に認められるものと考えられます。

(2)　②解雇回避努力

本病院は、結果には結びつきませんでしたが、❶人員増加を伴わない病床数の増加を行い、❷外科の充実を図るべく2名の医師（医師Bおよび医師C）を採用するなど、経営収支の改善を図る手段を講じました。

また、医師の減員にあたっては、整理解雇に先立って、❸希望退職者の募集もしています。

このような状況ですので、本病院として、解雇回避のための手段を相当程度講じたものということができます。

前述のとおり、人員削減の必要性の程度は、高度に認められるものと考えられますので、本病院としては、上記❶～❸により、解雇回避努力を尽くしたものと考えられます。

(3)　③人選基準の合理性

本病院が、医師Aらを整理解雇の対象としたのは、医師以外の職員との協調性、患者からの信頼度、病院の業績向上への寄与度、勤務態度等の総合判断に基づいてのものであり、本病院の恣意的な主観的判断によるものではなく、人選基準は合理的であり、その適

第8章　労働契約の終了

用についても合理的といえます。

(4)　④手続きの妥当性

　本設例では、医師代表の評議員も出席する評議員会の場におい
て、新病棟建設計画を断念し、新病棟建設計画のために行った増員
については、増員前の状況に減員する運営方針の提案をし、医師に
ついては、内科5名から4名、外科3名から1名の人員（内科1
名・外科2名の計3名の減員）とする旨の説明をしており、このよ
うな提案については、医師代表の評議員も含め、全員異議なく可決
しています。

　そのため、手続きの妥当性が認められるものと考えられます。

(5)　まとめ

　以上のことからすると、医師Aらに対する整理解雇は、有効と
判断される可能性が高いです。

　参考裁判例においても、整理解雇は有効と判断されています。

対応策

(1)　①人員削減の必要性

　人員削減の必要性について、裁判例の傾向が、使用者の判断を尊
重し、肯定する傾向にあるとされていることは、前述のとおりで
す。

　もっとも、このような裁判例の傾向は、使用者が、整理解雇に踏
み切るにあたり、経営者として相応の資料を確認し、将来の経営収
支の見込み等を検討しているという前提に基づくものといえます。

340

そのため、使用者としては、どのような資料に基づき、どのような判断過程を経て人員削減の必要性があると判断したかについて、説明責任を果たすことができるようにしておく必要があるといえます。

　このような説明責任を果たすことができないとすると、整理解雇が訴訟等で争われた場合、裁判所が、人員削減の必要性に疑問を持ち、解雇回避努力義務を尽くしたか否かが厳しく判断されることになり、ひいては整理解雇が無効と判断される可能性もあります。

(2)　労使紛争の回避

　整理解雇は、労働者との労働契約を終了させるものですので、整理解雇により、労働者は、職を失い、自らの生活の糧を得る手段を失います。そのため、整理解雇をされた労働者が、整理解雇の有効性を争ってくることは、高い確率で生じ得るものですので、労使紛争のリスクの高いものといえます。

　使用者として、整理解雇が有効と判断されるよう、前述の判断要素に照らして手段を尽くすことは必要ですが、整理解雇が無効となるリスク自体は残ります。

　そして、整理解雇の有効性について紛争が生じた場合、最終的に、裁判所が整理解雇を有効と判断したとしても、紛争に対応するための弁護士費用等の費用が、使用者に生じてしまいます。

　そこで、使用者としては、整理解雇という最終手段に至る前に、整理解雇によって行う予定の人員削減を、希望退職者の募集および個別の退職勧奨の手段により、退職合意に基づいて実現することで、リスクをできる限り小さくすることが考えられます。なお、希望退職者の募集は、使用者として退職をして欲しくない労働者が応募してくるケースもありますので、応募者全てを退職させるのではなく、応募者のうち医療機関（使用者）が承認をした者にのみ希望

設例 22

整理解雇

341

第8章　労働契約の終了

退職を認めることとし、優秀な人材の流出を防ぐことも肝要です。

　また、整理解雇を行うのではなく、賃下げを行い、必要な人件費の削減を行うということも考えられます。労働者としても、職を失うよりは賃下げを選ぶとして、（賃下げについての）同意を得られる可能性もあります。

　もっとも、賃下げの場合でも、労使紛争が生じる可能性はありますので、賃下げにあたっては労働者に十分な説明を行い、納得を得ることが肝要です。

コメント

（1）　参考裁判例の注意点

　ここで紹介できなかった事実も、整理解雇の有効性に関係するものがありますので、整理解雇を行うにあたっては、参考裁判例を鵜呑みにすることなく、外部専門家の意見を聞くべきであると考えます。

（2）　会社解散による解雇

　整理解雇と似て非なるものとして、医療機関（使用者）解散による解雇があります。整理解雇は、医療機関（使用者）が存続するために人員を削減するものであるのに対し、医療機関（使用者）解散による解雇は、医療機関（使用者）が解散により消滅することから行われるものです。

　このような医療機関（使用者）解散による解雇についても、解雇権濫用法理の適用はありますが、前述のとおり、整理解雇とは性質を異にしますので、整理解雇の法理（前述の判断要素に基づく有効性判断）は適用されません。

もっとも、医療機関（使用者）解散に伴う解雇の場合でも、解散に至る経緯、解散をしなければいけない理由等について、労働者に対して説明すべきとされています。

　ある裁判例[137]では、法改正に伴い病院の経営主体である法人が解散するという事案において、「解散に伴う解雇については、事業そのものがなくなるのであるから、法人が存続しつつ人員削減措置をとる整理解雇とは前提を異にしており、いわゆる整理解雇の四要件は適用されない」とした上で、「法改正に伴う対応について、十分な説明をしているものと認められることから手続き上の瑕疵もない」ことなどから、解雇を有効と判断しています。

設例22

整理解雇

---

[137]　東京地判平成 27 年 9 月 18 日労判 1139 号 42 頁

第8章　労働契約の終了

書　式

希望退職者募集のお知らせ

平成●年●月●日

各位

医療法人●●
理事長●●

　当法人は、患者数の減少、診療報酬の改定等により、財務状況が悪化しております。当法人は改善策として、これまで経費削減の徹底、時間外労働の削減、新規採用の中止、役員報酬のカット等の諸施策を実施してきました。しかしながら、財務状況は改善されず、当法人は、さらなる経費削減を行う必要があります。
　つきましては、誠に遺憾ではありますが、下記の希望退職者募集要領のとおり、希望退職者を募集することといたしましたので、皆様のご理解とご協力をお願いいたします。

記

■希望退職者募集要領
1　募集期間
　　平成●年●月●日から平成●年●月●日まで
　　募集期間途中であっても、当法人が希望退職の申込みを受理し、これを承認した応募者数が、募集人員数に達した場合には、募集を打ち切ります。
2　応募者
　　平成●年●月●日時点で当法人に在籍している者
　　ただし、次の者は除外します。
　⑴　平成●年●月●日以前に、既に退職の意思表示をしていた者（退職に合意した者も含みます）
　⑵　希望退職の申請から退職日までに、懲戒解雇相当の事由が明らかになった者
3　募集人員数
　　●名（医師●名　看護師●名　事務●名　　…以下略）
4　応募方法
　　別紙「希望退職申込書」に必要事項を記入の上、●●に提出してください。応募者の希望によっては、個別に面接を行うことがあります。

5 応募後の手続き：当法人の承認
　　当法人が経営上特に必要とする者等については、希望退職の申込みを承認しない場合があります。
6 退職日
　　平成●年●月●日
　　ただし、個別協議のうえ、平成●年●月●日から平成●年●月●日までの間で別途退職日を指定することがあります。
　　なお、退職日までは、現実の就労をお願いいたします。
7 退職支援金の支給
　(1)　当法人は、希望退職者に対して、勤続年数に応じて、次のとおり退職支援金を支給します。
　　　勤務年数●年以上・・・・・・・・・給与相当額の●か月分
　　　勤務年数●年以上～●年未満・・・・・給与相当額の●か月分
　　　勤務年数●年未満・・・・・・・・・給与相当額の●か月分
　(2)　前号の「給与相当額」とは、平成●年●月●日支給分の月額給与相当額（基本給＋●手当＋●手当）をいいます。
　(3)　第1号の「勤続年数」は、平成●年●月●日時点において算定します。
　(4)　希望退職者が、引継等の業務に支障を生じさせた場合、第1号に規定する退職支援金を減額する場合があります。
8 退職支援金の支給日および離職票
　　退職支援金は、退職日の1か月後に支給します。
　　退職後、すみやかに会社都合の離職票を発行します。
9 その他
　(1)　本希望退職者募集の存在および内容は、第三者に口外してはなりません。これに違反した場合、退職支援金を支給しないことがあります。
　(2)　前7項の退職支援金を支給するのは、本希望退職者募集に限り、本制度によらない退職の場合には、支給されないことをご理解ください。
10 問合せ先
　　●●

以上

第 8 章　労働契約の終了

 希望退職者募集のお知らせ

　解雇回避努力として希望退職者の募集を行う場合、本書式例のように希望退職者の募集要領を明らかにした上で行うべきです。本書式例では、優秀な人材の流出を防ぐという観点から、使用者が希望退職の申請を承認しない可能性があることを明示しています（希望退職者募集要領の「5　応募後の手続き：当法人の承認」）。

設例 23

参考裁判例　東京地判平成 8 年 7 月 26 日労判 699 号 22 頁

懲戒解雇

当病院で働く医師が、当病院や、当病院の経営者の評判を落とす発言をしているため、医師を懲戒解雇しました。

懲戒解雇が有効となるのはどのような場合でしょうか。

I　問題の所在

労働者が問題を起こしたときなどに、使用者が懲戒処分を行うことがあります。特に、医療機関においては、労働者の行為により医療事故などの重大な結果が生じる可能性もあり、このような重大な問題行動については、懲戒処分の一種である懲戒解雇を行う場合もあり得ます。

本設例では、懲戒解雇の要件について説明し、どのような場合に懲戒解雇が認められるか、検討します。

第8章　労働契約の終了

Ⅱ　懲戒解雇

(1)　懲戒解雇の有効要件

　懲戒処分とは、労働者の企業秩序違反行為に対する制裁のことです。懲戒処分の有効要件は、次のとおりであり、懲戒解雇の有効性についても、基本的に懲戒処分一般の有効要件と同様の枠組みで判断されます（設例19参照）。

懲戒解雇の有効要件

①　懲戒処分の根拠規定の存在
②　懲戒事由該当性
③　相当性

　①および②については、懲戒処分一般の有効要件と重なりますので、ここでは懲戒解雇特有の点を取り上げます。

(2)　③相当性

㋐　反省、改善の機会の有無

　懲戒解雇は労働者に大きな不利益を与える、いわば「最後の手段」であることから、その有効性は非常に厳しく審査されます。たとえば、暴力や犯罪などではなく、業務上のミスなどの問題行動に対する懲戒解雇の場合、③相当性があることの審査の際には、懲戒解雇を行う前に指導や注意を行っているか否か、および懲戒解雇より軽い懲戒処分（たとえば、譴責、減給、出勤停止など）で反省を促したにもかかわらず、問題行動が繰り返され、改善が見られない

といえるか否かなどが重視されています[138]。形式的に見れば懲戒事由に該当する事実があったとしても、指導や軽い懲戒処分を行うことなく、一度の問題行動のみで直ちに懲戒解雇を行った場合、相当性を欠くと判断されるケースは、少なくありません。

(イ)　他の懲戒処分との比較

懲戒解雇においても、他の事例との均衡や、手続きの適正など、他の懲戒処分における相当性審査と同様の観点からの審査が行われます。もっとも、懲戒解雇の不利益性の大きさに比例して、その審査の程度は他の懲戒処分よりも厳しくなると考えられます。

(3)　懲戒解雇の効力

懲戒解雇は、懲戒処分の中で労働者にとって最も重い処分です。

就業規則等の規定や事案の内容にもよりますが、懲戒解雇となった場合、一般的に、[a]解雇予告手当を払わずに即時解雇することが可能となる（ただし、労基法上の「労働者の責めに帰すべき事由」に該当し、除外認定を受けることが必要です）[139]、[b]就業規則に「懲戒解雇となった場合は退職金を不支給または減額できる」旨の規定が定められている場合、退職金を不支給または減額することが可能となる場合がある（もっとも、規定が置かれていたとしても、退職金が賃金の後払い的性格を有すること等から、退職金の不支給または減額措置は公序良俗違反等により無効とされる場合もあります）、[c]労働者の経歴に、懲戒解雇されたという記録が残る、といった点から、普通解雇に比べても労働者の不利益が大きいといえます。

---

[138]　大阪地判平成 10 年 3 月 25 日労判 736 号 28 頁
[139]　労基法 20 条 1 項ただし書き、昭和 23 年 11 月 11 日基発 1637 号、昭和 31 年 3 月 1 日基発 111 号

第8章　労働契約の終了

(4)　懲戒解雇の普通解雇への転換

　なお、懲戒解雇が行われた場合に、仮に懲戒解雇としては無効であるとしても、普通解雇として有効であると使用者が主張できるか、という問題があります。裁判例はこれを肯定するものと否定するものに分かれているため、実務上、リスク対応の観点から、懲戒解雇を行った後（またはこれと同時）に、予備的に普通解雇を行うことがあります。

Ⅲ　設例について

本設例

(1)　院長Xの立場

　当病院では、循環器系の医師が不足していたため、学会などでも地位が高く、優秀な医師として評判であったXを院長として迎え入れ、週に2回の回診業務などにあたってもらっています。またその他にも、医師、看護師、レセプトの医事課職員などの指導役も任せています。

　ただ、院長Xは肩書こそ院長ではありますが、当病院の経営は、院長Xの前に院長であったAが、名誉院長として行っています。なお、院長Xに対しては、毎月250万円の賃金を支払っています。

(2)　院長Xの問題発言

　最初は院長Xの仕事も順調であり、当病院との関係も良好でしたが、院長Xには、次第に、次のような問題発言が見られるようになりました。

❶　退職について相談してきた若い医師に対し、「当病院には学会認定の指導医もいないし、若い医師が長くいるようなところではない」、「名誉院長は騙されやすい性格だ」と言ったり、また看護師長に対し、「Aにはもう少しじっくりと体のいろいろなところも見て病巣を見つけてほしい。あれでは患者がかわいそうだ」と言うなど、当病院やAの評判を落とすような発言。

❷　ナースステーションにおける「この病院はカルテの記載方法が悪く、医師や看護師のレベルが低い」との発言。

❸　看護師らに対する、当病院の経営状況が悪いとの発言（実際、当病院の経営は思わしくなく、職員は皆そのことを知っていました）。

(3)　就業規則の内容

　当病院の就業規則には、「就業規則等に違反したとき」、「病院の名誉を毀損したとき」、「故意に業務の遂行を妨げたとき」、「教唆、煽動等により風紀、秩序を乱したとき」、「上長を誹謗中傷し、その名誉、信用を傷つけたとき」に懲戒処分（懲戒解雇を含む）を行う旨の規定があります。

(4)　院長Xの懲戒解雇

　院長Xは確かに優秀な医師ではありますが、当病院やAの名誉を貶めるような発言は許しがたいと当病院は考えてい

設例23

懲戒解雇

351

第8章　労働契約の終了

ます。そこで、発言❶〜❸が当病院の就業規則の懲戒事由に当たるものとして、院長Xを懲戒解雇にしました。

(5)　就業規則上の手続き

　当病院の就業規則には、懲戒処分の際、院長・副院長・事務長からなる懲戒委員会を設置し、懲戒処分は全てこの懲戒委員会に諮った上で、院長が決定することが定められています。しかし、当時当病院に副院長が存在しなかったことなどもあり、このような懲戒委員会は設置せず、名誉院長と看護師長が相談して、院長Xの懲戒解雇を決めました。

(6)　質　問

　そうしたところ、院長Xが懲戒解雇は無効であり、懲戒解雇以降の賃金として本来支払われるべきであった約9,000万円を支払えと主張してきたのですが、当病院の院長Xの懲戒解雇は有効でしょうか。

結　論

　発言❶〜❸は懲戒事由に当たらず、また懲戒解雇の手続きにも瑕疵があるため、院長Xに対する懲戒解雇は無効となる可能性が高いと考えられます（また、院長Xの主張する約9,000万円の支払いを余儀なくされる可能性があります）。

(1)　①懲戒処分の根拠規定の存在

　本設例において、本病院には「就業規則等に違反したとき」「病

院の名誉を毀損したとき」「故意に業務の遂行を妨げたとき」「教唆、煽動等により風紀、秩序を乱したとき」「上長を誹謗中傷し、その名誉、信用を傷つけたとき」に懲戒処分を行う旨の規定があり、懲戒処分の種類として懲戒解雇の手段も規定されているため、懲戒解雇の根拠規定は存在しているといえます。

(2) ②懲戒事由該当性

㋐ 発言❶

　本設例において、院長Ｘは「当病院には学会認定の指導医もいないし、若い医師が長くいるようなところではない」、「名誉院長は騙されやすい性格だ」と、本病院や名誉院長Ａに対して否定的な発言をしています。ただし、あくまで本病院の内部での発言であり、外部に対しての発言ではなく、これによって実際に本病院の社会的評価が低下したものとは考え難いといえます。また、「名誉院長は騙されやすい性格だ」という発言については、誹謗中傷とまではいえないと考えられます。したがって、これらの発言が、「病院の名誉を毀損」し、「上長を誹謗中傷」したものとは評価できないといえます。

　また、院長Ｘは経験豊富で高名な医師であり、「院長」という肩書を与えられる立場であることからすれば、ある程度、本病院の経営や名誉院長Ａの診療方針等について意見を述べることも許されてしかるべきです。「Ａにはもう少しじっくりと体のいろいろなところも見て病巣を見つけてほしい。あれでは患者がかわいそうだ」との発言についても、院長Ｘに許された正当な意見の主張の範囲内であるともいえます。

　参考裁判例においても、同様の判断がされています。

設例 23

懲戒解雇

353

第 8 章　労働契約の終了

(イ)　発言❷

「この病院はカルテの記載方法が悪く、医師や看護師のレベルが低い」との発言は、院長 X の医学水準が高かったこと、院長 X は医師、看護師およびレセプト関係の医事課の職員等を教育および指導する立場であったことからして、許容された範囲を超えた発言とはいえません。

参考裁判例も、同様の理由から、この発言が懲戒事由に該当しないものと判断しています。

(ウ)　発言❸

本設例において、院長 X は看護師らに対し、本病院の経営状況が悪いと話しています。しかし、実際に本病院の経営状態は悪く、職員は皆そのことを知っています。そうすると、院長 X の発言により本病院の社会的評価が下がったり、看護師等が不安に陥って職務に支障が出るなどの可能性は、極めて低いものと考えられます。

参考裁判例も、同様の理由から、この発言が懲戒事由に該当しないものと判断しています。

(エ)　小　括

したがって、発言❶〜❸は、いずれも懲戒事由に該当しないものといえます。

(3)　③相当性

(ア)　本設例においては、前述のとおり、院長 X についてそもそも懲戒事由が認められないものといえます。もっとも、仮に発言❶〜❸が懲戒事由に当たるとしても、発言❶〜❸によって本病院の秩序が大きく乱されたなどの事情はありません。また、院長 X に対して懲戒解雇の前に改善指導などを行ったこともないため、

354

院長 X を直ちに懲戒解雇することは重すぎると判断される可能性が高いといえます。

(イ)　また、本病院の就業規則には、懲戒処分を行う際は、院長・副院長・事務長からなる懲戒委員会を設置し、これに諮った上で院長が決定することと定められています。しかし、本設例では名誉院長 A と看護師長の相談だけで、院長 X の懲戒解雇を決めています。これは、当時本病院に副院長が存在しなかったことを考慮しても、懲戒委員会を設置した趣旨を没却し、名誉院長 A の独断で懲戒解雇を決めたものとして、手続きに瑕疵があったものと評価せざるを得ないといえます（手続的には、たとえば、本病院の中枢的立場にある者が集まって協議検討するなど、懲戒解雇に対して慎重に決定する必要があったものと考えられます）。

　参考裁判例も、同様の理由から、「就業規則上の懲戒委員会に代替する措置が執られたとは到底認められない」と判断しています。

(4)　まとめ

以上のことからすると、本設例においては、院長 X には懲戒事由が認められない上、懲戒解雇の手続きにも瑕疵があり、相当性を欠くものであるといえるため、院長 X の懲戒解雇は無効である可能性が高いと考えられます（なお、懲戒解雇が無効となった場合の法人の支払額については、対応策参照）。

対応策

本設例は、懲戒解雇事由該当性自体が否定された事案ですが、仮に懲戒解雇事由に該当していたとしても、病院の経営や院長につい

第 8 章　労働契約の終了

て否定的な発言をした、といった程度の行動を原因に、直ちに懲戒解雇を行うことは、明らかに重きに失すると考えられます。

　なお、参考裁判例では、懲戒解雇が無効とされた結果、バックペイ（懲戒解雇時から、口頭弁論終結時までの賃金相当額）として、病院側に 8,875 万円の支払いが命じられています。医師、特に院長といった肩書を与えられるような者の報酬は高額になることが一般的ですので、このような高額のバックペイを避けるという観点からも、医師を懲戒解雇する場合は、i 問題行動があれば日頃からこまめに注意・指導し、ii 軽微な懲戒処分を積み重ねても改善されない場合に、最後の手段として、iii 懲戒解雇事由に該当するか否かを見定めた上で、iv 就業規則等に記載された手続きを適切に履行する、といった配慮の上、慎重に行う必要があります。

　また、労働契約の解消という結論を重視するならば、懲戒解雇が無効になるリスクを考慮して、解雇予告手当を支払う普通解雇を選択し、懲戒解雇を行うと同時に予備的に普通解雇を行うことも考えられます（ただし、本設例の程度の言動では、普通解雇であっても無効の可能性が高いと考えられます）。

コメント

（1）　懲戒解雇有効とした別の裁判例など

　本設例では、懲戒解雇は無効である可能性が高いのですが、懲戒解雇を有効と判断した裁判例[140] もあります。この裁判例においては、被解雇者である労働者に暴力行為等の問題行動が多く見られた点に加え、懲戒解雇に至るまでに譴責、降格、厳

---

[140]　前掲注 138

重注意等の手続きを適切に経てきたという点も、懲戒解雇の有効性が認められたポイントとなっています。

実務上一般的に、労働契約を終了させるいくつかの方法の中でも、懲戒解雇という手段は、暴力行為や犯罪行為、セクシュアルハラスメント等の事由があり、かつ事案として特に重大な場合に選択される場合が多いところです。これに加え、医療機関においては、懲戒解雇が行われる場合として、悪質な医療事故があった場合なども考えられます。

(2) 諭旨退職の違法性を否定した別の裁判例

懲戒解雇に次ぐ懲戒処分として、就業規則上、諭旨解雇や諭旨退職が定められていることがあります。これらの多くは、懲戒解雇事由がある場合に、反省を促した上で、予告手当等を支払ったり退職金を一部支払って解雇する、または労働者に辞表を提出するよう勧告し、形式上は自主的な退職という形で労働契約を終了させるなど、懲戒解雇をやや軽減したものとして定められています。

諭旨退職の違法性が争われた裁判例[141] もあります。これは、ある医療事故の医療記録を、被害者の遺族に対する説明をごまかす目的で一部改ざんした医師に対して、諭旨退職が行われたところ、その違法性が争われた事案です。事例判断ではありますが、医療事故をきっかけとした諭旨退職について論じられています（結論としては、医療事故についての当該医師の過失は否定しつつも、医療記録の改ざんの事実等から、諭旨退職の違法性を否定しています）。

---

[141] 東京地判平成 22 年 8 月 24 日判タ 1359 号 153 頁

第8章　労働契約の終了

書 式

解雇通知

平成●年●月●日

●●殿

医療法人●●
理事長●●

　就業規則第●条第●項第●号に基づき、貴殿を、下記の理由により、平成●年●月●日付けで懲戒解雇する。

　また、本懲戒解雇とともに、就業規則第●条第●項第●号に基づき、貴殿を、下記の理由により、平成●年●月●日付けで普通解雇する。

　なお、本件が法的手続にて争われた場合、当法人は、本解雇通知による、平成●年●月●日付け懲戒解雇、および平成●年●月●日付け普通解雇の、いずれも主張することを申し添える。

　労働基準法第20条に規定する解雇予告手当金●円（控除前）は、本日、給与振込の指定口座に支払いの手続きを行う。

記

1　平成●年●月●日付け懲戒解雇
　(1)　処分の理由
　　①　貴殿が、●●をしたこと。
　　②　…以下略
　　●　なお、上記行為により、職場秩序等が乱れる等の様々な問題が発生しているという事実もある。
　(2)　根拠条文
　　就業規則第●条第●項第●号

2　平成●年●月●日付け普通解雇
　(1)　処分の理由
　　①　貴殿が、●●をしたこと。
　　②　…以下略
　　●　なお、上記行為により、職場秩序等が乱れる等の様々な問題が発生しているという事実もある。
　(2)　根拠条文
　　就業規則第●条第●項第●号

以上

解雇通知(懲戒解雇と共に予備的に普通解雇を行う場合)

　懲戒解雇が無効になるリスクに備えて予備的に普通解雇を行う場合、解雇通知書には、懲戒解雇を行うことおよびその理由と共に、普通解雇を行うことおよびその理由を明記します。また、普通解雇の場合、通常は解雇予告手当の支払いが必要ですので、この支払方法についても記載します。

第8章 労働契約の終了

設例24

参考裁判例 松山地宇和島支判平成13年12月18日労判839号68頁

雇止め

Q 当病院の職員には、期間の定めのない労働契約を締結している正規職員の他、期間の定めのある労働契約を締結している準職員がいます。当病院は、妊娠をした準職員や正規職員採用試験に不合格になった準職員について、雇止めをしました。
雇止めが有効になるのはどのような場合でしょうか。

I 問題の所在

期間の定めのある労働契約（以下、「有期労働契約」といいます）を締結している労働者については、期間が満了すれば、労働契約は終了するのが原則です。それでは、期間が満了した後、有期労働契約を更新しない、いわゆる雇止めが、無制限に許されるのでしょうか。

本設例では、有期労働契約の雇止めが有効となるための要件について解説し、雇止めにあたって留意するべき点等について、検討します。

360

Ⅱ 雇止め法理

(1) 雇止め

　雇止めとは、有期労働契約において、期間満了に際して契約を更新しないことをいいます。

　有期労働契約は、期間満了により終了するのが原則です。しかし、雇止めを無制限に許すと、契約更新について合理的期待を有している労働者などが保護されないことになりかねません。そこで、労契法は、一定の要件を設けて、使用者の自由な雇止めを規制しています（雇止め法理[142]）。

(2) 雇止めの有効性

　雇止めの有効性は、次の要件によって判断されます。

雇止めの有効性

① 以下のⒶⒷいずれかに当たること（有期労働契約の類型による審査）
- Ⓐ 当該有期労働契約が過去に反復して更新されたことがあるものであって、当該雇止めが、無期労働契約に対する解雇と社会通念上同視できると認められること（実質無期）
- Ⓑ 労働者において、当該有期労働契約の契約期間の満了時に当該有期労働契約が更新されることに関する合理的な

---

[142] 労契法 19 条

第8章　労働契約の終了

　　　　　期待があること（**期待保護**）

② 労働者が当該有期労働契約の契約期間満了前に更新の申込みをしたか、または当該契約期間の満了後遅滞なく有期労働契約の締結の申込みをしたこと（**更新の申込みまたは契約締結の申込み**）

　　　　　　　　　　　　　　＋

③ 当該雇止めが客観的に合理的な理由に基づくものか、社会通念上の相当性が認められるかの審査（**客観的合理性および社会通念上の相当性**）

㋐　**①有期労働契約の類型による審査**

　労契法 19 条においては、まず、雇止めを規制する必要がある有期労働契約か否かが審査されます。これは、以下の 2 つの類型に分けられています。

　Ⓐ　実質無期タイプ

　　期間の定めの有無以外は、無期労働契約の労働者と同様の機能を果たしており、契約も反復更新され、実質的には無期労働契約の労働者と同視できるタイプ

　Ⓑ　期待保護タイプ

　　実質的に無期労働契約の労働者と同視できるとまではいえないとしても、有期労働契約が反復更新されていたり、使用者が更新を期待させる言動をしている場合など、労働者の契約更新への期待が合理的に認められるタイプ

　　このいずれにも当たらない場合は、雇止め法理の適用がない（雇止めは原則自由）となります。

　　これらのⒶまたはⒷに当たるか否かは、次のような要素を考慮して判断されます。

362

Ⓐ実質無期またはⒷ期待保護に
当たるか否かの判断要素

○ 従事する仕事の種類・内容・勤務の形態（業務内容の恒常性・臨時性、業務内容についての無期労働契約の労働者との同一性の有無等）

○ 地位の基幹性・臨時性（嘱託・非常勤講師等）

○ 労働条件についての無期労働契約の労働者との同一性の有無

○ 雇用の継続を期待させる当事者の言動・認識の有無・程度等（採用に際しての労働契約の期間や、更新ないし雇用の継続の見込み等についての使用者からの説明等）

○ 契約更新の状況（反復更新の有無・回数、勤続年数等）

○ 契約更新時における手続きの厳格性の程度（更新手続の有無・時期・方法、更新の可否の判断方法等）

○ 同様の地位にある他の労働者の雇止めの有無等

○ 有期労働契約を締結した経緯

○ 勤続年数・年齢等の上限の設定等

（イ）②更新の申込みまたは契約締結の申込み

①－Ⓐまたは①－Ⓑのいずれかを満たした場合、「労働者が当該有期労働契約の契約期間満了前に更新の申込みをしたか、または当該契約期間の満了後遅滞なく有期労働契約の締結の申込みをしたか否か」（②）が審査されます。この要件については、雇止めに遅滞なく異議を述べれば、更新または締結の申込みを黙示に行ったことになるとして、緩やかに解されています[143]。

第 8 章　労働契約の終了

(ウ)　③客観的合理性および社会通念上の相当性

　①および②の両方を満たした場合、「当該雇止めが客観的に合理的な理由に基づくものであり、社会通念上の相当性が認められるものであるか否か」（③）が審査されます。なお、①において④とⒷのどちらに当たるかで、この③の要件のうち「社会通念上の相当性が認められるものであるか否か」の判断の厳格さは異なると考えられており、無期労働契約と同視できる④の方が、Ⓑに比べて、より使用者に厳しく判断されます。

　この③の審査で客観的合理的理由や相当性が認められない場合には、当該雇止めは違法であり、有期労働契約が自動的に更新されます[144]（雇止めが違法となった場合であっても、当該有期労働契約が無期労働契約に転換されるわけではありません）。

Ⅲ　設例について

本設例

(1)　準職員の役割

　当病院では、看護職員（看護助手および准看護師を含みます）について、無期雇用の正規職員の他に、契約期間 1 年の有期雇用の準職員がいます。準職員といっても、職務内容は正規職員と異なるところはなく、近年の看護職員の新規採用

---

[143]　平成 24 年 8 月 10 日基発 0810 第 2 号、平成 24 年 7 月 25 日衆議院厚生労働委員会答弁、同月 31 日参議院厚生労働委員会答弁
[144]　労契法 19 条

364

は全て準職員です。

　また、準職員は基本的に継続雇用されており、自主的に退職する者以外は、1年の契約期間満了により退職することはありません。準職員が入社する際には、当時の人事担当から、「4、5年働けば本採用の可能性がある」、「長ければ長いほどいいので頑張ってほしい」といった話もしているようです。準職員用の就業規則や退職金規程にも、契約を反復更新することによって昇給などがある旨の記載があります。なお、当病院では、準職員の産前産後休業および育児休業期間中は無給としています。

　当病院では、契約を更新する際、契約を更新すべきか否かは内部で慎重に会議しますが、結論として更新すべきことが決まった準職員に対しては、作成済みの契約書を提示して記名押印させているのみであり、契約内容の交渉はしていません。

　このような準職員の中に、X（看護助手）およびY（准看護師）という者がいます。準職員Xと準職員Yの勤務態度等に問題はなく、準職員Xは2回、準職員Yは4回、契約を更新しています。

(2)　準職員Xの雇止め

　しかし、先日、準職員Xは妊娠しました。看護職員の業務の中には夜勤等も含まれており、妊娠すると看護職員としての通常の勤務ができなくなります。そのため、当病院は準職員Xとの契約を更新せず終了しました。

(3)　準職員Yの雇止め

　また、当病院では一昨年から、任意で受験できる、準職員

第8章　労働契約の終了

を対象とした正規職員採用試験を実施しています。しかし、この度、準職員を3年で雇止めしたいという内部的な要望が強くなったことから、準職員として3年以上勤務している者について、正規職員採用試験を強制受験とし、不合格となった場合には雇止めをすることとしました（以下、「本件試験制度」といいます）。なお、本件試験制度による雇止めで減った分の人員については、新たに準職員を採用することによって填補する予定です（準職員の採用に特に採用試験等はありません）。

準職員Yは準職員として5年間勤務していましたので、正規職員採用試験を受験させました。そうしたところ、準職員Yはこれに不合格となったため、契約を更新せず終了しました。

(4) 質　問

準職員Xは、雇止めを告げたとき、嫌そうではありましたが、「わかりました」と言っていました。ただ、その後、労働組合に相談していたようで、当病院に雇止めを拒絶する旨の内容証明郵便も送ってきました。

準職員Yは、雇止めを告げたときには特に何も言わず、職場の挨拶も済ませ、餞別品も受け取っています。ですが、準職員Yも、労働組合や県の運営する相談室に事情を訴えるなどしていたようであり、当病院に雇止めを拒絶する旨の内容証明郵便を送ってきました。

当病院が行った雇止めは有効でしょうか。

> ### 結　論
>
> 　本設例においては、準職員 X および準職員 Y は雇用の継続
> について合理的な期待を有していたといえ、雇止めに対して
> 遅滞なく異議を述べており、また準職員 X および準職員 Y の
> 雇止めについて、客観的に合理的な理由が存したとは言い難
> く、社会通念上の相当性を満たすものであるとも考え難いた
> め、準職員 X および準職員 Y に対する雇止めは無効になる可
> 能性が高いと考えます。

(1)　雇用の継続の合理的期待の存否（①－Ⓑ）

　準職員 X と準職員 Y の契約更新回数はいずれも多くはなく、契
約更新のたびに契約期間を明示した契約書を一応作成しており、雇
止めが実質的に無期労働契約の解雇と同視できるとまではいえませ
ん（①－Ⓐ）。

　しかし、契約更新の手続きにおいては、内部での会議に基づいて
契約更新の有無が決められていたとはいえ、準職員本人に対して
は、事前に用意した契約書に記名押印を求めるのみであり、契約内
容の交渉は行っていませんでした。

　また、正規職員と準職員の職務内容は同じであり、本病院は、看
護職員の人員の確保を（正規職員ではなく）準職員の新規採用に
よって図っています。このことからすると、本病院においては、準
職員は、臨時的な役割を果たすものではなく、正規職員と並ぶ恒常
的存在として、基幹的業務を担っていたといえます。

　さらに、本病院は、準職員に適用される就業規則において、契約
を更新して勤務を継続する者に対して、昇給があるなど、給与その
他の労働条件面で雇用の継続を積極的に評価しています。

第8章　労働契約の終了

加えて、採用時には、雇用の継続を期待させる言動もありました。

これらの事情に照らすと、準職員Ｘおよび準職員Ｙが、契約期間満了後も、本病院が準職員Ｘおよび準職員Ｙの雇用を継続すべきものと期待することには、合理性が認められる（①－Ⓑ）と判断される可能性が高いと考えられます。

参考裁判例でも、前述のような事情のある労働者について、雇用の継続に対する合理的な期待があったものと判断しています。

(2)　雇止めの承諾の存否

㋐　準職員Ｘ

準職員Ｘは、雇止めを通告された際、「わかりました」と言っており、形式上は雇止めを承諾しています。

しかし、準職員Ｘは、「わかりました」と述べた後、労働組合に今後の対応について相談するなどした上、雇止めを拒絶する内容証明郵便を本病院へ送っており、承諾とは相反する態度をとっています。

このような準職員Ｘの態度を考慮すると、準職員Ｘの「わかりました」は確定的・積極的な雇止めの承諾の意思表示ではなく、雇止めの通告に動揺し、拒絶すべきか否か戸惑っていたものと考えるべきであって、準職員Ｘに雇用を継続すべき合理的期待がなかったとは認められない可能性が高いと考えられます。

㋑　準職員Ｙ

準職員Ｙは、特に雇止めを拒絶することなく、職場での挨拶を済ませ、餞別まで受け取っており、表面上、雇止めを承諾している態度にも思えます。

しかし、準職員Ｙは、労働組合に雇止めのことを相談し、県の運営する相談室にも事情を訴えるなどしています。

368

このような事情からすれば、準職員Yが本心から雇止めを承諾していたとは評価し難く、準職員Yにも、雇用を継続すべき合理的期待がなかったとはいえないと考えられます。

(ウ) 承諾の意思表示の判断枠組み

なお、参考裁判例は、雇止めの承諾の意思表示により、労働者に雇用の継続に対する合理的期待がなかったものというためには、「雇止めの承諾の意思表示は、消極的、受動的なものでは足りず、…積極的、能動的になされたものである必要がある」との枠組みを提示しました。

(3) ②更新の申込みまたは契約締結の申込み

準職員Xおよび準職員Yは、いずれも雇止めを拒絶する旨の内容証明郵便を本病院に送っており、雇止めに遅滞なく異議を述べているといえます。

なお、参考裁判例は、雇止めの判例法理が成文化される前の事件であり、②の要件について明示的に判断していません。

(4) ③客観的合理性および社会通念上の相当性

(ア) 準職員X

本病院は、準職員Xについて、妊娠により通常の勤務ができなくなったことを理由に雇止めしています。

「通常の勤務に就くことができない」という理由によって雇止めを行う場合、一般的には、当該雇止めには客観的に合理的な理由があり、社会通念上も相当であるといえるケースが多いと思われます。しかし、そもそも事業主において、妊娠や出産を退職の理由として予定したり、解雇の理由としたりすることは、雇用機会均等法

第8章　労働契約の終了

9条3項において禁じられており、この趣旨は雇止め法理の判断にあたっても妥当するものと考えられます。また、本病院では、準職員の産前産後休業および育児休業期間中は無給とされており、この期間に限って代替要員を雇う限り、本病院に経済的損失は生じません。

　すると、通常の勤務に就くことができない場合であっても、それが妊娠したことによる場合には、期間満了による雇止めは、客観的合理性および社会通念上の相当性を欠くと判断される可能性が高いといえます。

　参考裁判例でも、同様の雇止めについて、「更新拒絶権を濫用したものとして、無効」と判断しています。

(イ)　準職員Y

　準職員Yについては、正規職員採用試験に不合格となったことを理由に雇止めしています。しかし、本件試験制度は、契約の反復更新を積極的に評価する本病院のそれまでの姿勢に反するものであり、試験の結果にかかわらず、準職員としては3年を超えて契約更新をしないとの労働条件を、実質的に3年前に遡って準職員に強制するものです。また、本件試験制度に不合格となった準職員を雇止めした場合、準職員を新規採用しているとのことですが、特に採用試験等を行っていないため、新たに採用される者が、雇止めされる準職員よりも能力的に優れているという保障はどこにもなく、少なくとも3年の経験を有する準職員をあえて雇止めをすることについて、優秀な準職員を確保するという面での合理性も認められないといえます。また、そもそも本件試験制度は、3年を超えて契約を更新してきた準職員の雇止めを正当化することそれ自体を目的にしていますが、準職員の契約を3年で終了させなければならない事情は特にないと考えられます。

　このような事情からすれば、本件試験制度に基づく準職員Yの

雇止めについて、客観的に合理的な理由があり、社会通念上相当なものとは認められ難いといえます。

　参考裁判例でも、同様の事情から、このような雇止めを無効と判断しています。

対応策

(1)　日常の労務管理

　本設例では、雇用の継続に対する期待を抱いても仕方がないと思われるような事情（更新を前提とした就業規則、採用時の言動など）が多々ありました。無期労働契約における解雇が相当厳しく判断されている日本の労働法制に鑑みると、有期労働契約者により、人員調整に対応したいとの要請は強いと考えられます。無期労働契約と同視できるような有期労働契約について、自由に雇止めできないことは前述のとおりですが、有期労働契約を臨時的・代替的なポジションとして、無期労働契約とは別の機能を果たすものと位置付けるのであれば、継続雇用を前提とした制度設計をしないということに加え、契約の更新を期待させるような言動を行わないように日頃から気を付けるなど、将来的に雇止めを行うかもしれない可能性を見据えた労務管理が望ましいといえます。

(2)　雇止めの承諾

　参考裁判例を見ても分かるとおり、雇止めの承諾の有無について、裁判所は厳しい判断を行うことが多いといえます。そのため、実務上、雇止めの承諾は書面で取得すべきと考えられます。

第8章　労働契約の終了

コメント

　有期労働契約に関する使用者側の状況は、年々厳しくなっています。労契法の改正により、有期労働契約が繰り返し更新されて通算5年を超えた場合の無期転換申込権[145] や、有期労働契約であることによる不合理な労働条件の禁止[146] などが導入されましたが、これらの改正によって有期労働者市場がどのような変貌を遂げていくのか、今後も目が離せません。

　なお、本設例には、マタニティーハラスメントの問題なども含まれています。参考裁判例では、妊娠を理由とした雇止めの有効性のみが問題となっていましたが、可能性としては、マタニティーハラスメントによる精神的苦痛を受けたことに基づく慰謝料等も請求されかねない事案といえるでしょう（設例12参照）。

---

[145]　労契法 18 条
[146]　労契法 20 条

書 式

```
                     無期転換申込権の事後放棄書
                                                    平成●年●月●日
   医療法人●●
   理事長  ●●殿

                                         (氏名)＿＿＿＿＿＿＿印
                                         (住所)＿＿＿＿＿＿＿

   私は、貴法人との間で、平成●年●月●日から平成●年●月●日までの
  間、有期労働契約を締結および更新しており、平成●年●月●日から平成
  ●年●月●日までの本有期労働契約期間において、無期転換申込権が発生
  していますが、本日付けで、本有期労働契約期間における無期転換申込権
  を放棄いたします。
                                                            以上
```

無期転換申込権の事後放棄書

コメント にて記載したとおり、有期労働契約については、労契法の改正により、無期転換申込権が導入されました。この無期転換申込権について、これを事前に放棄することは法の趣旨に反するとされていますが、事後（無期転換申込権が発生した後）に放棄することは可能と考えられます。もっとも、事後放棄をする場合、その後の紛争に備え、本書式例のような書面を作成するべきと考えられます。

なお、さらに契約を更新した場合、再度無期転換申込権が発生することにも留意して下さい。

第9章
労働者に対する損害賠償請求

設例 25　名誉毀損を行った医師等に対する損害賠償請求
参考裁判例　横浜地判平成 16 年 8 月 4 日判時 1875 号 119 頁

コラム 3　医療法改正が労務管理に与える影響

第 9 章 労働者に対する損害賠償請求

参考裁判例　横浜地判平成 16 年 8 月 4 日判時 1875 号 119 頁

名誉毀損を行った医師等に対する損害賠償請求

Q　過去に当病院に勤務していた医師が、週刊誌等のメディアに対する情報提供を行い、その結果これらのメディアに、当病院の社会的評価を低下させるおそれのある、真実とは異なる事実が掲載されました。

　当該医師の発言が当病院に対する名誉毀損に当たることを理由とした損害賠償請求が認められるのはどのような場合でしょうか。

I　問題の所在

　名誉毀損に基づく損害賠償請求は、民法 709 条の「不法行為による損害賠償」によって、その請求が認められています。民法 709 条の損害賠償には、財産権の侵害のみならず、生命、身体、名誉、プライバシーなどの人格権の侵害も含まれます[147]。

　近年では、SNS の普及によって、インターネット上で、第三者が容易に情報を発信できるため、医療機関（使用者）の名誉が毀損

---

[147] 民法 710 条

されるリスクが高まっています。特に医療機関の場合、その名誉が毀損されると、患者および地域住民等からの信頼を失い、経営に重大な影響が出るおそれがあります。

　本設例では、名誉毀損に基づく損害賠償請求の要件を説明し、どのような言動が名誉毀損に該当し得るか、検討します。

Ⅱ　名誉毀損に基づく損害賠償請求の有効要件

(1)　概　要

名誉毀損に基づく損害賠償請求[148]の要件は、次のとおりです。

名誉毀損に基づく損害賠償請求の有効要件

①　名誉毀損行為
②　①により法人等の社会的評価が低下したこと
③　発言者等の故意または過失
④　損害が発生していること、およびその金額
⑤　因果関係があること

　これに対して、たとえば、⑥真実性・相当性の抗弁が認められる場合は、不法行為は成立しません。

⑥　真実性・相当性の抗弁
Ⓐ　事実の摘示が公共の利害に関する事実に係ること
Ⓑ　事実の摘示が専ら公益を図る目的でされたこと

---

[148]　民法 709 条

377

第 9 章　労働者に対する損害賠償請求

> ⓒ　事実が重要な部分について真実であると証明されたこと、
> または真実であると信ずるにつき相当の理由があること

(2)　①名誉毀損行為

　名誉とは、「人がその品性、徳行、名声、信用等の人格的価値について社会から受ける客観的な評価、すなわち社会的名誉を指すものであって、人が自己自身の人格的価値について有する主観的な評価、すなわち名誉感情は含まない」ものと考えられています[149]。

　そのため、名誉毀損行為とは、法人等の社会的評価を低下させる事実の流布をいいます。

(3)　②　①により法人等の社会的評価が低下したこと

　社会的評価が低下したかどうかは、一般の読者または視聴者の普通の注意と読み方を基準として判断されます[150]。

(4)　③発言者等の故意または過失

　前述のとおり、名誉毀損に基づく損害賠償請求は民法 709 条の不法行為によって認められますので、不法行為による損害賠償の要件である故意または過失が必要となります。なお、名誉毀損行為について発言者等が無過失であることは多くないと考えられますので、多くの場合、この要件を満たします。

---

[149]　最二判昭和 45 年 12 月 18 日民集 24 巻 13 号 2151 頁
[150]　最一判平成 15 年 10 月 16 日民集 57 巻 9 号 1075 頁

(5)　④損害が発生していること、およびその金額

　名誉毀損による損害として、慰謝料および弁護士費用等の損害が認められます。また、一定の場合には、社会的信用の失墜・低下という無形の損害も認められます。

　裁判において認容された、名誉毀損に関する慰謝料額としては、平成11年までは平均額が100万円程度でしたが、その後、増額傾向にあります。

(6)　⑤因果関係があること

　損害賠償請求ができる損害は、それが発言者等の故意または過失による名誉毀損行為によって生じたものであること（＝因果関係があること）が必要です。他方、全く予想もつかないような損害についてまで責任を負わせることは相当ではないため、その因果関係に基づく損害は相当因果関係の範囲内の損害に限られます。

(7)　⑥真実性・相当性の抗弁

　名誉毀損に基づく損害賠償請求は、表現の自由[151]を必要以上に制限しないように調整されています。たとえば、①から⑤の要件を満たす場合に、必ず不法行為の成立が認められるとなると、新聞報道やテレビ報道などの表現行為を萎縮させ、その結果、一般国民がこれらの報道等に接する機会が減少するという弊害も予想されます。

　このような弊害を回避するため、名誉毀損行為について、その事実の摘示行為が、公共の利害に関する事実に係り、専ら公益を図る

---

[151]　憲法21条

第9章　労働者に対する損害賠償請求

目的でなされた場合、その事実が真実であることが証明されたとき
は、事実の摘示行為には違法性がないことになり、不法行為は成立
しません。もし、発言者等が摘示した事実が真実であることが証明
されなくても、その発言者等において真実と信ずるについて相当な理
由があるときは、事実の摘示行為には故意または過失がなく、不法
行為が成立しません[152]。これを、真実性・相当性の抗弁といいます。

Ⅲ　設例について

本設例

(1)　医師Aの情報提供

　過去に当病院の心臓血管外科に勤務していた医師Aが、当
病院を退職した後、医師Aによる手術を受けた患者およびそ
の家族らにより構成される会の会報誌への寄稿、ならびに週
刊誌やテレビ番組への情報提供を行いました。

(2)　医師Aの発言に基づくメディアの内容

　医師Aの発言に基づき、これらのメディアには、「当病院
で、冠状バイパス手術と僧帽弁置換術を受けた患者Bが、術
後十四日目に肺炎で亡くなられた」、「直接の死因は肺炎だ
が、GVHDという輸血による合併症を発症した状態での死亡
だった」、「当病院は患者Bの遺族から訴訟提起された」、「A
は、当病院の院長から『どうして事実を家族に話したんだ！

---

[152]　最一判昭和41年6月23日民集20巻5号1118頁

380

お前はそういうところがまだまだ未熟な人間だ！』と叱られた」、「Aは、当病院の院長から『君の手術は、誰も手伝わない』と事実上の解雇宣告を受けた」、「Aは、当病院を退職後、患者Bの遺族側の証人として裁判に出廷した」、「出廷する日が近づくと当病院から嫌がらせを受けた」、「当病院の弁護士からは何度も電話がかかってきた」といった内容が掲載および放送されました。

これらを見ると、当病院が、❶医師Aが患者Bの遺族に対しGVHDの発症の事実を伝えたこと、および患者Bの遺族に協力したことを理由に、医師Aを解雇し、❷退職後も医師Aに嫌がらせを行ったとの印象を受けます。

(3) 客観的事実

ところが、医師Aの退職は、実際には、医師Aが、❶当病院の許可を得ないまま、当病院の勤務時間中に頻繁に他の医師やその他の手術チームを連れて他の病院に出かけて手術を行って謝礼をもらっており、このことを知った当病院の院長がこのような行為をやめるように強く注意した後も、❶医師A一人で他の病院に出かけて心臓外科手術を行うことを恒常的に続けたばかりか、❶他の病院からベンツの供与まで受けていたことが発覚したことから、当病院の院長から退職を求められ、医師Aもこれを了解して退職したものでした。なお、❶医師Aが患者Bの遺族に対し、GVHDの発症やその原因を説明してから医師Aが退職するまでは2年半以上が経過しています。

また、❶当病院が医師Aに対して嫌がらせを行ったという事実もありません。❶当病院の弁護士から医師Aに対し、4回程度電話をしたことがありましたが、医師Aは電話に出て

第9章　労働者に対する損害賠償請求

いません。

(4)　質　問

当病院としては、医師 A の発言は名誉毀損に当たるものと
して、損害賠償として、3,500 万円を請求したいのですが、可
能でしょうか。

結　論

医師 A の発言が、本病院の社会的評価を低下させるものと
して名誉毀損に当たり、本病院の医師 A に対する損害賠償請
求が認められる可能性は相当程度あると考えられます。

もっとも損害賠償請求が認められる額は、3,500 万円に比べ
ると、それほど高額にはならないと考えられます。

(1)　①名誉毀損行為に該当するか

本設例における医師 A の表現は、❶本病院が、医師 A が患者 B
の遺族に対し GVHD の発症の事実を伝えたこと、および患者 B の
遺族に協力したことを理由に医師 A を解雇したこと、ならびに❷
前述の理由で、本病院が、医師 A に対し嫌がらせを行ったことな
どを明確に記載するものではありません。

しかし、一般の読者等が普通の注意と読み方をもって各メディア
の表現に接した場合、患者の遺族に患者の死因を説明したことを院
長から叱責されたとの事実の摘示の後に「A は、本病院の院長か
ら『君の手術は、誰も手伝わない』と事実上の解雇宣告を受けた」
との記載が続いていることなどからすれば、一般の読者等は、本病

382

院がGVHDの発症の事実を隠蔽する方針を採り、この方針に従わずにGVHDの発症の事実を患者Bの遺族に説明した医師Aを叱責し、かつ解雇し、訴訟における医師Aの証言によりGVHDの発症の事実が明らかになることを避けるために嫌がらせ行為を行ったとの印象を持つと認められる可能性が高いと考えられます。

そのため、本設例でも、医師Aによる事実の摘示行為が本病院の社会的評価を低下させるものであると認定される可能性は高いと考えられます。

参考裁判例でも、医師による事実の摘示行為が、病院の社会的評価を低下させるものであると認定されました。

(2) ②から⑤の要件

医師Aによる前述の行為により本病院の社会的評価は低下し、損害が生じていますので②から⑤の要件も満たすと考えられます。

(3) ⑥真実性・相当性の抗弁

本設例において、本病院の見解と医師Aの発言の内容とが食い違っています。そのため、不法行為が成立するか否かについて、医師Aによる事実の摘示行為の真実性、相当性が争いになります。

(ア) ❶医師Aが患者Bの遺族に対しGVHDの発症の事実を伝えたこと、および患者Bの遺族に協力したことを理由に、本病院が医師Aを解雇したとの印象を与える事実の真実性

本設例では、ⓐ医師Aが本病院の許可を得ないまま、本病院の勤務時間中に頻繁に他の医師やその他の手術チームを連れて他の病院に出かけて手術を行って謝礼をもらっており、このことを知った本病院の院長がこのような行為をやめるように強く注意した後も、

383

第9章　労働者に対する損害賠償請求

❺医師 A 一人で他の病院に出かけて心臓外科手術を行うことを恒常的に続けたばかりか、❻他の病院からベンツの供与まで受けていたことが発覚したことから、本病院の院長から退職を求められ、医師 A もこれを了解して退職したという事実が認められます。

退職の経緯、および❼医師 A が患者 B の遺族に対して、GVHD の発症やその原因を説明してから医師 A の退職の時期まで 2 年半以上が経過していることなどを踏まえると、本病院が、医師 A が患者 B の遺族に協力したことなどを理由に医師 A を解雇したとの印象を与える各事実が真実であるとは認められないと考えられます。

㈣　❷本病院が、医師 A に対し嫌がらせを行ったとの印象を与える事実の真実性

本設例では、❸本病院の弁護士から医師 A に対し、4 回程度電話をしたことがありましたが、医師 A は電話に出ていませんので、電話がどのような用件か不明であるのに、嫌がらせの電話と決めつけることはできません。❾実際、嫌がらせの事実もありません。そうすると、本病院が医師 A に対し嫌がらせを行ったとの印象を与える事実が真実であるとは、認められないと考えられます。

(4)　慰謝料

参考裁判例は、本病院の医師 A に対する名誉毀損による慰謝料としての 400 万円（会報誌 100 万円、週刊誌 150 万円、テレビ番組 150 万円）、および弁護士費用としての 40 万円の賠償請求を認めました。

参考裁判例に沿って考えると、本設例において本病院は 3,500 万円の損害賠償請求をしていますが、実際の認められる額としては、請求額のごく一部になると考えられます。

384

対応策

(1) 誓約書

　名誉毀損行為について、名誉毀損に基づく損害賠償請求の成否等を説明しましたが、基本的には、医師を含む労働者に名誉毀損行為をさせないことが重要です。そのため、[a]労働者との間で労働契約を締結する際に、医療機関に対する名誉毀損行為をしない旨の誓約書を提出させることが考えられます。

(2) 研修など

　もっとも、医療機関に対する名誉毀損行為を行うような労働者の場合、このような誓約書の有無にかかわらず、名誉毀損行為に及ぶ可能性が否定できません。さらなる対応策としては、[b]労働者に対する研修を繰り返し行い、参考裁判例を紹介するなど、労働者に対し、医療機関への名誉毀損行為を行った場合の労働者の不利益を周知しておくこと、[c]（退職時のトラブルが、この種の名誉毀損行為の引き金となることが多いことから）可能な限り、円満な退職を目指すことなどが考えられます。

第９章　労働者に対する損害賠償請求

コメント

　医療機関の経営のためには、患者および地域住民等からの信用が特に重要となります。医療機関に対する名誉毀損行為があった場合、患者等からの信頼を失い、経営に重大な影響が出るおそれがあります。

　本設例では、名誉毀損に基づく損害賠償請求の成否および具体的損害額について取り扱いましたが、民法上、名誉毀損行為に対して、被害者（医療機関）による「名誉を回復するのに適当な処分」の請求も認められています（民法 723 条）。実際の裁判でも、損害賠償請求（金銭的請求）とともに、「名誉を回復するのに適当な処分」の請求がされることも珍しくありません。「名誉を回復するのに適当な処分」としては、謝罪広告などが考えられます。

　医療機関としては、名誉毀損行為があった場合、患者等からの信頼を回復する手段として、このような「名誉を回復するのに適当な処分」の請求を行うか否かという点についても検討することになります。

書 式

秘密保持誓約書（退職時）

平成●年●月●日

医療法人●●
理事長　●●殿

（氏名）＿＿＿＿＿＿＿印
（住所）＿＿＿＿＿＿＿

　私は貴法人の秘密情報に関して、以下の事項を遵守することを誓約いたします。

第1条
　私は貴法人を退職するにあたり、以下の貴法人の情報（以下、「秘密情報」といいます）について、これに関する一切の資料の原本ならびに複写および複製を貴法人に返還し、自ら保有していないことを確認いたします。
　(1)　患者の個人情報（治療内容、診療内容、その他カルテに記載された情報を含みます）
　(2)　貴法人の医療技術に関する情報（治療方針、ノウハウ、症例、手術例、医療事故等に関する情報を含みます）
　(3)　貴法人の経営、財務、人事等に関する情報
　(4)　その他、貴法人が特に秘密情報として指定した情報

第2条
　私は、全ての秘密情報が貴法人に帰属することを確認致します。また秘密情報について私に帰属する一切の権利を貴法人に譲渡し、その権利が私に帰属する旨の主張をいたしません。

第3条
　私は、貴法人を退職した後においても、秘密情報を、私自身、他の医療機関、マスコミおよびその他の第三者のために開示、漏洩および使用いたしません。

第4条
　私は、貴法人（貴法人の役員および職員を含みます）に対する誹謗中傷、名誉毀損、信用毀損および業務妨害に当たるような言動は行いません。

設例25
名誉毀損を行った
医師等に対する損
害賠償請求

第9章　労働者に対する損害賠償請求

> 第5条
>   私が前4条に違反して、貴法人の秘密情報に関する資料を貴法人の退職後も保有し、秘密情報についての権利が私に帰属する旨を主張し、または秘密情報を第三者へ開示、漏洩もしくは使用し、貴法人に対する誹謗中傷等を行った場合、私は法的な責任を負うものであることを確認し、これにより貴法人が被った一切の損害を賠償いたします。
>
> 　　　　　　　　　　　　　　　　　　　　　　　　　　　　以上

 秘密保持誓約書（退職時）

　退職した労働者による医療機関への名誉毀損行為等を防止するためには、入社時および退職時に誓約書において医療機関への誹謗中傷等を行わないことを定めることが考えられます。
　本書式例では、労働者が在職中に得た当該医療機関の情報、患者の個人情報等を秘密として保持する旨の誓約書（退職時）の中にその旨を規定しています（なお、このような誓約書の作成は、患者の個人情報保護の観点からも有意義といえます）。
　ただし、労働者が退職時に本書式例に署名しない場合がありますので、使用者としては、労働者の入社時に本書式例と同様の条項を盛り込んだ誓約書（入社時）を取得しておくべきです。

コラム3　医療法改正が労務管理に与える影響

　平成27年の医療法改正は、医療法人の労務管理を直接変更する内容ではありませんが、たとえば役員の任務懈怠時の損害賠償責任等の規定が新設されたことによる影響等はあると予想されます。

　役員の任務懈怠時の損害賠償責任には、①対医療法人の責任と、②対第三者の責任があります。

　①対医療法人の責任は、今回の改正により明文化されたものであり、役員が医療法人に対して善管注意義務を負っており、任務懈怠があれば、損害賠償責任が発生するということは、実質的に改正の前後を通じて変わりません。

　他方、②対第三者の責任については、改正前は、第三者が不法行為に基づき責任追及する場合、不法行為の要件に従って、役員の故意または過失を立証する必要があり、資料等を持っていない第三者にはハードルが高い状況でした。これに対し、改正後の役員の対第三者の責任は、「職務を行うことについて悪意又は重大な過失があったときは、当該役員等は、これによって第三者に生じた損害を賠償する責任を負う」と規定されており、「職務を行うことについて」の悪意または重過失を立証すれば足りるという点で、（第三者の立場からすると）責任追及が容易になったと考えられます。

　医療法人の役員の任務懈怠時の損害賠償責任等については、今後事例の集積が待たれるところですが、同様の条文がある会社法の事案が参考になると考えられます。

　そして、会社法の事案では、新入社員が長時間労働により過労死した事案において、役員個人らに対する責任追及が認められた事案[153]等もあります（役員個人らは、連帯して合計約8,000万円の賠

---

[153]　最三判平成25年9月24日（大阪高判平成23年5月25日労判1033号24頁）

償責任を負っています）。この事案で注目すべき点としては、役員らは「現実の労働者の労働状況を認識することが十分に容易な立場にあったものであるし、その認識をもとに、担当業務を執行し、また、取締役会を構成する一員として取締役会での議論を通して、労働者の生命・健康を損なうことがないような体制を構築すべき義務を負っていた」、また代表取締役についても「会社の業務を執行する代表取締役として、同様の義務を負っていた」等と判断されていることです。つまり、役員は、労働者個人の労働時間を逐一把握していないとしても、過重労働を防止する体制自体を構築する義務が認められており、過重労働により労働者が健康を害した際などには義務違反として責任を問われ得るといえます。

　今後、医療法人においても同様に、労務管理の体制構築義務違反等を理由に役員個人の責任を追及されるリスクは高まっていると考えられます。

　本書が、こういったリスクへの対策の一助となれば幸いです。

判例索引

最一判　昭和 41 年 6 月 23 日　民集 20 巻 5 号 1118 頁 ⋯⋯⋯⋯⋯⋯⋯ 380

岡山地判　昭和 43 年 3 月 27 日　労民集 19 巻 2 号 493 頁 ⋯⋯⋯⋯⋯ 253

最二判　昭和 45 年 12 月 18 日　民集 24 巻 13 号 2151 頁 ⋯⋯⋯⋯⋯ 378

最大判　昭和 48 年 12 月 12 日　民集 27 巻 11 号 1536 頁（三菱樹脂本採用
　　　　拒否事件上告審判決）⋯⋯⋯⋯⋯⋯⋯⋯⋯⋯⋯⋯⋯⋯⋯⋯⋯ 53

最二判　昭和 49 年 3 月 15 日　民集 28 巻 2 号 265 頁（日本鋼管事件）⋯⋯⋯ 288

長崎地大村支判　昭和 50 年 12 月 24 日　判時 813 号 98 頁（大村野上事件）⋯⋯ 332

東京地決　昭和 51 年 7 月 23 日　判時 820 号 54 頁（NTV 女性アナウン
　　　　サー配転事件仮処分決定）⋯⋯⋯⋯⋯⋯⋯⋯⋯⋯⋯⋯⋯⋯⋯ 269

東京地判　昭和 53 年 7 月 18 日　判時 916 号 88 頁 ⋯⋯⋯⋯⋯⋯⋯⋯ 252

東京地判　昭和 54 年 4 月 20 日　労判 325 号 50 頁（慈恵大学附属病院（古
　　　　賀）事件）⋯⋯⋯⋯⋯⋯⋯⋯⋯⋯⋯⋯⋯⋯⋯⋯⋯⋯⋯⋯⋯ 261

福岡高判　昭和 54 年 6 月 18 日　労民集 30 巻 3 号 692 頁（三萩野病院解雇
　　　　事件）⋯⋯⋯⋯⋯⋯⋯⋯⋯⋯⋯⋯⋯⋯⋯⋯⋯⋯⋯⋯⋯⋯⋯ 330

東京高判　昭和 54 年 10 月 29 日　労民集 30 巻 5 号 1002 頁（東洋酸素事件）
　　　　⋯⋯⋯⋯⋯⋯⋯⋯⋯⋯⋯⋯⋯⋯⋯⋯⋯⋯⋯⋯⋯⋯⋯⋯⋯⋯ 332

神戸地尼崎支判　昭和 55 年 2 月 29 日　労判 337 号 50 頁（日本スピンドル
　　　　製造事件）⋯⋯⋯⋯⋯⋯⋯⋯⋯⋯⋯⋯⋯⋯⋯⋯⋯⋯⋯⋯⋯⋯ 332

福岡地決　昭和 58 年 2 月 24 日　労判 404 号 25 頁（大成会福岡記念病院事
　　　　件）⋯⋯⋯⋯⋯⋯⋯⋯⋯⋯⋯⋯⋯⋯⋯⋯⋯⋯⋯⋯⋯⋯⋯⋯⋯ 263

最三判　昭和 58 年 4 月 19 日　民集 37 巻 3 号 321 頁（東都観光バス事件）⋯⋯ 217

最二判　昭和 58 年 7 月 15 日　判時 1101 号 119 頁（御国ハイヤー事件）⋯⋯⋯ 80

東京地判　昭和 59 年 1 月 27 日　判時 1106 号 147 頁（エール・フランス・
　　　　コンパニー・ナショナル・デ・トランスポール・ザエリアン
　　　　事件）⋯⋯⋯⋯⋯⋯⋯⋯⋯⋯⋯⋯⋯⋯⋯⋯⋯⋯⋯⋯⋯⋯⋯⋯ 198

資　料

最三判　昭和 59 年 4 月 10 日　民集 38 巻 6 号 557 頁（宿直員殺害事故事件
　　　　上告審判決）··213、214
大阪地判　昭和 62 年 3 月 31 日　労判 497 号 65 頁（徳洲会事件）·············· 131
最一判　昭和 63 年 4 月 21 日　民集 42 巻 4 号 243 頁·························· 234
最一判　昭和 63 年 7 月 14 日　労判 523 号 6 頁（小里機材事件）·············· 135
東京地決　平成 2 年 4 月 27 日　労判 565 号 79 頁（エクイタブル生命保険
　　　　事件）···274
東京高判　平成 2 年 7 月 19 日　判時 1366 号 139 頁··························· 300
長野地判　平成 7 年 3 月 23 日　労判 678 号 57 頁（川中島バス事件）··········· 290
大阪地決　平成 7 年 7 月 27 日　労経速 1588 号 13 頁（日証事件）············· 334
最二判　平成 8 年 2 月 23 日　民集 50 巻 2 号 249 頁（コック食品事件）········· 217
東京地判　平成 8 年 7 月 26 日　労判 699 号 22 頁（中央林間病院事件）····· 27、347
最二判　平成 9 年 2 月 28 日　民集 51 巻 2 号 705 頁（第四銀行事件）··········· 80
釧路地帯広支判　平成 9 年 3 月 24 日　労民集 48 巻 1・2 号 79 頁（北海道
　　　　厚生農協連合会（帯広厚生病院）事件）·····························250
東京地判　平成 9 年 11 月 18 日　労判 728 号 36 頁　医療法人財団東京厚生
　　　　会（大森記念病院）事件···272
大阪地判　平成 10 年 3 月 25 日　労判 736 号 28 頁（大阪労働衛生セン
　　　　ター第一病院事件）··349、356
最一判　平成 10 年 4 月 9 日　判時1639 号130 頁（集民188 号1 頁）（片山組
　　　　事件）···198
最一判　平成 10 年 9 月 10 日　労判 757 号 20 頁（九州朝日放送事件）········· 269
東京高判　平成 10 年 12 月 10 日　労判 761 号 118 頁（医療法人直源会相模
　　　　原南病院（解雇）事件）···253
東京地決　平成 11 年 1 月 29 日　労判 782 号 35 頁（ナショナル・ウエスト
　　　　ミンスター銀行（二次仮処分）事件）·····························333
最一判　平成 12 年 3 月 9 日　民集 54 巻 3 号 801 頁（三菱重工業長崎造船
　　　　所（一次訴訟・会社側上告）事件）·································94
最二判　平成 12 年 3 月 24 日　民集 54 巻 3 号 1155 頁（電通事件）······· 231、234
東京地判　平成 13 年 7 月 17 日　労判 816 号 63 頁（月島サマリア病院事件）······· 76

松山地宇和島支判 平成 13 年 12 月 18 日 労判 839 号 68 頁（正光会宇和
　　　　　島病院事件） ──────────────────── 360
最一判 平成 14 年 2 月 28 日 民集 56 巻 2 号 361 頁（大星ビル管理事件） ─── 95
大阪地決 平成 14 年 4 月 18 日 労経速 1815 号 13 頁（西浦会事件） ────── 326
大阪地判 平成 14 年 11 月 1 日 労判 840 号 32 頁（和幸会（看護学校修学
　　　　　資金貸与）事件） ─────────────────── 63
高松高判 平成 15 年 3 月 14 日 労判 849 号 90 頁（徳島健康生活協同組合
　　　　　事件） ──────────────────────── 72
東京地判 平成 15 年 5 月 28 日 判タ 1136 号 114 頁（東京都（警察学校・
　　　　　警察病院 HIV 検査）事件） ─────────────── 34
東京地判 平成 15 年 6 月 20 日 労判 854 号 5 頁（B 金融公庫（B 型肝炎
　　　　　ウイルス感染検査）事件） ─────────────── 35
最二判 平成 15 年 10 月 10 日 判時 1840 号 144 頁（集民 211 号 1 頁）（フジ
　　　　　興産事件） ────────────────────── 287
最一判 平成 15 年 10 月 16 日 民集 57 巻 9 号 1075 頁（所沢ダイオキシン
　　　　　報道訴訟上告審判決） ───────────────── 378
大阪高判 平成 16 年 7 月 15 日 労判 879 号 22 頁（関西医科大学研修医
　　　　　（過労死損害賠償）事件） ────────────── 216
横浜地判 平成 16 年 8 月 4 日 判時 1875 号 119 頁 ──────────── 376
東京地判 平成 16 年 9 月 3 日 労判 886 号 63 頁（東京医療生協中野総合
　　　　　病院事件） ────────────────────── 286
東京地判 平成 17 年 1 月 31 日 判時 1891 号 156 頁（日本 HP 本社セクハ
　　　　　ラ解雇事件） ───────────────────── 290
東京高判 平成 17 年 7 月 20 日 判タ 1206 号 207 頁（ビル代行事件） ───── 95
東京地判 平成 17 年 8 月 30 日 労判 902 号 41 頁（井之頭病院事件） ───── 92
東京地判 平成 17 年 10 月 19 日 判時 1919 号 165 頁（モルガン・スタン
　　　　　レー（割増賃金）事件） ────────────── 136、142
大阪地判 平成 18 年 3 月 24 日 労判 916 号 37 頁（大阪府保健医療財団事
　　　　　件） ───────────────────────── 326
東京地判 平成 19 年 3 月 14 日 労判 941 号 57 頁（新宿労基署長（佼成病
　　　　　院）事件） ────────────────────── 244

資　料

大阪地判　平成 19 年 5 月 28 日　判時 1988 号 47 頁（積善会（十全総合病
　　　　　院）事件）………………………………………………… 246

東京地判　平成 20 年 4 月 22 日　労判 965 号 5 頁（東芝事件）………… 197

東京地判　平成 20 年 6 月 4 日　労判 973 号 67 頁（コンドル馬込交通事件）……… 69

東京高判　平成 20 年 10 月 22 日　労経速 2023 号 7 頁（立正佼成会事件）
　　　　　……………………………………………………… 232、244

福井地判　平成 21 年 4 月 22 日　労判 985 号 23 頁（F 病院事件）……… 306

東京地判　平成 21 年 10 月 15 日　労判 999 号 54 頁（医療法人財団健和会
　　　　　事件）……………………………………………………… 51

東京地判　平成 22 年 3 月 1 日 ……………………………………… 320

東京地判　平成 22 年 8 月 24 日　判タ 1359 号 153 頁（学校法人 A 大学（医
　　　　　師・諭旨退職処分）事件）……………………………… 357

前橋地判　平成 22 年 10 月 29 日　判タ 1361 号 192 頁（メディスコーポ
　　　　　レーション事件）……………………………………… 232

大阪高判　平成 22 年 11 月 16 日　労判 1026 号 144 頁（奈良県（医師時間
　　　　　外手当）事件）………………………………………… 107

東京高判　平成 23 年 2 月 23 日　判時 2129 号 121 頁（東芝事件）…… 204

大阪高判　平成 23 年 5 月 25 日　労判 1033 号 24 頁 ………………… 389

大阪高判　平成 23 年 7 月 15 日　労判 1035 号 124 頁（泉州学園事件）…… 332

最一判　平成 24 年 3 月 8 日　判時 2160 号 135 頁（テックジャパン事件）……… 136

大阪地判　平成 24 年 4 月 13 日　労判 1053 号 24 頁（医療法人健進会事件）
　　　　　……………………………………………………… 194

札幌高判　平成 24 年 10 月 19 日　労判 1064 号 37 頁（ザ・ウィンザー・ホ
　　　　　テルズインターナショナル事件）…………………… 137

最三決　平成 25 年 2 月 12 日（県立奈良病院事件）………………… 107

仙台高決　平成 25 年 2 月 13 日　労判 1113 号 57 頁（ビソー工業事件）… 103

東京地判　平成 25 年 2 月 15 日 ………………………………………… 14

東京地判　平成 25 年 2 月 19 日　判時 2203 号 118 頁（医療法人社団こうか
　　　　　ん会（日本鋼管病院）事件）………………………… 212

東京地判　平成 25 年 3 月 29 日 ……………………………………… 125

東京地判 平成 25 年 7 月 23 日 労判 1080 号 5 頁（ファニメディック事件）
　　　　　　　　　　　　　　　　　　　　　　　　　　　　　　　　137
最三判 平成 25 年 9 月 24 日 ───────────────────── 389
札幌高判 平成 25 年 11 月 21 日 判時 2212 号 43 頁（医療法人雄心会事件）
　　　　　　　　　　　　　　　　　　　　　　　　　　　　　　　　230
東京地判 平成 25 年 12 月 26 日 （医療法人社団山積耳鼻咽喉科事件）───── 190
東京地判 平成 26 年 3 月 26 日 労判 1095 号 5 頁（医療法人社団明芳会事
　　件）───────────────────────────────── 103
熊本地判 平成 26 年 4 月 24 日 （熊本市（セクハラ等）事件）──────── 164
東京地判 平成 26 年 7 月 17 日 労判 1103 号 5 頁（社団法人東京都医師会
　　事件）──────────────────────────────── 290
横浜地相模原支判 平成 26 年 8 月 8 日 （医療法人社団明照会事件）───── 226
東京地判 平成 26 年 8 月 14 日 判時 2252 号 66 頁 ─────────── 71
東京地判 平成 26 年 8 月 26 日 （泉レストラン事件）─────────── 137
最一判 平成 26 年 10 月 23 日 民集 68 巻 8 号 1270 頁（広島中央保険協同
　　組合事件）──────────────────────────── 177
大阪地判 平成 27 年 1 月 29 日 労判 1116 号 5 頁（医療法人一心会事件）─ 27、92
福岡高判 平成 27 年 1 月 29 日 判時 2251 号 57 頁（社会医療法人天神会
　　事件）──────────────────────────────── 49
福岡地小倉支判 平成 27 年 2 月 25 日（国家公務員共済組合連合会事件）─── 150
横浜地判 平成 27 年 4 月 23 日 判時 2287 号 124 頁 ─────────── 131
東京地判 平成 27 年 9 月 18 日 労判 1139 号 42 頁（一般財団法人厚生年
　　金事業振興団事件）──────────────────────── 343
東京高判 平成 27 年 10 月 7 日 判時 2287 号 118 頁 ──────── 134、315
広島高判 平成 27 年 11 月 17 日 判時 2284 号 120 頁（広島中央保健生協
　　（C 生協病院）事件）───────────────────────── 177
最二決 平成 27 年 12 月 16 日（医療法人稲門会（いわくら病院）事件）──── 191
東京高判 平成 28 年 1 月 27 日 労経速 2296 号 3 頁（X 社事件）──── 136、137、138
最二判 平成 28 年 2 月 19 日 民集 70 巻 2 号 123 頁（山梨県民信用組合事
　　件）───────────────────────────────── 87
最二判 平成 29 年 7 月 7 日 ─────────────────────── 134

著者略歴

＜著者略歴＞

編集代表

田村　裕一郎（たむら　ゆういちろう）

弁護士・ニューヨーク州弁護士

多湖・岩田・田村法律事務所経営労務部門　代表弁護士

第一東京弁護士会（元）労働法制委員会所属

略歴

1976 年　兵庫県出身

2000 年　司法試験合格（24 歳時）

2002 年　長島・大野・常松法律事務所に入所

2008 年　University of Virginia School of Law 卒業（LL.M.）

2008〜2009 年　Quinn Emanuel Urquhart & Sullivan, LLP 勤務

2009 年　長島・大野・常松法律事務所に復帰

2011 年　多湖・岩田・田村法律事務所を設立、パートナーに就任

労働訴訟対応、労働審判対応、団体交渉対応、未払残業代請求対策、買収時における労働法デューディリジェンス、社労士の賠償責任リスク対策、ネット上の誹謗中傷対応、その他労働法全般を取り扱う。

医療機関における労働訴訟および労働審判についての講演も多数。

著書

「合同労組への対応」（労働調査会）、「未払残業代請求への解決策と予防策」（労働調査会）他。

執筆者

田村　裕一郎
（省略）

古田　裕子（ふるた　ひろこ）
多湖・岩田・田村法律事務所　弁護士
東京大学大学院法学政治学研究科法曹養成専攻修了

上村　遥奈（かみむら　はるな）
多湖・岩田・田村法律事務所　弁護士
東京大学大学院法学政治学研究科法曹養成専攻修了

柴田　政樹（しばた　まさき）
多湖・岩田・田村法律事務所　弁護士
明治大学法科大学院法務研究科修了

山本　幸宏（やまもと　ゆきひろ）
多湖・岩田・田村法律事務所　弁護士
関西大学法科大学院法務研究科修了

井上　紗和子（いのうえ　さわこ）
多湖・岩田・田村法律事務所　弁護士
京都大学大学院法学研究科法曹養成専攻修了

メルマガおよび人事労務書式の無料配布
　希望者（経営者側・士業等に限定）に対し、月1回程度、労働問題に関するメルマガをメール配信しています。本書購入者には、本書記載の書式および本書記載以外の人事労務書式の各ワードデータも無料でメール配信いたします。希望される方は、当事務所（info@tamura-law.com）〈TEL：03-6272-5923〉（HP：tamura-law.com）まで、ご連絡下さい。

裁判例を踏まえた
病院・診療所の
労務トラブル解決の実務

平成29年9月20日　初版発行
令和元年6月20日　初版2刷

日本法令®

〒101-0032
東京都千代田区岩本町1丁目2番19号
https://www.horei.co.jp

検印省略

編　著　者	田　村　裕　一　郎
共　著　者	古　田　裕　子
	上　村　遥　奈
	柴　田　政　樹
	山　本　幸　宏
	井　上　紗　和　子
発　行　者	青　木　健　次
編　集　者	岩　倉　春　光
印　刷　所	日本ハイコム
製　本　所	国　宝　社

（営　業）　TEL　03-6858-6967　Eメール　syuppan@horei.co.jp
（通　販）　TEL　03-6858-6966　Eメール　book.order@horei.co.jp
（編　集）　FAX　03-6858-6957　Eメール　tankoubon@horei.co.jp

（バーチャルショップ）　https://www.horei.co.jp/iec/
（お詫びと訂正）　https://www.horei.co.jp/book/owabi.shtml

※万一、本書の内容に誤記等が判明した場合には、上記「お詫びと訂正」に最新情報を掲載
しております。ホームページに掲載されていない内容につきましては、FAXまたはEメー
ルで編集までお問合せください。

・乱丁、落丁本は直接弊社出版部へお送りくださればお取替えいたします。
・JCOPY〈出版者著作権管理機構 委託出版物〉
　本書の無断複製は著作権法上での例外を除き禁じられています。複製され
　る場合は、そのつど事前に、出版者著作権管理機構（電話
　03-5244-5088、FAX 03-5244-5089、e-mail：info@jcopy.or.jp）
　の許諾を得てください。また、本書を代行業者等の第三者に依頼してスキャ
　ンやデジタル化することは、たとえ個人や家庭内での利用であっても一切
　認められておりません。

© Y. Tamura 2017. Printed in JAPAN
ISBN 978-4-539-72551-1